【제3판】

아동권리와 복지

이은주 · 김혜순 · 박세정 · 최미희 · 권수정 · 이명순

KNOWLEDGE COMMUNITY 공동체

머리말

처음 '아동권리와 복지' 교과목을 집필하면서 현장의 예비교사들이 아동의 권리와 복지에 대해 관심을 가지고 열심히 공부할 수 있도록 좋은 교재를 만들고자 고민했던 시간들이 새삼 다시 떠올랐다. 아동보육과 교육을 담당하는 교사들이 각자의 위치에서 아동권리에 민감하고 아동을 존중하는 역할을 잘 수행할 수 있도록 전체 집필진이 고민했던 시간과 노력이 조금이나마 전달되었을 것으로 생각하고 있다.

그동안 우리사회는 COVID19라는 초유의 국가적 재난상황을 경험하였으며, 유엔아동권리협약에 따라 새로운 국가보고서를 준비해야 하는 시점이 되었다. 1판 이후에 새롭게 등장한 사회적 변화에 따라, 각 장별로 변화된 사회 현상, 정책과 서비스 등에 관한 내용을 업데이트 하였다.

우리나라 아동의 권리와 복지 증진을 위해 많은 정책이 수립되고 다양한 유형의 서비스 개발이 진행되고 있다. 그러나 우리나라 아동 출생률은 OECD 국가 최저비율을 기록하고 있으며, 아동학대나 방임, 유기 등의 사례도 끊임없이 발생하고 있다. 궁극적으로 아동권리와 복지는 아동을 대하는 우리 모두의 자세가 변화해야 이루어질 수 있다고 생각한다. 집필진이 계속 고민하는 것처럼 이 책으로 아동권리와 복지를 공부하는 예비교사들은 끊임없이 아동권리와 아동복지 향상을 위해 현장에서 노력해 주기를 기대한다. 우리가 만나는 모든 아동들이 행복하고 존중 받으며 성장할 수 있도록, 우리 사회의 미래는 아동 권리가 실현된 사회가 될 수 있도록, 우리 사회 전체가 아동을 최우선으로 생각하고 아동중심 사회가 구축될 수 있도록 노력해야 한다. 이 책이 이러한 노력에 초석이 되기를 기대한다.

개정판이 나올 수 있도록 꼼꼼하게 교재 전체를 살펴봐주시고 지원해주신 공동체 출판사 가족 여러분께 감사의 마음을 전한다.

2023년 7월

저자 일동

차례

■ 머리말 / 5

chapter 01 **아동권리의 개념과 발달 _ 9**

1. 아동권리의 개념 ········· 11
2. 아동권리의 발달 ········· 12
3. 우리나라 아동권리의 발달 ········· 18

chapter 02 **유엔아동권리협약의 이행과 모니터링 _ 23**

1. 유엔아동권리협약의 이행 ········· 25
2. 유엔아동권리협약의 모니터링 ········· 34

chapter 03 **아동복지의 개념 _ 39**

1. 아동복지의 개념 ········· 41
2. 아동복지의 의의 ········· 48
3. 아동복지의 필요성 ········· 51
4. 아동복지서비스의 대상 및 분류 ········· 59

chapter 04 **아동복지의 발달사 _ 69**

1. 우리나라의 아동복지 ········· 72
2. 외국의 아동복지 ········· 85

chapter 05 아동복지의 기본 원칙과 전제조건 _ 95

1. 아동복지의 기본 원칙 97
2. 아동복지의 전제조건 103

chapter 06 아동복지정책과 관련법 _ 121

1. 아동복지정책의 개념 123
2. 아동복지정책의 관점 124
3. 아동복지정책의 유형 127
4. 아동복지 관련법 137

chapter 07 보육아동 아동복지서비스 _ 165

1. 보육아동의 이해 167
2. 보육아동의 현황 175
3. 보육아동 아동복지서비스의 구체적 내용 186
4. 보육의 개선방안 190

chapter 08 학대아동 아동복지서비스 _ 195

1. 아동학대의 이해 197
2. 아동학대 현황 205
3. CCTV(영상정보처리기기) 212
4. 아동학대신고의무자 216
5. 아동학대 예방 개선방안 220

chapter 09 **대리가정 아동복지서비스 _ 225**

1. 가정위탁 아동복지서비스 ······ 232
2. 입양 아동복지서비스 ······ 243
3. 시설보호 아동복지서비스 ······ 254

chapter 10 **다문화가족 아동복지서비스 _ 271**

1. 다문화가족의 이해 ······ 273
2. 다문화가족의 현황 ······ 276
3. 다문화가정 아동복지서비스의 구체적 내용 ······ 281
4. 다문화가족 아동복지서비스의 개선방향 ······ 288

chapter 11 **빈곤아동 아동복지서비스 _ 291**

1. 빈곤아동의 이해 ······ 293
2. 빈곤아동의 현황 ······ 299
3. 빈곤아동 아동복지서비스의 구체적 내용 ······ 304
4. 빈곤아동 아동복지서비스의 개선방안 ······ 311

chapter 12 **장애아동 아동복지서비스 _ 317**

1. 장애아동의 이해 ······ 319
2. 장애아동의 현황 ······ 326
3. 장애아동 아동복지서비스의 구체적 내용 ······ 329
4. 장애아동 아동복지서비스의 개선방안 ······ 330

- 참고문헌 / 335
- 찾아보기 / 340

CHAPTER

01 아동권리의 개념과 발달

1. 아동권리의 개념
2. 아동권리의 발달
3. 우리나라 아동권리의 발달

CHAPTER 01

아동권리의 개념과 발달

학습목표

- 아동권리의 개념과 발달과정을 설명할 수 있다.
- 유엔아동권리협약의 발달과정과 기본 개념을 설명할 수 있다.
- 우리나라 아동권리 발달과정을 설명할 수 있다.

아동에 대한 사회적 시각이 변화하면서 근대사회 이후 아동의 존엄성과 권리는 주요한 사회적 가치가 되었다. 20세기 이후 아동에 대한 국가적 관심의 증가는 아동을 독립된 인격체로 간주하고 권리의 주체라는 인식을 확대하는 데 기여하였다. 국제사회는 아동권리에 대한 사회적 관심을 높이고 현안을 해결하기 위한 노력을 기울여 왔다. 이러한 노력을 기초로 아동권리를 증진시키기 위한 국가적 대응방안도 더욱 강화되고 있으며 사회적 요구도 커지고 있다.

1. 아동권리의 개념

아동권리의 개념은 인권의 개념을 살펴보는 것과 같다고 볼 수 있다. 가장 우선적으로 세계인권선언은 "모든 인간은 태어날 때부터 자유롭고, 존엄성과 권리에 있어서 평등하다. 모든 인간은 인종, 피부색, 성, 언어, 종교, 정치 또는 그 밖의 견해, 민족 또는 사회적 출신, 재산, 출생 또는 다른 지위 등과 같은 그 어떤 종류의 구별 없이, 이 선언에 제시된 모든 권리와 자유를 누릴 자격을 갖는다"라고 명시하였다. 우리나라는 헌법과 국가인권위원회법에서 인간으로서의 존엄과 가치, 자유를 부여하는 것을 적시하고 있다. 또한 유네스코 한국위원회는 인권을 "인간이 사회생활을 영위하면서 마땅히 누려야 할 권리로 인간이 세상에 태어나 성장하면서 바라는 것, 희망하는 것, 요구하는 것들을 권리의 개념으로 승화시킨 것"으로 정의하였다(유네스코 한국위원회, 2000). 이와 같이 국내외에서 인권을 명시하고 있는데, 아동권리도 같은 맥락에서 성인과 동등한 지위를 가지고 있다고 볼 수 있다.

아동은 더 이상 미숙하고 보호받는 존재가 아닌 능동적인 주체로서 이해되어야 하며, 자신이 가진 권리에 대해 명확하게 인식할 수 있는 존재이어야 한다. 인권과 관련된 국내외법에 의하면, 인권은 사람답게 살기 위해 기본적으로 보장되는 권리이다. 따라서 아동권리란 아동들의 욕구와 관심을 인정하고 충족해 주는 사회적 표명으로, 아동이 성장하고 발달하는 데 필요한 제반 욕구가 사회에 의해 인식되고 보장되는 것을 말한다.

2. 아동권리의 발달

아동권리는 아동이 성인의 축소판이 아닌 독립적인 인격체로서 무한한 잠재력을 가진 존재라는 것을 인정하는 것이다. 20세기에 아동과 가족, 사회와 국가는 아동에 대한 사회적 인식을 재정립하면서 아동의 권리에 대한 논의를 시작하였다. 특히 국제사회는 아동권리에 대한 논의를 시작하면서 아동이 수동적으로 보호받는 존재가 아닌 적극적으로 행동하는 능동적 주체자임을 인식하였다. 이러한 국제사회의 논의들은 이후 성문화된 국제규약으로 발전하면서 아동의 전인적 발달을 돕는 것을 국가적 의무로 규정하게 되었다.

1) 아동권리선언

국제연합(UN : United Nations)은 아동권리를 토대로 국제사회에서 아동권리를 인정하기 위한 노력을 기울였다. 국제연맹은 1924년 9월 유엔총회에서 〈아동권리선언(declaration on the rights of children)〉을 채택하였다. 이 선언은 〈제네바선언〉으로 알려졌는데, 아동의 발달보장, 요보호아동의 보호, 아동 구제의 우선성, 착취로부터의 보호, 아동 육성의 목표 달성 5개 조항으로 이루어졌다. 구체적인 내용은 다음 〈표 1-1〉과 같다.

〈표 1-1〉 아동권리에 관한 제네바선언(1924)

1. 아동은 신체적·정신적으로 정상적인 발달을 위한 모든 필요수단을 강구해야 한다.
2. 굶주린 아동에게는 먹을 것을, 병든 아동에게는 치료의 혜택을, 지능발달이 뒤늦은 아동에게는 도움을, 불량한 아동에게는 감화를, 고아와 부랑아에게는 주거를 마련하여 보호해야 한다.
3. 위기에 직면했을 때 최우선적으로 아동을 구해야 한다.
4. 아동을 장래를 설계할 수 있는 지위로 이끌며, 모든 종류의 착취에서 보호해야 한다.
5. 아동에게 자기의 능력은 인류동포에게 봉사하기 위한 것이라는 자각을 주며 교육해야 한다.

이후 1947년 유엔은 2개 조항을 덧붙여 7개 조항으로 구성된 제네바선언을 발표하였다.

〈표 1-2〉 제네바선언(1947)

1. 아동은 인종, 민족, 국적, 종교에 구애받지 않고 보호받아야 한다.
2. 아동은 하나의 실체로서의 가정을 존중하며 보호받아야 한다.
3. 아동은 물질적·도덕적·정신적으로 정상발달을 위해 필요조건이 충족되어야 한다.
4. 아동은 굶주려서는 안 되고, 아플 시에는 간호를 받아야 하며, 신체적·정신적 장애가 있을 경우는 도움을 받아야 하고, 부적응적 아동은 재교육을 받아야 하며, 고아나 부랑아는 수용과 보호를 받아야 한다.
5. 아동은 위험상황에서 제일 우선적으로 구조되어야 한다.
6. 아동은 사회복지와 사회보장의 혜택을 받아야 하며, 적절한 시기에 생계를 위한 훈련을 받아야 하고, 모든 형태의 착취로부터 보호받아야 한다.
7. 아동은 자신의 능력을 다른 동포를 위해 봉사한다는 인식 속에서 양육되어야 한다.

2) 유엔아동권리선언

유엔은 1924년과 1947년 두 번에 걸쳐 공표된 〈제네바선언〉을 더욱 발전시켜 1959년 전문과 10개 조항으로 구성된 〈유엔아동권리선언〉을 공표했다. 유엔아동권리선언은 법적 강제력을 가지는 것은 아니지만 국제사회가 아동의 권리를 보장하기 위한 노력을 촉구하는 시발점이 되었다.

〈표 1-3〉 유엔아동권리선언(1959)

제1조	아동은 인종, 피부색, 성, 언어, 종교, 정치적 견해, 출신, 재산, 기타의 지위로 인해 처벌받지 않는다.
제2조	아동은 보호를 받으며 건전하고 정상적인 방법, 자유의 존엄의 상태 안에서 신체적 · 지능적 · 도덕적 · 정신적 및 사회적으로 성장할 수 있는 기회를 갖는다.
제3조	아동은 출생 시부터 국적과 이름을 갖는다.
제4조	아동은 사회보장의 혜택을 받고 건강하게 성장하고 발달할 권리가 있다.
제5조	신체적 · 정신적 · 사회적으로 장애가 있는 아동은 특별한 교육과 보호를 받아야 한다.
제6조	아동은 건강한 발달을 위해 애정과 이해를 받아야 하며, 원가정에서 자라야 한다. 원가정의 보호를 받지 못하는 아동은 사회가 특별한 보호와 양육을 제공해야 한다.
제7조	아동은 교육을 받을 권리가 있다.
제8조	아동은 어떤 상황에서도 우선적으로 보호와 혜택을 받아야 한다.
제9조	아동은 방임, 학대, 착취, 매매의 대상이 되어서는 안 되며, 최저연령에 도달하기 전까지는 유해한 활동과 직업에 고용되어서는 안 된다.
제10조	아동은 인종과 종교 등 차별을 조장할 수 있는 관습으로부터 보호받아야 한다.

3) 유엔아동권리협약

유엔은 〈유엔아동권리선언〉 채택 20주년인 1979년 '세계 아동의 해'를 선포했다. 그동안 아동권리를 실현하고 증진시키려는 국제사회의 노력은 유엔아동권리협약으로 결실을 맺었다. 유엔은 1989년 44회 유엔총회에서 54개 조항으로 구성된 〈유엔아동권리협약(UN CRC : United Nations Convention on the Rights of the Child)〉을 통과시켰다. 유엔아동권리협약은 18세 미만의 모든 아동을 권리의 주체로 인정한 세계 최초의 국제규범이다. 유엔아동권리협약을 비준한 모든 국가는 아동의 건강한 성장과 발달을 지원하기 위한 국가의 책무를 이행해야 한다.

유엔아동권리협약은 전문, 제3부, 총 54개 조항으로 구성되어 있다. 유엔아동권리협약 전문은 인권으로서 아동의 권리를 규정한 것으로 인간의 기본적 인권을 확인하면서, 아동이 특별한 보호와 도움을 받을 권리의 주체임을 명시하고, 아동보호에 대한 사회적 책무를 강조하였다. 1부는 실제적 내용규정에 관한 것으로 제1조부터 제41조로 구성되었고, 2부는 이행에 관한 규정으로 제42조부터 제45조로 구성되었다. 3부는 부칙으로 제46조에서 제54조로 구성되었다.

〈표 1-4〉 유엔아동권리협약 구성

구분	내용
제1부(제1~41조)	아동의 권리와 가입국의 아동보호 의무 규정
제2부(제42~45조)	협약의 국제적 이행조치 규정
제3부(제46~54조)	부칙(서명, 가입, 비준서 기탁, 개정절차, 유보, 폐기, 원본 규정)

출처 : 이재연 외(2017). 아동복지론.

(1) 일반원칙

유엔아동권리협약의 일반원칙은 협약의 기본 가치를 의미하는 것이다. 협약의 일반원칙은 네 가지 원칙으로 무차별의 원칙, 아동 최선의 이익 원칙, 아동의 생존과 발달 보장의 원칙, 아동의 의사표현 존중의 원칙을 포함한다.

① 무차별의 원칙(협약 제2조)

유엔아동권리협약은 성별, 종교, 사회적 신분, 인종, 국적, 그 어떤 조건과 환경에서도 아동이 차별되어서는 안 된다는 기본 원칙을 명시하고 있다.

- **제1항** : 당사국은 아동 또는 그의 부모나 법정 후견인의 인종, 피부색, 성별, 언어, 종교, 정치적 또는 기타의 의견, 민족적·인종적·사회적 출신 또는 재산, 무능력, 출생이나 기타 신분에 관계없이 그리고 어떠한 종류의 차별함이 없이 이 협약에 규정된 권리를 존중하고, 각 아동에게 보장하여야 한다.
- **제2항** : 당사국은 아동이 그의 부모나 법정 후견인 또는 가족구성원의 신분, 활동, 표명된 의견 또는 신분을 이유로 하는 모든 형태의 차별이나 처벌로부터 보호되도록 보장하는 모든 적절한 조치를 취하여야 한다.

② 아동 최선의 이익 원칙(협약 제3조)

유엔아동권리협약은 아동에 관련된 모든 활동에서 가장 우선적으로 아동 최선의 원칙을 고려해야 함을 명시하였다. 아동 최선의 원칙은 아동정책과 아동복지 관련 국내법을 모니터링하고 평가하는 데 기초가 된다.

- **제1항** : 공공 또는 민간 사회복지기관, 법원, 행정당국 또는 입법기관 등에 의하여 실시되는 아동에 관한 모든 활동에서 아동 최선의 이익이 우선적으로 고려되어야 한다.
- **제2항** : 당사국은 아동의 부모, 법정 후견인 또는 여타 아동에 대하여 법적 책임이 있는 자의 권리와 의무를 고려하여, 아동복지에 필요한 보호와 배려를 아동에게 보장하고, 이를 위하여 모든 적절한 입법적·행정적 조치를 취하여야 한다.
- **제3항** : 당사국은 아동에 대한 배려와 보호에 책임 있는 기관, 편의시설이 관계당국이 설정한 기준, 특히 안전과 위생 분야 그리고 직원의 수 및 적격성은 물론 충분한 감독 면에서의 기준에 따를 것을 보장하여야 한다.

③ 아동의 생존과 발달 보장의 원칙(협약 제6조)

유엔아동권리협약은 모든 아동은 생명에 관한 고유한 권리를 가지고 있고 모든 국가는 아동의 생존과 발달을 보장하기 위한 최선의 환경을 보장해야 함을 명시하였다.

- 제1항 : 당사국은 모든 아동이 고유의 생명권을 가지고 있음을 인정한다.
- 제2항 : 당사국은 가능한 한 최대한도로 아동의 생존과 발달을 보장하여야 한다.

④ 아동의 의사표현 존중의 원칙(협약 제12조)

유엔아동권리협약은 아동이 자신의 의사를 표현할 수 있는 기회를 부여하고 아동의 말에 귀를 기울이며 존중해야 함을 명시하고 촉구하였다.

- 제1항 : 당사국은 자신의 견해를 형성할 능력이 있는 아동에 대하여 본인에게 영향을 미치는 모든 문제에 있어서 자신의 견해를 자유스럽게 표시할 권리를 보장하며, 아동의 견해에 대하여 아동의 연령과 성숙 정도에 따라 정당한 비중이 부여되어야 한다.
- 제2항 : 이러한 목적을 위하여 아동에게 영향을 미치는 어떠한 사법적 · 행정적 절차에 있어서도 직접 또는 대표자나 적절한 기관을 통하여 진술할 기회가 국내법상 절차규칙에 합치되는 방법으로 주어져야 한다.

(2) 아동권리의 4대 유형

유엔아동권리협약은 아동을 단순히 수동적인 보호의 대상으로 보는 것이 아니라 적극적인 권리의 주체로 인정하고 있다. 협약이 규정하는 아동권리는 생존의 권리, 보호의 권리, 발달의 권리, 참여의 권리로 구분될 수 있다.

〈표 1-5〉 아동권리 4대 유형

권리 유형	협약 관련 조항	협약내용	활동 예시
생존권	제6~9조, 제19~21조 제23~24조 제26~27조 제30조, 제32~35조 제38조	아동이 적절한 생활수준을 누릴 권리, 안전한 주거지에서 살아갈 권리, 충분한 영양을 섭취하고 기본적인 보건서비스를 받을 권리 등 기본적인 삶을 누리는 데 필요한 권리	예방접종, 영양개선, 깨끗한 식수 제공 등
보호권	제2조, 제7조 제10~11조, 제16조 제19~21조, 제23조 제25조, 제32~37조 제39~40조	모든 형태의 학대와 방임, 차별, 폭력, 고문, 징집, 부당한 형사처벌, 과도한 노동, 약물과 성폭력 등 아동에게 유해한 것으로부터 보호받을 권리	전쟁 지역 아동과 난민 아동 보호, 인신매매와 유괴 예방, 소년병과 아동 노동자 지원, 폭력과 학대로부터 아동 보호 등
발달권	제5~6조 제10~15조, 제17조 제24조, 제28~29조 제31조	잠재능력을 최대한 발휘하는 데 필요한 권리, 교육받을 권리, 여가를 즐길 권리, 문화생활을 하고 정보를 얻을 권리, 생각과 양심과 종교의 자유를 누릴 수 있는 권리	학교 보내기 캠페인, 식수와 화장실 등 학교시설 지원, 교육 커리큘럼 개발, 교사 훈련, 학습교재 및 학용품 제공 등
참여권	제12~13조, 제15조 제17~18조	자신의 생활에 영향을 주는 일에 대해 의견을 말하고 존중받을 권리, 표현의 자유, 양심과 종교의 자유, 평화로운 방법으로 모임을 자유롭게 열 수 있는 권리, 사생활을 보호받을 권리, 유익한 정보를 얻을 권리	유엔아동특별총회 등 아동참여를 유도하는 회의나 아동의회 활동 등

출처 : 유니세프 한국위원회(www.unicef.or.kr).

3. 우리나라 아동권리의 발달

1) 소파 방정환

조선시대 유교적 가치관 속에서 어린이는 부모를 공경하고 효를 행하도록 강요받는 존재였다. 이러한 상황에서 소파 방정환은 어린이들이 앞으로 세상을 이끌어 나갈 주체로 인식하고 어린이들에게 꿈과 희망을 부여하기 위해 노력하였다. 특히 그는 그 시대에 상상하기 어려운 아동관을 가지고 어린이를 평가하였다. 소파 방정환이 제시한 아동관은 크게 아동의 무한한 가능성을 인정하고, 부모의 소유가 아님을 명시하며, 아동을 존중해야 한다는 점을 명시하였다. 소파 방정환의 다양한 글에서 그의 사상을 살펴볼 수 있다.

어린이는 무한한 가능성을 가진 존재이다	새로 피어날 새싹이 어느 때까지든지 내리눌려만 있을 때, 조선의 설움과 아픔은 어느 때까지든지 그대로 이어만 갈 것입니다. 그러나 한이 없이 뻗어날 새 목숨 새싹이 어느 때까지든지 눌려 엎드려만 있지 않았습니다. 5년 전의 5월 초하루! 몇 백 몇 천년 눌려 엎드려만 있던 조선의 어린이는 이날부터 고개를 들고 이날부터 외치기 시작하였습니다('어린이' 제4권 제5호, 1926년 5월). 어린이는 모두 시인이다. 본 것 느낀 것을 그대로 노래하는 시인이다. (중략) 어린이는 그림을 좋아한다. 그리고 또 그리기를 좋아한다. 아무런 기교가 없는 순진한 예술을 낳는다(방정환, 1974 : 12-14).
어린이는 부모의 소유가 아니다	어린이는 어른보다 더 새로운 사람입니다. 내 아들놈, 내 딸년 하고 자기의 물건같이 여기지 말고, 자기보다 한결 더 새로운 시대의 새 인물인 것을 알아야 합니다. 어린이를 어른보다 더 높게 대접하십시오(조선소년운동협회 제1회 어린이날 선전문, 동아일보, 1923. 5. 1). 어린이는 결코 부모의 물건이 되려고 생겨 나오는 것도 아니고 어느 기성사회의 주문품이 되려고 나오는 것도 아닙니다. 그네는 훌륭한 한 사람으로 태어나오는 것이고 저는 저대로 독특한 사람이 되어갈 것입니다(방정환, 1923).
어린이는 존중되어야 한다	한국 사람의 가옥을 보아라. 모두 늙은 호주의 집일 뿐이지 어린 새 사람의 방이라곤 단 한 칸도 없지 않은가. 음식을 장만하여도 늙은이를 위하여서뿐이지 어린 새 인물을 위해서 장만하는 것은 아니다. 이때까지의 부녀자들은 시부모를 위하여 조석을 지었지 어린 새 인물을 위해 지은 적이 없었다. 한국 사람처럼 아들딸의 덕을 보려고 욕심내는 사람이 없는데도 불구하고, 그 덕 보려는 명일의 호주를 한국 사람처럼 냉대, 학대하는 사람도 없다. 새로 자라는 어린 인물들뿐만이 우리의 기둥감이요 들보감이건마는, 그들을 위하지 아니하고 아끼지 아니하고 존중하지 아니하고 어떻게 덕만 바라는 것이냐?(방정환, 1974 : 60) 외국 사람을 보아라. 그들은 완전히 어린이 중심으로 생활을 하고 있다. 집도 어린이를 위하여, 음식도 어린이를 위하여, 정원도 어린이 비위를 맞추어서, 심지어 산보도 놀이도 어린이 중심으로, 그리고 그것도 부족하여서 어린이만의 공원이 있고, 유원지가 있고, 어린이를 위한 책이 수없이 나오고…(방정환, 1974 : 61).

출처 : 이재연 · 안동현 · 황옥경 공편(2007). 아동과 권리. 제2장에서 발췌 후 요약.

2) 아동권리공약

우리나라는 유럽에서 아동권리에 대한 관심이 증가하던 1920년대 소파 방정환을 중심으로 전통적인 가부장제에서 억압받고 소외당하는 아동들에게 권리를 찾아주자는 취지의 소년운동이 일어났다. 방정환은 시기적으로 일제의 통제하에 있어서 어려운 시기였지만 어린이에게 꿈과 희망을 주고자 노력하였다. 1923년 5월 1일 어린이날 기념식에서 아동권리공약을 선포하여 어린이를 인격적으로 대우하고 어린이에 대한 노동을 폐지하며 어린이가 배우고 놀 수 있는 환경을 제공해야 함을 제시하였다. 이는 1924년 선포된 '아동권리에 관한 제네바 선언'보다 1년 앞선 것으로 최초의 아동권리선언으로서의 의미를 가지고 있다(이재연 외, 2017).

아동권리공약 3장
• 어린이를 재래의 윤리적 압박으로부터 해방하여 그들에 대한 완전한 인격적 예우를 허하라. • 어린이를 재래의 경제적 압박으로부터 해방하여 만 14세 이하의 그들에 대한 무상 또는 유상의 노동을 폐하라. • 어린이에게 그들이 고요히 배우고 즐거이 놀 만한 각양의 가정 또는 사회적 시설을 행하라.

3) 대한민국 어린이헌장

우리나라 어린이헌장은 아동권리공약 3장에 기초하여, '아동권리에 관한 제네바선언'의 내용을 종합하여 9개 조항으로 만들어진 후 1988년 11개 조항으로 개정되었다.

대한민국 어린이헌장
1. 어린이는 건전하게 태어나 따뜻한 가정에서 사랑 속에 자라야 한다. 2. 어린이는 고른 영양을 취하고, 질병의 예방과 치료를 받으며, 맑고 깨끗한 환경에서 살아야 한다. 3. 어린이는 좋은 교육시설에서 개인의 능력과 소질에 따라 교육을 받아야 한다. 4. 어린이는 빛나는 우리 문화를 이어받아, 새롭게 창조하고 널리 펴나가는 힘을 길러야 한다. 5. 어린이는 즐겁고 유익한 놀이와 오락을 위한 시설과 공간을 제공 받아야 한다. 6. 어린이는 예절과 질서를 지키며, 한겨레로서 서로 돕고, 스스로를 이기며 책임을 다하는 민주시민으로 자라야 한다. 7. 어린이는 자연과 예술을 사랑하고 과학을 탐구하는 마음과 태도를 길러야 한다. 8. 어린이는 해로운 사회환경과 위험으로부터 먼저 보호되어야 한다. 9. 어린이는 학대를 받거나 버림을 당해서는 안 되고, 나쁜 일과 힘겨운 노동에 이용되지 말아야 한다. 10. 몸이나 마음에 장애를 가진 어린이는 필요한 교육과 치료를 받아야 하고, 빗나간 어린이는 선도되어야 한다. 11. 어린이는 우리의 내일이며 소망이다. 나라의 앞날을 짊어질 한국인으로, 인류의 평화에 이바지할 수 있는 세계인으로 자라야 한다.

4) 유엔아동권리협약 비준

우리나라는 1991년 '유엔아동권리협약'에 비준하여 협약 당사국이 되었다. 이는 협약의 규정을 준수하고 협약내용에 따라 각 사항을 이행한다는 책무를 가지는 것이다. 협약 비준 이후 우리나라는 아동 관련 국내법을 제정 및 개정하였으며, 아동과 관련된 정부의 다양한 정책을 수립하여 아동권리를 보장하고 증진하기 위한 노력을 기울였다. 2011년 전면 개정된 아동복지법 제11조는 '아동종합실태조사'를 기초로 '아동정책기본계획' 수립과 시행을 위한 법적 근거가 되었다. 또한 '국가인권정책기본계획'은 아동권리 보장을 위한 정책과제를 포함하여 아동권리 보장의 확대를 추구하였다.

보건복지부와 사단법인 한국아동단체협의회는 매년 아동 스스로 자신의 권리를 증진시키기 위한 대표적 활동으로 '대한민국 아동총회'를 개최한다. 아동총회는 전국의 아동대표가 아동과 관련된 사안에 대해 자유롭게 토론하고 대안을 마련하는 등 아동의 참여권을 보장하는 활동이며 아동이 자신의 권리를 위한 정책 제안을 하는 기회를 가진다.

생각해 보기

- 아동권리의 기본 개념을 생각해 봅시다.
- 유엔아동권리협약에서 아동권리 4대 유형을 구분해서 생각해 봅시다.
- 우리나라에서 아동권리가 어떻게 발달했는지 생각해 봅시다.

CHAPTER

02 유엔아동권리협약의 이행과 모니터링

1. 유엔아동권리협약의 이행
2. 유엔아동권리협약의 모니터링

CHAPTER 02

유엔아동권리협약의 이행과 모니터링

학습목표

- 유엔아동권리협약의 이행과 이행절차를 설명할 수 있다.
- 유엔아동권리협약 이행에 관한 국가보고서와 권고사항을 설명할 수 있다.
- 유엔아동권리협약 모니터링과 이후 변화과정을 설명할 수 있다.

유엔아동권리협약은 우리나라가 협약을 비준하면서 국내법과 같은 법률적 효력을 발휘하는 것이다. 따라서 우리나라는 협약의 구체적 내용을 따를 책무를 가지고 있다. 유엔아동권리위원회는 협약을 비준한 당사국이 협약을 잘 이행하는지 점검하기 위해 정부의 국가보고서와 민간보고서를 살펴보고 이행수준에 따라 권고사항을 제시한다. 우리나라는 권고사항을 이행하기 위해 모니터링센터를 설립하여 이행수준을 점검하고 있다. 또한 정부는 아동 관련법과 정책 개선을 통해 유엔아동권리협약 내용을 준수하려고 노력하고 있다.

1. 유엔아동권리협약의 이행

1) 유엔아동권리협약의 유보조항

우리나라는 1991년 11월 20일 유엔아동권리협약 비준을 하면서 국내법과 모순되는 3개 조항을 유보하였다. 유보된 3개 조항은 '분리된 아동의 부모면접교섭권(제9조3항)', '입양허가제(제21조1항)', 그리고 '상소권의 보장(제40조2항)'이었는데, 현재 '상소권의 보장' 유보만 그대로 남아있다.

- **분리된 아동의 부모면접교섭권** : 1991년 민법 제837조 제2항에 부모의 면접교섭권만 보장되어 있었으나 2007년 12월 민법 개정으로 제9조 제3항의 유보는 2008년 10월 철회되었다. 개정된 민법 제837조 제2항은 "자를 직접 양육하지 아니하는 부모의 일방과 자는 상호 면접 교섭할 수 있는 권리를 가지고, 가정법원은 자의 복리를 위하여 필요한 때에는 당사자의 청구 또는 직권에 의하여 면접교섭을 제한하거나 배제할 수 있다"라고 규정하였다.
- **입양허가제** : 협약 가입 당시 우리나라 입양제도는 정부의 허가 없이 입양이 성립될 수 있어 유보하였다. 2011년 8월 입양특례법 시행으로 국내외 입양제도가 개선되었으며, 개정된 입양특례법에 따라 입양은 가정법원의 허가를 받아야 한다. 민법 및 입양특례법 개정으로 입양에 대한 가정법원 허가제가 도입됨에 따라 「아동의 권리에 관한 협약」 제21조 가항과 국내법과의 상충 문제가 해결되어 2017년 8월 11일부터 유보사항 철회가 발효되었다.
- **상소권의 보장** : 우리나라는 비상계엄하의 군사재판에서 단심제만 허용되어 아동재판에서 상소권이 보장되고 있지 않다(계엄법 제10조 제1항). 우리나라의 상황을 고려하여 제40조 제2항 나호 5항인 상소권의 보장을 유보하였다.

2) 유엔아동권리협약 이행절차와 권고사항

(1) 유엔아동권리협약 이행과 국가보고서

유엔아동권리협약 당사국들은 협약에서 규정한 조항을 이행하기 위한 모든 법적·행정적 조치를 집행하고, 각 국가의 아동권리 수준에 대한 이행결과를 국가보고서로 작성하여 5년마다 의무적으로 제출해야 한다. 유엔아동권리위원회는 각 당사국들이 제출한 국가보고서를 심의한 후 심의결과에 따른 권고사항을 다시 당사국에게 전달한다.

우리나라는 1991년 협약에 비준하여 당사국이 된 이후 협약규정에 따라 이행과 준수 여부에 대해 정부와 민간단체가 각각 정부보고서와 민간보고서를 제출하였다. 우리나라는

1994년 1차 보고서, 2000년 2차 보고서, 2008년 3·4차 통합보고서를 제출하였으며, 2017년 12월 27일 5·6차 보고서를 제출하였다. 유엔아동권리위원회는 2024년 12월 19일까지 최종 견해에 대한 후속조치 관련 정보를 포함하여 제7차 국가보고서 제출을 요청하였다. 우리나라는 2014년 1월 31일 채택된 위원회의 협약별 보고지침을 준수하여, 21,200자를 초과하지 않도록 보고서를 작성해서 제출해야 한다. 우리나라의 협약 이행과 관련된 국가보고서 제출과정은 다음 |그림 2-1|과 같다.

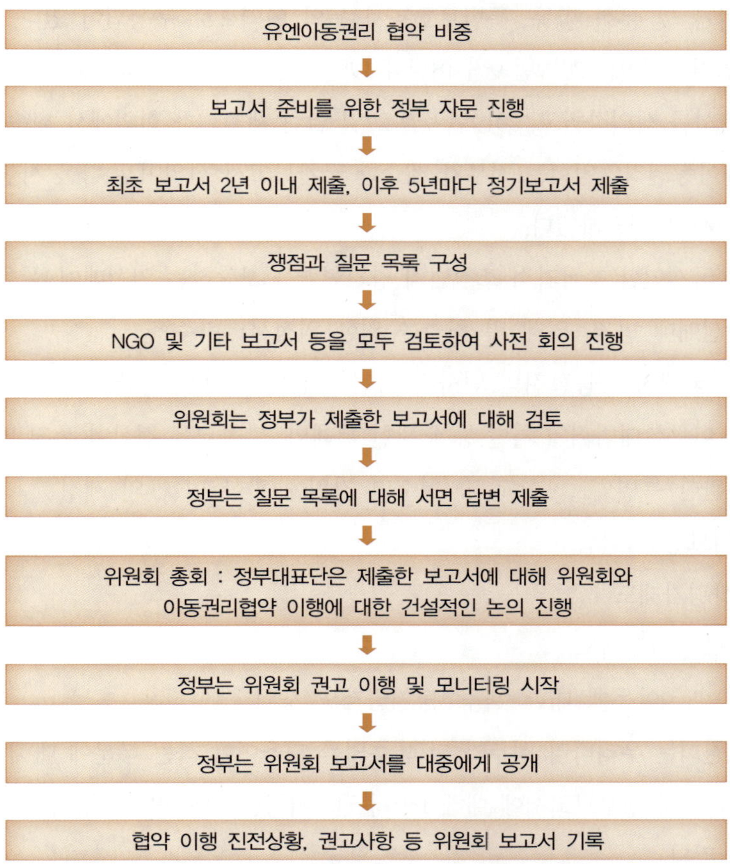

|그림 2-1| 유엔아동권리위원회 보고서 절차

출처 : 인권위원회(2017). 아동청소년과 인권.

(2) 유엔아동권리위원회의 최종 견해와 권고사항

유엔아동권리위원회는 국가보고서를 심의하여 아동 인권 보장의 장애요인을 분석하고 관련 대책을 해당국 정부와 함께 모색해야 한다. 유엔아동권리위원회가 해당국의 국가보고서를 심의한 후 해당국에 전달하는 권고사항은 해당국에서 수립한 후속조치와 성과, 기존 권고사항 중 미이행된 사항, 주요 권고사항 등으로 구성되어 있다. 위원회의 권고사항은 일반이행조치, 일반원칙, 시민권과 자유, 가정환경과 대안 돌봄, 장애・기초보건 및 복지, 교육・여가 및 문화 활동, 특별보호조치 등의 영역으로 구성되어 있다.

유엔아동권리위원회는 2019년 9월 18일과 19일 열린 제2416차 회의에서 대한민국 제5・6차 정부보고서를 심의하였고, 2019년 9월 27일 열린 제2430차 회의에서 최종견해를 채택하였다. 유엔아동권리위원회는 정부가 제출한 국가보고서 심의이후 다음 사항에 대해 환영과 감사 인사를 전달하였다.

- 2015년 「국제연합 초국가적 조직범죄 방지협약을 보충하는 인신매매, 특히 여성과 아동의 인신매매 방지, 억제 및 처벌을 위한 의정서」 비준
- 2012년 「국제적 아동탈취의 민사적 측면에 관한 헤이그 협약」 가입
- 2014년 「아동학대범죄의 처벌 등에 관한 특례법」, 「공교육 정상화 촉진 및 선행 교육 규제에 관한 특별법」, 「학교 밖 청소년 지원에 관한 법률」의 제정
- 아동권리보장원 설립
- 아동영향평가제도
- 온라인 출생신고제도
- 만 7세 미만 아동에 대한 아동수당지급제도 도입

그러나 위원회는 우리나라 정부가 더욱 주의를 기울여야 하는 부분에 대해 우려사항을 표명하면서 5・6차 정부보고서에 대해 130개 권고사항을 제시하였는데, 주요 사항은 다음 〈표 2-1〉과 같다.

〈표 2-1〉 2019년 5·6차 보고서에 대한 유엔아동권리위원회 권고사항 주요 내용

영 역	5·6차 주요 권고사항
일반이행조치 [협약 제4, 42, 44(6)조]	• 유보조항 철회 – 제40조 제2항(b)(상소권 보장) • 법제정 – 낙태 관련 법률이 아동 최상의 원칙에 합치하도록 권고 • 포괄적인 정책 및 전략 – 아동 관련 정책 및 전략이 협약의 모든 영역을 아우르고, 계획의 이행, 모니터링 및 평가를 위한 충분한 인적, 기술적, 재정적 자원 할당을 보장 • 조정 – 아동정책조정위원회의 권한을 더욱 강화 • 자원의 할당 – 아동을 위한 모든 정책, 계획, 프로그램 및 입법 조치가 이행될 수 있도록 정부의 모든 단계에 걸쳐 적정한 재정적, 인적, 기술적 자원을 할당하고, 자원활용의 모니터링 실행 – 아동을 위한 예산 및 전반적인 사회복지지출을 GDP에 비례하여 증가시키고, 지방자치단체 간 격차를 감소 – 취약한 상황에 있는 아동을 위한 예산할당을 도입 – 예산수립 과정에서 아동참여를 강화 – 아동의 권리 실현을 지원하는 부문의 재화 및 용역(상품과 서비스)의 가용성, 접근성, 그리고 품질을 보장하고, 부패를 척결하기 위한 노력을 강화하며, 공공조달 절차에서 책무성을 제고 • 자료수집 협약 전 분야에 걸쳐 연령, 성별, 장애(disability status), 지리적 위치, 출신민족 및 출신국적, 사회경제적 배경과 이주 배경 등에 따라 세분화된 자료를 수집하는 중앙화된 시스템(centralized system) 구축 • 독립모니터링 – 아동권리위원회의 독립성 보장을 포함하여, 법적 지위를 확고히 함 – 아동권리위원회의 진정 접수 및 조사 권한을 강화 – 정부 당국에 국가인권위원회의 인지도를 제고 – 정책권고의 이행을 조정하고 모니터링하는 국가인권위원회의 역량을 강화 – 국가인권위원회에 충분한 자원을 투입 • 보급, 인식제고 및 훈련 – 아동 관련 전문가에게 의무적 훈련 제공 • 국제협력

	• 아동권리와 기업 – 국내외에서 활동하는 기업들을 위한 아동보호 프레임워크(child protection framework)를 수립
일반원칙 (협약 제2, 3, 6, 12조)	• 비차별 – 포괄적인 차별금지법 제정 및 전략을 시행하고, 취약하고 소외된 상황에 있는 아동에 대한 차별 방지 및 근절을 위한 대중 캠페인을 시행 – 당사국 영토 내에 있는 모든 아동이 출생 시 동등하게 등록되고, 보육시설(childcare facilities) 교육, 보건, 복지, 여가, 그리고 국가 지원에 접근할 수 있도록 보장 – 학교에서 학업성적에 근거한 차별을 방지하고 근절 – 양육비 접근 등에 있어 모든 가정에 동등한 대우를 보장하고, 이에 따라 관련 법 및 관행을 점검 • 아동최선의 이익 – 폭넓은 아동 참여와 함께 아동영향평가제도의 적용을 확장 – 모든 분야에서 아동의 최선의 이익을 결정하고 우선적 고려사항으로 적절한 비중을 부여하는 절차 및 기준을 개발 • 생명, 생존 및 발달의 권리 – 가습기 살균제가 초래하는 건강상 피해를 조사 – 모든 보육환경(childcare settings) 및 교육환경의 실내 공기 질 및 유해물질 노출 모니터링을 지속 – 가습기 살균제 피해 아동에게 충분한 구제와 배상을 제공하기 위한 노력을 지속하고, 화학물질 관리 및 유해물질 관련 사건 예방을 위한 노력을 강화 • 아동의 견해 존중 – 학업 성적과 상관없이 학교 내 모든 아동에게 자신의 견해를 표현할 수 있는 기회를 보장 – 아동복지법이 아동에게 영향을 미치는 모든 사안과 관련하여 자신의 견해를 자유롭게 표현할 아동의 권리를 규정하도록 보장 – 발의된 가사소송법안의 신속한 개정을 포함하여, 아동과 관련된 모든 사안에서 견해를 표현할 아동의 권리에 대한 연령 제한을 폐지
시민적 권리와 자유	• 출생 등록 – 온라인 출생신고를 포함한 출생신고가 부모의 법적 지위 또는 출신지와 관계없이 모든 아동이 보편적으로 이용 가능하도록 보장 – 모든 아동이 출생 직후 등록될 수 있도록 미혼부가 그들의 자녀를 등록하는 절차를 간소화 – 미등록 출생아동을 파악하기 위해 필요한 모든 조치

	– 출생등록의 중요성에 대한 인식 개선 캠페인을 실시 • 아동의 사상, 양심 및 종교의 자유가 완전히 존중될 수 있도록 보장 • 의사결정 과정과 정치적 활동에서 아동의 능동적 참여 촉진 – 학교위원회의 운영 참여 • 모든 형태의 체벌 금지 – 결사와 표현의 자유
가정환경과 대안양육	• 학대와 방임 – 학교의 법적 보고의무 부과 – 더 많은 보호기관의 설립 – 모든 상황에서의 아동폭력 금지법안 마련 – 대안양육의 아동학대 보호절차 마련 – 친부모와 교류보장 • 입양보호 제공보장 조치 • 법률개정 목적의 입양제도 재고
기초보건과 복지	• 적합한 지원 제공 • 통합교육 제공 보장 • 건강할당 재정 증대 및 저소득층 가족을 위한 보건의료시설 체계 수립 • 대중매체, 술과 담배, 인터넷 중독의 위험에 대한 정보와 교육 캠페인 증진
교 육	• 과도한 교육경쟁 우려 : 교육목적에 근거한 시험제도 • 공교육 강화 • 여가, 문화 및 오락활동 보장 • 학교접근성 정보 수집 • 외국 아동을 위한 왕따 예방계획 수립 과정에 아동 참여
특별보호조치	• 소년사법행정 – 소년전문법원 설립 – 형법위반 아동에 대한 법적 원조 제공 – 재활센터, 구금시설에서 성인법과 분리수용, 가족 접촉 기회와 직업훈련 기회 제공 – 아동의 거취 결정에 대한 정기적 재검토 보장 • 범죄 피해자와 증인 보호 – 아동 친화적인 절차 개발, 아동의 프라이버시와 존엄성 보장 – 범죄 피해자이자 증인인 아동 보호 • 성적 착취 – 아동대상 성폭력 방지조치 • 이주아동의 교육받을 권리 보장정책과 전력 개발

시민권과 자유 (협약 제7, 8, 13~17조)	• 정체성에 대한 권리 – '베이비 박스' 금지 – 익명으로 병원에서 출산할 수 있는 가능성을 허용할 수 있는 제도 도입 • 표현, 결사 및 평화적 집회의 자유 • 사생활에 대한 권리
아동에 대한 폭력 [협약 제19, 24(3), 28(2), 34, 37(a), 39조]	• 체벌을 포함한 폭력 – 모든 아동에 대한 모든 폭력 및 학대 사건의 국가 데이터베이스를 구축하고, 해당 사건의 규모, 원인, 특성에 대한 포괄적 평가를 실시 – 온라인 폭력을 포함하여 아동에 대한 모든 형태의 폭력 및 학대를 방지, 근절 및 모니터링하기 위한 포괄적 전략 및 행동계획을 수립 – 당사국 영토 내 모든 환경의 법률 및 관행상의 '간접체벌' 및 '훈육적(disciplinary) 처벌'을 포함한 모든 체벌을 명시적으로 금지 – 모든 형태의 폭력 및 학대에 대한 인식 개선 및 교육 프로그램을 강화할 것, 교내 비폭력 의사소통 및 갈등중재를 증진하고, 긍정적이며 비폭력적인 참여형 아동 양육 형태를 촉진하며, 폭력과 학대신고를 장려 – 심리적 학대를 포함한 폭력 및 아동학대 사건을 성인지적 관점을 고려하여 발견하고 적절히 대응하도록 관련 전문가를 양성할 것, 신고 지침을 수립 – 폭력 및 아동학대 사건을 수사하고 적절히 대응하도록 보장 – 학대 예방, 피해아동의 회복 및 사회통합을 위한 프로그램과 정책 개발을 보장 – 지역 격차를 줄일 수 있도록 적절한 인적, 재정적, 그리고 기술적 자원을 할당 • 성적 착취(sexual exploitation) 및 학대 – 아동에 대한 모든 형태의 성적 착취 및 학대를 방지하고 대응하기 위해 필요한 모든 적절한 조치 – 온라인 그루밍을 정의하고 형사범죄로 규정 – 미성년자 의제강간 연령을 상향 – 만 18세 미만의 모든 개인을 법률상 '피해자'로 명시, '보호처분' 폐지, 지원서비스 및 법적 조력 제공, 보상과 구제를 포함한 사법절차 접근성 보장 등을 포함하여, 범죄자로 취급하지 않고 피해자로 처우 – 아동친화적이고 효과적인 경로를 통한 성적 착취 및 학대 신고를 독려 – 모든 성범죄자들이 강요의 증거 유무와 상관없이 기소되고, 적절한 제재를 받도록 하며, 성범죄자들에 대한 처벌이 국제기준에 부합 • 유해한 관행 – 예외 없이 조혼(child marriage)을 금지하고, 출신국과의 협력, 이민자 및 난민을 위한 공적 등록 절차(civil registration procedures) 개설 등 이러한 관행을 예방하고 근절하는 데 필요한 모든 조치를 취할 것을 촉구

가정환경 및 대안양육 [협약 제5, 9~11, 18(1) 및 18(2), 20~21, 25, 27(4)조]	• 가정환경 – 영유아보육법 개정을 포함하여, 돌봄 서비스의 범위와 적절한 유연성을 늘리고, 모든 아동이 국적에 관계없이 보육시설(childcare facilities) 및 재정적 지원에 동등하게 접근할 수 있도록 보장 – 부(父)의 육아휴직 접근성 및 이용을 보다 촉진 – '면접교섭센터' 설치 확대 및 기타 대안적인 해결책 마련을 포함하여, 이혼 가정 아동의 면접교섭권을 보장 – 양육비에 대한 접근 및 양육비 이행 촉진과 보장, 불이행에 따른 제재가 아동의 최선의 이익을 저해하지 않도록 보장 – 한부모가족에 대한 편견과 차별 방지 및 근절을 위해 필요한 모든 조치를 취하고, 양육비 지원 자격도 그에 따라 개정할 것 • 가정환경 상실 아동 – 가정위탁의 질을 향상 및 확대하기 위한 적절한 인적, 재정적, 기술적 자원을 할당하며, 시설보호를 단계적으로 폐지 – 가출 아동의 보호를 강화 – 대안양육 배치를 결정하기 위한 적절한 보호장치와 명확한 기준을 마련, 대안양육의 질에 대한 주기적 검토 및 진정절차에 대한 접근성을 보장, 가족 재결합 지원을 강화하고 성년에 이른 양육시설 아동에 대한 지원을 강화 – 보호자 보호절차를 간소화하고 보호자의 보호 능력을 강화 • 입양 • 불법 해외이송 및 미귀환 • 수용자 자녀
장애, 기초보건 및 복지 [협약 제6, 18(3), 23, 24, 26, 27(1)~(3), 33조]	• 장애아동 건강 및 보건 서비스 – 경제적 취약계층 아동 및 이주아동의 국민건강보험에 대한 보편적 접근권을 보장 – 이주 아동의 예방접종 접근성을 개선 – 당뇨 및 비만 아동 등을 위한 어린이집 및 학교의 보건의료 지원을 강화 • 정신 건강 • 청소년 보건 – 지역사회 청소년 통합 지원체계(CYS-Net)의 역량을 구축하여 문제적이고 과도한 스마트폰 사용에 대한 대책을 강화 – 청소년 임신을 효과적으로 관리 • 생활수준 – 국적에 상관없이 모든 아동이 아동수당을 이용할 수 있도록 보장할 것 – 빈곤층 아동에 대한 현황 조사를 실시, 빈곤층 아동 지원을 위한 기본계획을 알리고 채택하며 시행 – 아동의 주거 빈곤 및 아동의 시간제 고용률을 사정하고 효과적으로 관리

교육·여가 및 문화 활동 (협약 제28, 29, 30, 31조)	• 교육 및 교육의 목표 – 사교육 의존도를 줄이고, 「공교육 정상화 촉진 및 선행교육 규제에 관한 특별법」 준수 여부를 모니터링하여 필요시 제재 – 모든 아동이 출신, 주거지, 사회경제적 및 이주 지위, 이주민으로서 등록 여부에 관계없이 의무교육을 보장받도록 교육기본법을 검토 – 장애아동을 위한 통합교육 및 합리적인 편의제공을 보장하고, 장애이해 및 인식개선을 강화 – 학교를 중퇴하는 근본원인을 파악하고 효과적으로 대응하기 위한 노력을 강화 – 지역 간 불균형을 해소 – 각 연령에 적합한 성교육을 제공 – 학교 밖 아동에 특별히 주의 – 학업성적에 따른 차별을 포함한 학교에서의 차별을 예방하고 근절 – 사이버 괴롭힘을 포함하여 집단 괴롭힘을 근절조치를 강화 : 예방, 조기 발견 메커니즘, 아동 및 전문가의 역량 강화, 중재 절차, 사례 관련 자료수집을 위한 통일된 지침 – 아동의 휴식, 여가 및 놀이에 대한 관점과 태도를 전환하기 위한 인식제고 프로그램과 대중 캠페인을 실시
특별보호조치 [협약 제22, 30, 32~33, 35~36, 37(b)~(d), 38, 39~40조]	• 난민신청아동 및 난민아동, 이주아동 • 아동노동을 포함한 경제적 착취 • 매매, 거래, 약취유인 • 소년사법 운영 • 아동 매매 · 아동 성매매, 아동 음란물에 관한 선택의정서 후속 조치 • 아동의 무력분쟁 참여에 관한 선택의정서 후속 조치

출처 : 보건복지부(www.mohw.go.kr).

2. 유엔아동권리협약의 모니터링

1) 아동권리모니터링센터

우리나라는 유엔아동권리협약에 명시된 모든 아동의 권리를 보장할 의무를 가지고 있으며, 협약의 이행사항을 처음 비준한 후 2년, 그 후 5년마다 유엔아동권리위원회에 보고해야 한다. 유엔아동권리협약 이행상황에 대한 보고서는 국가보고서 이외에 NGO 등 민간단체의 비정부보고서와 함께 제출되고 있다.

우리나라는 유엔아동권리위원회의 2차 권고사항에 의해 2004년 1월 총리 산하에 아동정책조정위원회를 설치하여 아동권리협약의 국내 이행을 모니터링하는 제도를 마련하였다. 정부는 2006년 10월 한국보건사회연구원에 아동권리모니터링센터를 설치하여 시범운영하면서 우리나라 아동권리 상황을 모니터링하였다. 이후 2012년 NGO 단체인 굿네이버스가 아동권리모니터링센터를 위탁운영하였는데, 민간위탁운영으로 아동권리 모니터링 과정의 독립과 조사기능을 수행하는 데 제한이 있었다. 이러한 한계를 극복하기 위해 2014년 국가인권위원회는 아동청소년인권팀을 신설하여 아동권리모니터링 업무를 담당하였다. 이후 국가인권위원회는 아동인권 침해와 차별 사례에 대한 조사와 정책제언 등 아동인권 문제를 전담하기 위해 아동권리위원회를 신설하여 아동권리 증진을 위한 노력을 기울이고 있다.

2) 유엔아동권리협약 모니터링 이후 변화

(1) 아동 · 청소년 관련법의 제정과 개정

유엔아동권리협약 이후 아동과 청소년 관련 법률들은 제정과 개정을 통해 아동권리 관련 조항들을 포함하였다. 특히 「아동학대범죄의 처벌 등에 관한 특례법」은 2014년 1월 18일 제정(2014년 9월 시행)되었는데, 아동학대에 대한 처벌을 강화하고 긴급조치와 보호기능을 포함하고 있어 아동학대에 대한 정부의 대처가 강화된 것으로 볼 수 있다. 또한 매년 6~7만 명에 이르는 학업 중단 학생들에 대한 정부의 구체적 대응을 확대하기 위해 「학교 밖 청소년 지원에 관한 법률」이 2014년 5월 28일 제정 및 시행되었다. 그뿐만 아니라 유엔아동권리위원회의 권고사항을 수용하여 정부는 2015년 3월 아동복지법을 개정하여 제5조 제2항을 신설하였는데, 신설조항은 보호자에게 아동에 대한 신체적 · 정신적 고통을 가하는 것을 금지하는 것을 명시한 것이다. 아동복지법 개정은 가정 내 체벌이나 폭력이 아동학대라는 것을 법률적으로 인식하는 것을 의미한다. 유엔아동권리협약 이행을 위해 신규 제정된 법률은 다음 〈표 2-2〉와 같다.

〈표 2-2〉 유엔아동권리협약 이행에 따른 신규 법률 제정

구 분	법 령	제 정	위원회 권고사항
신 규	아동의 빈곤예방 및 지원 등에 관한 법률	2011. 7. 14.	
	학교체육진흥법	2012. 1. 26.	교육의 여가문화 및 오락활동 보장
	난민법	2012. 2. 10.	난민아동의 교육과 국적 취득
	아동학대범죄의 처벌 등에 관한 특례법	2014. 1. 28.	시민적 권리와 자유협약의 폭력에 대한 포괄적인 권고와 모든 형태의 체벌 금지
	공교육 정상화 촉진 및 선행교육 규제에 관한 특별법	2014. 3. 11.	교육의 공교육화 강화
	양육비 이행 확보 및 지원에 관한 법률	2014. 3. 24.	

출처 : 인권위원회(2017). 아동청소년과 인권.

사회적으로 유엔아동권리협약의 이해수준이 증가하면서 보다 의미 있는 성과는 지역단위에서 학생인권조례를 제정한 것이다. 학생인권을 보장하는 학생인권조례는 4개 시・도에서 시행되고 있으며, 지방자치단체 차원에서 서울시와 부천시는 아동・청소년 인권조례를 제정하였다.

(2) 아동・청소년 관련 정책 개선

정부는 유엔아동권리협약 권고사항의 이행수준에 따른 모니터링을 통해 지속적으로 아동과 청소년 관련 정책을 개선해 왔다. 특히 한국청소년정책연구원은 2014년 이후 매년 아동과 청소년 인권에 관한 연구를 수행하여 우리나라의 아동권리 현황을 보고하고 있다. 2019년 정부는 '포용국가 아동정책'을 발표하였는데, 아이에 대한 사회 인식을 개선하고 아이가 행복한 삶을 살아가는 나라로 만들기 위해 국가의 책임을 강조한 것이다. 이 정책은 아동권리협약의 4대 권리인 생존권・발달권・참여권・보호권을 우리나라 상황에 맞춰, 아동의 권리를 4개 영역으로 나눠 보호권, 인권과 참여권, 건강권, 놀이권으로 규정하고 다음과 같이 10대 추진과제를 제시했다.

- **보호권** : ① 보호가 필요한 아동은 국가가 확실히 책임지도록 시스템 혁신, ② 아동학대 대응체계 전면 개편, ③ 보호 종료 후 안정적으로 자립할 수 있도록 지원강화
- 인권과 참여권 : ④ 누락 없는 출생등록, ⑤ 체벌 금지 노력 등 아동 권리 강화, ⑥ 아동의 목소리에 귀 기울이는 정부
- 건강권 : ⑦ 아동발달 단계에 맞는 건강지원 강화, ⑧ 마음건강 돌봄 지원 강화
- 놀이권 : ⑨ 아동이 맘껏 뛰어놀 수 있는 지역사회 만들기, ⑩ 창의적 놀이를 통해 잠재력을 키우는 학교 만들기

생각해 보기

- 우리나라의 유엔아동권리협약 유보조항을 생각해 봅시다.
- 유엔아동권리위원회의 권고사항 주요 내용을 살펴봅시다.
- 유엔아동권리협약 모니터링 이후 법과 관련제도에 어떠한 변화가 있는지 생각해 봅시다.

CHAPTER

03 아동복지의 개념

1. 아동복지의 개념
2. 아동복지의 의의
3. 아동복지의 필요성
4. 아동복지서비스의 대상 및 분류

CHAPTER 03

아동복지의 개념

학습목표

- 아동복지의 개념 및 그 변화를 설명할 수 있다.
- 아동복지의 의의 및 필요성을 설명할 수 있다.
- 아동복지서비스 대상을 분류할 수 있다.

아동복지는 기본적으로 아동에 대한 이해와 아동복지에 대한 개념에서 시작할 수 있다. 특히 아동복지의 개념은 사회적, 경제적, 정치적 변동에 따라 변화하는 조건에 지속적으로 적응해 오며 변화되어 왔다. 이 장에서는 아동의 건강한 삶과 성장을 지원하기 위해 기초가 되는 아동복지의 개념과 의의를 살펴보고 나아가 사회변화에 따른 아동복지의 필요성과 구체적인 아동복지서비스의 대상과 분류를 살펴보고자 한다.

1. 아동복지의 개념

아동복지의 개념은 사회변화에 따라 변화하고 있으며, 강조하는 초점에 따라 다양하게 정의되어 왔다고 볼 수 있다. 가장 기본적인 방법으로 우선 어원적 의미를 살펴볼 수 있다. 어원상으로 볼 때 아동복지는 '아동(child)과 복지(welfare)'의 합성어이며, 복지는 보다 만족스럽게, 행복하게를 의미하는 'well'이라는 부사어와 '지나가다'를 의미하는 'fare'라는 동사가 합해진 용어로 '행복하게 잘 지내다'를 의미한다(정옥분 · 정순화 · 손화희 · 김경은, 2016).

그 외에도 아동복지의 정의는 아동복지를 어떻게 보느냐에 따라 달라진다. 구체적으로 어떤 아동이 복지의 대상이 되며, 또한 어떠한 주체에 의해 복지활동이 수행되느냐에 따라 좁은 의미의 아동복지, 또는 넓은 의미의 아동복지로 나뉠 수 있다(Kadushin & Martin, 1988). 카두신(Kadushin)과 마틴(Martin)은 또한 아동복지를 가족의 기능을 보충하는 잔여적 의미로 강조하면서, 부모가 아동양육의 역할을 수행할 수 없거나 지역사회가 아동 및 가족이 요구하는 보호와 자원을 제공할 수 없을 때 특정 기관에서 아동에게 제공하는 서비스라고 보았다(조용남, 2014).

아동복지법에서는 아동복지를 "아동이 행복한 삶을 누릴 수 있는 기본적인 여건을 조성하고 조화롭게 성장·발달할 수 있도록 하기 위한 경제적·사회적·정서적 지원"으로 규정하고 있다(김성경·김혜영·최현미, 2015). 이와 같은 다양한 아동복지의 개념을 종합하면 이는 아동의 건강한 삶을 보장하기 위한 국가와 사회 그리고 민간단체의 다양한 노력들, 즉 법과 정책 그리고 행정뿐만 아니라 전문가들에 의한 구체적이고 총체적인 서비스를 총칭하는 말이라고 인식되고 있다(임시아, 2017). 다음에서 아동복지에 대한 개념을 좀 더 자세히 살펴보고 있다.

1) 아동복지의 일반적 개념

아동복지는 사회복지 분야 중 하나로서 기본적으로 아동의 기본적인 욕구 및 그 가족의 욕구를 충족시키기 위한 서비스와 관련되는 '아동을 위한 서비스'라고 할 수 있다. 그동안 아동복지의 개념은 다음과 같이 여러 학자들에 의해 다양하게 정의되어 왔다. 메이어(Meyer, 1985)는 아동복지는 지속적인 사회체계의 하나로서 아동의 복지를 증진시키기 위한 사회제도이며 전문적인 사회사업의 한 분야라고 정의하였다. 바커(Barker, 1995)는 아동복지는 아동의 건전한 발달, 양육, 보호를 지향하는 인간서비스와 사회복지 프로그램 및 이데올로기의 한 부분이라고 정의하였다. 길(Gil, 1985)은 아동복지는 가족이 정상적인 아동보호의 기능을 담당할 수 없을 경우 국가와 사회제도가 후원하고 승인하고 직접 실천하는 구체적이고 명백한 정책과 서비스의 총체라고 정의하고 있다.

또한 미국사회복지사전(Encyclopedia of Social Work)에서는 아동복지를 아동의 행동이나 활동분야에 초점을 두고 있다. 이러한 맥락에서 아동복지란 아동들이 행복하게 살며, 그들의 생활에서 잠재력을 최대한으로 발휘할 수 있는 건강하고 건전한 개인들로 성장, 발달할 수 있도록 하는 광범위한 행동이나 활동이라고 정의하고 있다(조용남, 2014). 미국 아동복지연맹에서는 아동복지란 부모가 양육책임을 다하지 못하거나 지역사회가 아동과 가족이 요구하는 자원 및 보호를 제공하지 못하는 아동에게 사회적 서비스를 제공하는 것(CWLA)[1]이라고 정의하고 있다.

국내에서도 유사한 맥락에서 아동복지는 사회구성원으로서 아동의 기본적인 욕구를 충족시키고 건전한 성장과 발달을 도모하기 위해 여러 가지 활동을 가능하게 하는 공적인 지원 방법과 절차(장인협・오정수, 2001)라고 정의되고 있다. 또한 아동복지란 아동의 건강한 삶을 보장하기 위한 국가와 사회 그리고 민간단체의 다양한 노력, 즉 법과 정책, 행정, 전문가에 의한 구체적인 서비스를 총칭한다(도미향 외, 2015)고 정의되기도 한다.

이와 같이 아동복지에 대한 여러 정의 이외에도 아동복지에 대한 개념은 협의의 개념과 광의의 개념으로 나누어 볼 수 있다(Kadushin, 1984). 카두신은 아동복지를 넓은 의미의 아동복지와 좁은 의미의 아동복지로 구분하였다. 좁은 의미의 아동복지는 그 대상이 특별한 문제를 가지고 있거나 보호를 필요로 하는 아동에 국한된다. 반면 넓은 의미의 아동복지는 특별한 문제를 가지고 있거나 보호를 필요로 하는 아동뿐만 아니라 일반아동을 포함하는 모든 아동과 그 가족이 된다. 그러므로 아동복지란 18세 미만의 아동에게 정신적・육체적으로 행복하고 만족스러운 삶을 보장해 주기 위해 국가와 사회 그리고 전문가에 의해 제공되는 모든 서비스를 총괄하는 개념이다(정옥분 외, 2016).

다음에서는 아동복지에서 협의의 개념과 광의의 개념을 좀 더 살펴보고 더불어 법적인 개념과 서비스 실천으로서의 개념까지 살펴보겠다.

---

1 미국아동복지연맹(Child Welfare League Of America) : 미국 1920년대부터 내려온 아동, 가족을 지지하는 수백 개의 사적・공적 단체이다.

(1) 협의의 개념

아동복지란 아동의 욕구와 그들의 문제를 해결하기 위한 서비스라고 정의할 수 있는데, 과거에는 아동복지의 개념이 주로 협의의 의미로 사용되어져 왔다. 협의의 개념에서의 아동복지는 대상이 복지를 필요로 한다는 점에 근거한다. 즉, 신체, 정서, 행동적 장애를 지닌 아동이거나 빈곤환경 및 부적합한 가정환경에 처하여 있는 아동 등 요보호아동을 위한 복지활동이라는 의미로 주로 사용되어 왔다. 기아, 미아, 비행, 가출아동, 빈곤, 학대, 해체가정의 아동 등 구조적으로나 기능적으로 도움이나 보호를 필요로 하는 아동에 대한 복지서비스 기능이 필요하였기 때문이다.

그러므로 협의의 개념에서의 아동복지란 어느 특정한 사회복지사업에 한정되어 사용되는 의미가 된다. 즉, 개인이나 민간단체 또는 사회복지기관과 같은 특정 기관이 중심이 되어 특수한 요구를 가진 아동과 가족을 대상으로 제공하는 구체적인 복지서비스를 의미한다.

(2) 광의의 개념

오늘날에는 아동복지의 개념이 보다 광의의 의미로 사용되고 있는 추세이다. 이는 최근 많은 나라에서 모든 국민에 대한 복지수준을 갖추는 것을 국가적인 책임으로 받아들이는 추세에 있기 때문이다. 광의의 개념에서의 아동복지는 모든 아동들의 행복을 위해 그들의 신체적 · 사회적 · 심리적 발달을 도모하고 촉진하기 위한 좀 더 광범위한 활동과 대책을 의미한다(Kadushin, 1984). 우리나라에서도 아동복지가 일반아동과 그 가족을 대상으로 다양한 복지주체들이 서로 유기적인 관련하에 체계적으로 복지활동을 전개하는 것(이소희, 2015), 또는 사회정책, 사회보장을 포함하는 광범위한 정책(고인숙 · 류현수, 2017) 등으로 정의되고 있는 것은 광의의 의미라고 볼 수 있다.

아동복지의 대상에 아동의 가족이 포함되는 것은 아동복지의 일차적인 책임이 가족에게 있으며, 최선의 아동복지는 아동양육에 대한 가족의 기능을 강화해 주는 것(Kadushin, 1988)이라는 관점에 근거하고 있다. 카두신은 모든 아동의 행복과 사회 적응을 위해 심리적·사회적 및 타고난 잠재능력을 길러주는 각종의 활동을 모두 가족 기능으로 보았기 때문에 이를 지원해 주는 모든 활동들을 아동복지의 구체적인 내용으로 제시하고 있다.

국내에서의 아동복지에 대한 개념을 살펴보면, 성영혜와 김연진(2002)은 "아동복지란 특수아동과 일반아동을 대상으로 모든 아동들이 가족 및 사회의 일원으로서, 신체적, 정신적 및 사회적으로 건전하게 성장, 발달할 수 있도록 지역사회나 아동복지 분야에 있는 공·사 단체 또는 기관들이 협력하여 아동의 권리에 필요한 사업을 계획하고 실행에 옮기는 조직적 활동이다"라고 정의하고 있다. 그리고 한성심과 송주미(2003)는 "아동복지란 모든 아동과 그들의 가족이 지닌 욕구와 문제를 해결하고 행복한 생활을 할 수 있도록 공·사 단체 및 국가에 의해 이루어지는 일련의 계획적이고 조직적인 활동을 포함한 제도를 총칭한다"고 정의하고 있어 대체로 광의의 개념으로 정의되고 있음을 알 수 있다.

한편 우리나라 아동복지 편람에 의하면, 광의의 아동복지 개념이란 사회제도로서의 아동복지와 사회체계로서의 아동복지 그리고 서비스 분야로서의 아동복지로 다시 구분될 수 있다. 사회제도로서의 아동복지란 사회구성원으로서 아동의 기본적인 욕구를 충족시키고 건전한 성장과 발달을 도모하기 위하여 여러 가지 활동을 가능하게 하는 공적인 방법과 절차라고 할 수 있다. 반면 사회체계로서의 아동복지란 복지의 실천대상이 되는 생활환경을 하나의 체계로 보고, 이 체계가 정치, 경제, 사회, 문화 및 자연환경의 인접체계와 끊임없이 상호작용하며 변화해 가는 실체로서 인식하는 것이다.

마지막으로 서비스 분야로서의 아동복지를 정의하면 아동복지란 특수한 장애를 가진 아동은 물론 모든 아동들이 가족 및 사회의 일원으로서 육체적으로나 정신적으로 건전하게 성장, 발달할 수 있도록 지역사회나 사회복지서비스 분야에 있는 공사단체와 기관들이 협력하여 아동의 복지에 필요한 사업을 계획하며 실행에 옮기는 조직적인 활동(고인숙·류현수, 2017)으로 개념화할 수 있다.

한편 아동복지의 개념은 잔여적 개념(residual welfare provision)에서 보편적 개념(universal service)으로 변화하고 있다고 볼 수 있다. 잔여적 복지시책이란 정부의 사회적 서비스나 공적 부조는 가정이나 정상적인 사회구조 및 시장을 통해 원조가 필요한 사람에게만 제공되어야 한다는 입장의 복지시책을 말한다. 보편적 복지시책이란 누구나 골고루 평등하게 제공되는 서비스이다. 아동복지의 개념은 사회적 약자인 빈곤자, 아동, 한부모가족의 아동, 장애아동 등을 대상으로 일반적 생활을 유지할 수 있도록 하는 구제, 보호, 예방, 회복 등의 정책 및 방법체계로서의 아동복지에서 현대는 보편적 개념인 전체 아동으로 그 대상이 확대되기에 이르렀다(이성한 외, 2017).

2) 법적 개념

법적인 측면에서도 복지에 대한 개념을 살펴볼 수 있다. 우선 우리나라의 헌법 제2장 제10조에는 “모든 국민은 인간으로서의 존엄과 가치를 가지며, 행복을 추구할 권리를 갖는다. 그리고 국가는 개인이 가지는 불가침의 기본적 인권을 확인하고 이를 보장할 의무를 갖는다”라고 명시하고 있다. 이러한 헌법의 기본원칙은 인간으로서 누려야 할 국민의 기본권리를 국가가 보장해 주어야 할 책임이 있음을 언급한 것이며, 복지란 바로 이러한 국가의 책임을 정책이나 법률로 규정하기 위한 목적에서 출발하였다(정옥분 외, 2016).

또한 우리나라 헌법 제34조에 기초한 사회복지사업법에는 “사회복지사업이란 다음 법률에 따른 보호·선도 또는 복지에 관한 사업과 사회복지상담, 직업지원, 무료 숙박, 지역사회복지, 의료복지, 재가복지, 사회복지관 운영, 정신질환자 및 한센병력자의 사회복귀에 관한 사업 등 각종 복지사업과 이와 관련된 자원봉사활동 및 복지시설의 운영 또는 지원을 목적으로 하는 사업을 말한다”고 되어있어, 협의의 의미에 가깝다고 볼 수 있다. 사회복지사업에서 말하는 법률이란 국민기초생활보장법, 아동복지법, 노인복지법, 장애인복지법, 「성폭력방지 및 피해자 보호 등에 관한 법률」, 입양특례법 등을 말한다(고인숙·류현수, 2017).

아동복지법 제1조에 규정되어 있는 내용을 살펴보면, “이 법은 아동이 건강하게 출생하여 행복하고 안전하게 자랄 수 있도록 아동의 복지를 보장하는 것을 목적으로 하고 있다”고 명시함으로써 요보호아동뿐만 아니라 모든 아동의 안녕과 복지를 제도적으로 보장하고 있음을 분명히 하고 있다.

아동복지사업지침(1995)에서는 "사회의 특별한 보호가 필요한 요보호아동을 포함한 모든 아동들이 가족 및 사회의 일원으로서 육체적, 정신적으로 건강하게 성장, 발달할 수 있도록 보호, 지원하여 그들의 건전 육성을 도모함"을 사업목적으로 정의하고 있음을 볼 수 있다. 따라서 우리나라 아동복지의 개념은 부모가 양육의 책임을 다하지 못하거나 특별한 보호가 필요한 아동에게 그 가족 및 지역사회가 요구하는 자원을 제공하는 요보호아동에 대한 복지서비스의 제공뿐 아니라, 일반아동에 대한 보편적 서비스의 개념을 아우르는 광의의 개념으로 적용하고 있음을 알 수 있다.

즉, 아동복지의 정의는 위에서 살펴본 바와 같이 아동복지를 어떻게 보느냐에 따라 달라진다. 구체적으로 어떤 아동이 복지의 대상이 되며, 또한 어떠한 주체에 의해 복지활동이 수행되느냐에 따라 좁은 의미의 아동복지, 또는 넓은 의미의 아동복지로 나뉠 수 있다(이소희, 1995). 종합하면 아동복지란 아동의 건강한 삶을 보장하기 위한 국가와 사회 그리고 민간단체의 다양한 노력들, 즉 법과 정책 그리고 행정뿐만 아니라 전문가들에 의한 구체적이고 총체적인 서비스를 총칭하는 말이라고 볼 수 있다.

(1) 가족중심실천모델로서의 개념

아동복지는 사회복지 전문 영역에서 실천의 특별한 영역에 속한다. 사회복지전문직의 원칙과 가치는 일반적으로 현대의 아동복지기구를 이끄는 정책과 함께 진행된다. 현대의 아동복지기구는 지역사회와 함께 일하며, 보호가 필요한 아동을 결정하기 위해서 그러한 아동을 돕고 보호하는 데 가장 좋은 것은 무엇인가를 결정한다. 가족생활에서의 정부의 관여는 가능한 한 최소한으로 한다. 부모의 보호는 지역사회의 기준하에 있으며, 아동이 위험한 곳에 처한다는 인식이 있을 때 가장 주요한 원칙은 항상 아동에게 최선의 것은 무엇인가를 고민하고 아동의 최선의 이익에 따라 행동하는 것이다(www.casw-acts.ca).[2]

가족중심실천(family-centered practice)이란 초점의 단위나 실천활동 영역의 중심을 가족

---

2 캐나다 사회복지사협회(The Canadian Association of Social Workers) : 1926년에 설립되었다.

에 두고 일하는 사회복지실천모델이다(Hartman & Laird, 1983). 즉, 가족중심 아동복지실천은 가족을 초점의 핵심단위로 하여 아동복지를 증진하고, 가족을 강화하는 실천모델이다.

최근 저출산과 이혼 증가에 따른 가족해체 및 한부모가정, 미혼모가정의 문제를 해결하고 가족중심의 아동복지 혹은 가족복지를 증진하기 위한 정부의 시책으로 건강가정기본법이 제정되었는데 가족을 중심으로 가족지원서비스를 좀 더 총체적으로 제공하고, 시대의 요구에 맞는 가족중심 아동복지실천을 할 수 있도록 아동복지정책 및 행정서비스가 통합적으로 이루어질 필요가 있다.

가족중심 아동복지실천을 위한 기본 관점으로 페코라(Pecora)는 |그림 3-1|과 같은 통합적 관점을 제시하고 있다. 통합적 관점은 생태학적 관점, 능력 관점, 발달론적 관점과 영구계획 관점의 네 가지 요소로 구성되어 있으며, 이는 아동과 가족의 관계를 중심으로 아동과 가족의 발달과제의 수행과 기능 강화를 위한 기본 틀을 제시한다.

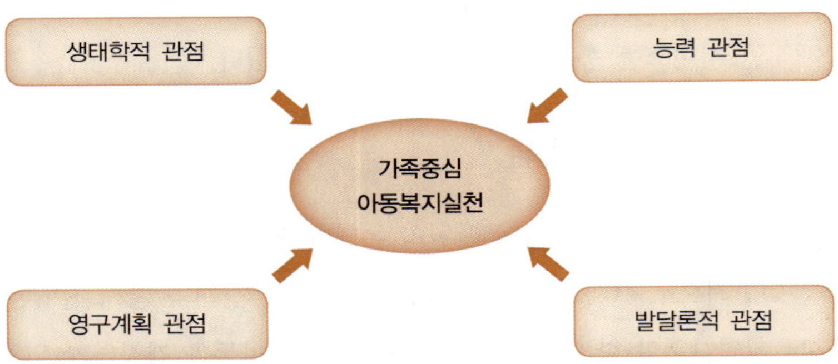

|그림 3-1| 가족중심 아동복지실천의 통합적 접근

2. 아동복지의 의의

일반적으로 아동복지가 이루어진다면 아동들을 위한 기본적인 생활보장이 될 것이고, 미래의 인적자원으로서 아동들을 보호하고 육성하는 것이 될 것이며, 나아가 아동의 기본적 욕구를 채워줌으로써 미래의 사회문제를 예방하게 될 것이다(이성한 외, 2017).

현행 아동복지법 제2조에서는 아동복지의 기본 이념을 제시하고 있다. 아동복지의 기본 이념은 다음과 같다. 첫째, 아동은 자신 또는 부모의 성별, 연령, 종교, 사회적 신분, 재산, 장애 유무, 출생 지역 등에 따라 어떠한 종류의 차별도 받지 않고 자라나야 한다. 둘째, 아동은 완전하고 조화로운 인격발달을 위하여 안정된 가정환경에서 행복하게 자라나야 한다. 셋째, 아동에 관한 모든 활동에 있어서 아동의 이익이 최우선적으로 고려되어야 한다. 넷째, 아동은 아동의 권리보장과 복지증진을 위하여 이 법에 따른 보호와 지원을 받을 권리를 가진다. 이를 위해 국가와 지방자치단체는 아동의 건강과 복지 증진에 노력하여야 하고 이를 위한 시책을 시행해야 하며, 장애아동의 권익을 보호하기 위하여 필요한 시책을 강구해야 할 책임을 가진다. 그리고 아동의 보호자는 아동을 가정 내에서 그의 성장시기에 맞추어 건강하고 안전하게 키워야 한다.

이러한 기본 이념이 바탕이 되어 이루어지는 아동복지는 다음과 같이 아동의 개인적·가족적·사회적 관점에서 각각 그 의의를 찾을 수 있다.

1) 개인적 관점

아동복지의 의의는 우선 기본적으로 아동 개개인의 삶을 보장하고 나아가 아동의 여러 발달에서의 욕구를 충족시킴으로써 아동의 신체, 정서, 인지 그리고 사회성 발달을 촉진시킨다는 점에 있다. 다른 동물에 비해 인간은 상대적으로 독립된 한 개체로서 생활할 수 있는 발달기간이 길다. 따라서 이 시기에 대부분의 아동은 양육자의 도움이 있어야 생존이 가능하다. 설사 양육자의 도움 없이 생존한 아동이 있다고 하더라도 발달의 여러 영역 중 어딘가에서 심각한 결손이 나타나게 된다. 따라서 아동 개개인을 위한 적합한 수준의 복지서비스가 제공되는 것은 개인적 관점에서 매우 중요하다.

한편 현대사회에서 아동복지는 아동의 권리라는 관점에서 강조되고 있다. 예를 들면, 부모나 가족으로부터 적절한 양육이나 돌봄을 제공받지 못하는 아동들이 존재할 때 그들에게 주어지는 정부나 지역사회 차원에서의 정서적, 교육적, 물질적인 복지적 지원은 그 아동들의 당연한 권리라는 관점이 받아들여지고 있다.

2) 가족적 관점

가족의 중요한 기능 가운데 하나가 자녀에 대한 사회화의 기능이다. 현대사회에서 자녀 양육의 상당 부분이 사회로 이전되고 있으나 부모는 누구보다도 자녀의 신체, 인지, 사회정서 발달에 가장 큰 영향을 미치는 존재일 수밖에 없다. 부모역할은 즐거움과 보람도 주지만 많은 시간과 수고 그리고 경제적 부담을 요구하는 힘겨운 역할이다. 많은 부모들이 이러한 문제로 고통을 받고 있으며, 맞벌이가족은 물론이지만 조손가족과 한부모가족 그리고 빈곤가족에게는 특히 그 고통이 더욱 심하다. 최근 사회변화에 따라 취업모가 증가하고 있는데, 이는 취업모에게 직업인으로서 그리고 양육자로서의 이중 역할 수행에 대한 어려움을 가져오게 만들었다. 특히 어린 자녀를 둔 취업모는 양육자로서의 책임을 다하지 못하는 것과 같은 심적 부담으로 죄책감을 느낀다고 알려져 있어 이들에 대한 양육지원을 강화하는 것이 필요하다. 이와 같이 가족적인 관점에서도 아동복지는 시행되고 있다.

3) 사회적 관점

전 생애적 관점에서 아동기는 이후 발달의 기초가 되는 중요한 시기이다. 그럼에도 최근 우리 사회는 가족해체, 사회양극화 등에 따라 아동빈곤 문제의 심각성이 날로 증가하고 있다. 이러한 빈곤은 아동발달에 좋지 않은 영향을 미치게 되어 부적절한 양육환경을 조성하게 되고 기회 불평등을 야기하게 된다. 따라서 이 시기 아동을 대상으로 한 복지활동은 청소년기 이후의 발달적 문제나 사회문제를 사전에 예방하는 방책이 될 수 있다.

그 외에도 사회적인 이슈로서 젊은 부부들의 자녀양육 어려움으로 자녀를 맡길 좋은 환경의 어린이집이 부족하다거나 높은 보육료 및 일반 양육비용 등의 재정 부담이 거론되고 있다. 이에 양육비용 및 어린이집의 보육료 또는 유치원의 방과 후 활동비 등을 정부가 필요한 모든 가정에게 상당 부분 지원해 주거나 국공립 보육시설 등을 획기적으로 증설하고자 하는 아동복지정책 등이 지속적으로 시행되고 있다.

1964년 미국의 존슨(Johnson) 대통령은 '빈곤과의 전쟁(The War on Poverty)'을 선포했는데, 인종차별, 실업자, 주택난, 의료 혜택 등 다양한 문제를 국가적인 차원에서 해결되어야 할 과제로 선정했다. 교육격차의 해소도 그러한 과제 중 하나였다. 이 과제를 해결하기 위해 저소득 가정 아동의 취학준비를 지원하는 정부 차원의 아동복지정책이었던 미국의 헤드스타트(Head Start) 프로그램이 시행되었다. 저소득층에서 나타나는 빈곤의 악순환을 예방할 수 있는 효율적인 아동복지정책으로 인식되었기 때문이다. 미국의 헤드스타트 프로그램은 다른 여러 나라에 많은 영향을 미쳤다.

우리나라에서 2007년부터 실시한 드림스타트 사업도 이와 유사한 사회적 관점의 아동복지서비스 사업이라고 볼 수 있다. 빈곤아동들을 위한 사회적 투자를 통해 빈곤 세습의 고리를 끊고, 인적 자본의 축적을 통해 사회비용 절감 효과를 기대하고 있기 때문이다.

3. 아동복지의 필요성

그동안 우리나라의 아동복지 활동은 빈곤이나 전쟁으로 인한 고아, 기아, 미아와 같은 요보호아동을 중심으로 한 물질적 구호가 주요 서비스 내용이었다. 그러나 현대사회에 들어와 기존의 물질적 구호활동은 감소하고 다른 형태의 복지활동에 대한 필요성이 증가하고 있다. 이러한 변화의 원인으로서 여성 취업률의 증가, 저출산율과 인구구조의 변화, 가족형태 변화와 기능적 변화, 이민・다문화사회로의 변화, 사회환경 변화 등을 살펴볼 수 있다.

1) 여성 취업률의 증가

최근 가족의 변화에 큰 영향을 미친 중요한 요인이 여성 취업률의 증가와 기혼여성 취업률의 증가이다. 이는 맞벌이가족(dual earner family)의 지속적인 증가와 관련되고 있다. 맞벌이가족의 가장 큰 어려움이 육아문제이다. 전통사회에서는 아버지가 가족을 부양하는 도구적 역할을 수행하였고, 어머니는 자녀양육을 담당하는 표현적 역할을 수행하였다. 그러나 현대사회에서 기혼여성의 사회참여, 취업활동의 증가는 이제 더 이상 가정에서 자녀양육자의 역할이 어머니에게만 한정될 수 없게 되었음을 의미한다.

그럼에도 많은 가정에서 가사노동이나 육아와 관련된 대부분의 책임이 여성에게 일임되어 있어 어린 자녀를 둔 취업모는 여러 가지 고충을 겪고 있는 형편이다. 최근 조금씩 변화되고 있지만 부부간의 역할분담 의식이 미흡하여 젊은 아버지들의 양육참여도가 어머니들이 기대하는 수준보다 낮고, 육아휴직에 대한 의식도 낮은 편이다. 더불어 국가의 정책적인 양육지원도 미흡한 실정이다.

그 결과 우리나라 여성의 취업패턴은 선진국과는 대조적으로 M자형을 나타내고 있다. 자녀출산과 양육부담이 큰 30~34세경 젊은 여성들이 직업현장에서 사라지는 비율이 급격하게 높아지는 것이다(그림 3-2 참조). 이처럼 어린 자녀에 대한 양육부담이 맞벌이가정 여성들의 취업 중단 현상이나 경력 단절 현상으로 반영되고 있다. 이러한 상황은 최근 우리나라의 저출산율과 무관하지 않다.

경력단절 예방 및 출산율 제고 정책과 함께 자녀 양육환경 개선을 위한 정부의 여러 복지 정책들은 이러한 여성 취업률 증가라는 사회적 배경 요인에 기초한다고 볼 수 있다. 그 외에도 양육자의 여러 가지 직업적 행태를 고려한 다양한 형태의 어린이집 확충과 어린이집 보육의 질적 수준 제고, 보육비용 경감, 어린이집 환경 개선 등과 같은 요인들을 고려한 아동복지 정책이 이루어질 필요가 있다.

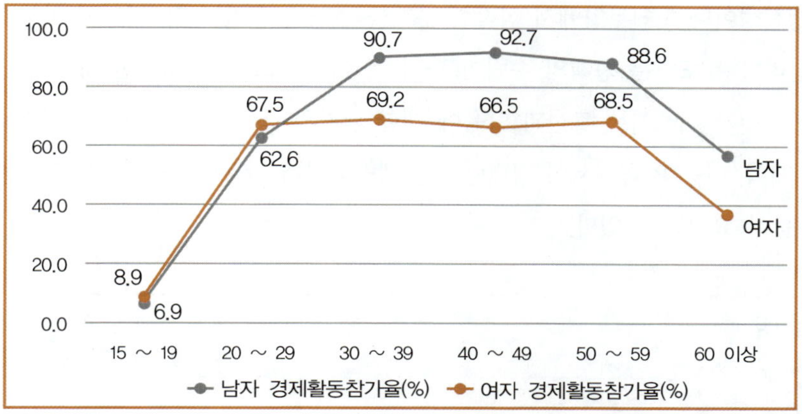

|그림 3-2| 경제활동참여율

출처 : 통계청(2023). 경제활동인구조사.

2) 저출산과 인구구조의 변화

우리나라는 의학의 발달로 노령인구의 비율이 빠르게 증가하는 데 반해 저출산으로 아동 수 비율은 점차 감소함으로써 인구구조가 급격하게 변화하고 있다. 실제로 우리나라는 평균수명의 증가속도가 세계 어느 나라보다도 빠르다. 반면 출산율은 정부나 지방자치단체의 다양한 출산장려정책에도 불구하고 20년 넘도록 합계 출산율이 1.0 이하라는 초저출산율을 보이고 있어 국가적인 위기로 받아들여지고 있다.

2021년 통계청에서 발표한 우리나라의 '2020년 출생통계'에 따르면, 합계출산율이 0.84명이며 총출생아 수는 27만 2천 3백 명으로 나타났다. 여성 1명이 가임기간(15~49세) 동안 출산하는 출생아 수(합계출산율)가 2005년 1.08명이었는데 그동안 정부의 수많은 출산장려정책에도 불구하고 2020년의 합계출산율은 출산통계 작성(1970년) 이래 최저치를 기록했다. 현재의 출산율이 그대로 유지될 경우 2050년경 우리나라의 인구는 4천 5백만 명 이하로 감소할 수 있으며, 2060년경에는 노령인구가 유년인구의 5.7배에 달할 것으로 추정되고 있다(그림 3-3 참조).

이는 생산성이나 노인부양에서 심각한 문제를 초래할 수 있으며, 따라서 아동수당 지급 등 출산장려를 유도하는 정책의 수립이 과거 그 어느 때보다도 절실한 상황이다. 더불어 출산율을 높이기 위해서는 출산과 양육에 대한 국가의 책임이 강조되는 것과 함께 성 평등, 교육 개혁, 아동 양육에서의 경력단절을 예방하기 위한 사회구성원의 의식 변화와 정부 정책 등이 요구되고 있다.

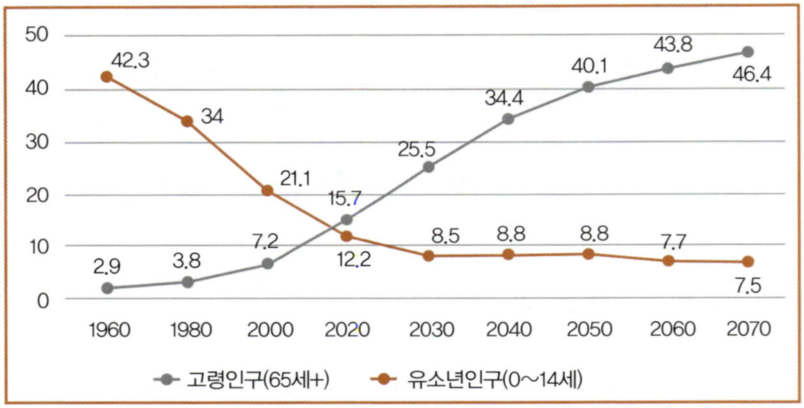

|그림 3-3| 유소년인구비율과 고령인구비율

출처 : 통계청(2021). 장래인구 추계 : 2020~2070.

3) 가족형태 변화와 기능적 변화

지난 반세기 동안 우리나라의 가족유형은 부부 및 미혼자녀로 구성된 핵가족이 절대적인 비중을 차지하였다. 하지만 최근에는 지배적인 가족구조의 형태로 보기 어렵다. 전체 가구 중 약 41%가 1인 가구, 여성가장가족, 한부모가족, 기타 가족형태로서 전통적인 가족형태에서 이미 다양한 가족형태로 바뀌고 있다.

이러한 변화의 요인으로는 사회적 요인과 가치관적 요인 그리고 개인적 및 가족적 요인이 거론되고 있다(고인숙 · 류현수, 2017). 우선 사회적 요인이라는 관점에서 보면, 가족제도의 변화가 사회구조의 변화와 밀접하게 연관된다는 것이다. 최근에는 미래사회가 산업,

정보사회를 뛰어넘어 제4차 산업혁명시대를 맞이할 것이라고 예상된다. 이러한 변화는 기존의 대가족사회에서 핵가족사회로의 변화를 뒤로 하고, 전형적인 핵가족이 크게 변화할 것이라고 예측되고 있다. 이와 같이 다양한 가족형태로 변화함에 따라 보육정책 등 정부의 아동복지 관련 정책 또한 변화하는 아동과 가족의 다양한 욕구를 충족시킬 수 있도록 실행될 필요가 있다.

가치관적 요인이라는 관점에서 보면, 혼인가치관, 부부관계 가치관, 가족부양 가치관, 여성의 자아욕구 등이 가족형태 변화의 원인이 되고 있다. 특히 경제활동, 자녀양육, 가사분담 등에 관한 성역할관이나 부부간의 의사결정에 관한 가치관이 새로운 평등주의적 사고로 변화되고 있다. 이는 우리나라 국민들의 교육수준이 세계적으로 매우 높은 편인 것과 관련이 있다. 교육수준이 높을수록 자아실현에 대한 욕구가 높다고 할 수 있기 때문이다.

또한 개인적 요인이나 가족요인이라는 관점에서 가족형태 변화의 원인을 찾아볼 수 있다. 즉, 여성의 교육수준 향상, 여성의 경제활동 참가 증대, 이혼가족 증대, 재혼가족 증대, 국제결혼 증가 등이 나타나고 있고, 이러한 변화는 여성의 양성평등의식 증대와 경제활동 증대, 경제적 독립 가능성의 증대 등으로 모든 가족원에게 영향을 주게 된다.

그 외에도 가족의 기능적 변화가 나타나고 있다. 가족의 가장 큰 기능 중 하나가 어린 자녀의 양육이라고 할 수 있다. 그러나 이미 다양한 가족형태로의 변화에서 보듯이, 일부 가족에게서는 자녀양육의 기능이 저하되고 있다. 맞벌이를 하는 취업모의 경우, 양육자의 역할을 제대로 수행하기가 매우 어렵다. 그 대안으로 아동양육의 책임을 가정 외에도 사회나 국가가 함께 나누는 방식으로 변화하고 있다.

이러한 여러 원인들에 의해 이미 우리 사회는 가족의 형태와 기능에 대한 변화와 함께 가족 구조, 가족관계, 윤리관 측면에서 큰 변화를 겪고 있다(천정웅 외, 2017). 즉, 전통적 가족관으로부터 급속히 탈피하고 있으며, 가족의 변화가 사회변화를 촉진하고, 가족구성원에 대한 보호와 부양기능이 약화되며, 자녀가 없는 부부가족의 일반화, 가족규모의 축소, 만혼으로 인한 가족 형성 주기의 변화, 기혼 여성의 사회참여 증대, 이혼율의 증가, 다양한 가족형태의 증가 등이 나타난다(대구카톨릭대학교, 2012).

특히 가족주기의 변화는 제1단계인 결혼부터 첫 자녀 출산까지인 '형성기'와 제2단계인 첫 자녀 출산부터 막내 자녀 출산까지의 '확대기'는 초혼연령의 상승과 출산율 저하로 매우 단축되고 있다. 반면 제3단계인 '자녀양육과 교육기'는 근년에 올수록 길어지는 양상을 보이고 있다(천정웅 외, 2017).

또한 제4단계인 자녀 결혼 시작으로부터 자녀 결혼 완료까지인 '축소기'는 출산 자녀 수의 감소로 짧아지고 있으며, 제5단계인 자녀 결혼 완료 이후 남편의 사망까지인 '축소 완료기', 즉, 소위 빈 둥지 기간이 길어지고 있다(조흥식・김인숙・김혜란・김혜련・신은주, 2012). 이와 같이 최근 우리나라 가족의 변화는 부양자인 남성과 피부양자인 여성과 자녀로 구성된 전형적인 핵가족 가구의 형태와 기능에서 벗어나고 있는 것으로 보인다.

이러한 가족주기의 변화와 기존 확대가족의 급격한 해소는 가족주기에서 자녀양육기 단계에 있는 가족의 여성 취업을 보완해 줄 자원이 고갈되는 현상으로 나타나고 있다. 또한 전형적인 핵가족의 비율 감소와 1인 가구 및 무자녀 부부가구의 급격한 증가와 같은 가족형태 변화가 나타나며, 가정의 양육기능과 가족 내 복지기능이 상실되거나 저하되고 있다.

반면 소비기능과 자녀의 사회화기능, 정서적 만족 기능 같은 것이 중요하게 간주되는 것으로 가족의 기능이 변화하고 있다(고인숙・류현수, 2017). 따라서 이러한 가족형태와 사회적 변화를 해결해 나아갈 수 있는 아동복지정책이 필요한 실정이다.

4) 이민・다문화사회로의 변화

근래 많은 나라가 다문화사회로 급속히 변질되고 있다. 다문화(multiculture)라는 용어는 사실 너무나 광범위하고 다양하게 사용되고 있다. 일반적으로는 다문화란 하나 이상의 복수 문화를 의미하여 여러 유형의 이질적 문화가 하나의 제도권 안에서 상호교류를 통하여 형성되는 것을 의미한다(천성웅 외, 2017). 이에 다문화가족이란 이처럼 서로 이질적인 문화가 공존하는 가정을 의미한다.

우리나라도 최근 다문화가족의 급격한 증대로 인한 변화가 있다. 다문화가족이라는 용어는 우리나라 안에 거주하는 문화적 차이가 존재하는 가족을 의미한다(김정열 외, 2014). 다문화가족은 국제결혼을 통해 서로 다른 인종의 상대를 만나 결합하는 '국제결혼가정', 외국인 노동자가 국내에 유입되어 외국인 이주노동자 간에 결혼하여 형성된 '외국인 이주자 가정', 본국에서 결혼하여 형성된 가족이 국내에 이주한 '이주가정'으로 분류된다(서 혁, 2007).

다문화가족 중 국적이 각기 다른 부부가 한 가정을 이루게 되는 경우에는 서로의 성장 배경 차이에 따른 문화적 차이가 존재하게 되고 이는 때때로 가족구성원 간 심각한 갈등으로 이어지기도 한다. 그 외에도 우리나라에 장기 거주하는 외국인가정의 자녀들과 불법 체류자의 자녀들도 모두 다문화가정의 자녀들이다. 다문화가정의 자녀들은 부모가 한국말이나 배우자의 언어를 배우기도 전에 출산을 하는 경우가 많아서 일상생활이나 학교생활에서의 적응이 어렵다고 알려져 있다. 집단따돌림과 학습 결손, 학업부진, 한국 문화에 대한 부적응, 낮은 자존감 등으로 부부관계와 부모-자녀 관계가 악화되고, 가정불화의 원인이 되기도 한다. 이 경우 어린 자녀들은 여러 혼란을 겪고, 때로는 문화 충돌이 일어나기도 한다. 이러한 이민·다문화가정의 아동과 가족에 대한 적극적이고 예방적인 복지서비스 제공의 필요성이 증가하고 있다.

앞에서 살펴본 바와 같이 우리나라의 다문화사회로의 급속한 변화와 함께 가족유형의 다변화 그리고 가족주기의 변화 등은 모두 광범위하고 체계적인 아동복지와 가족복지서비스를 필요로 하는 사회적 배경이 되고 있다.

5) 사회환경 변화

현대 가족의 구조가 매우 다양해짐에 따라 그들의 보육에 대한 요구도 다양해지고 있다. 즉, 보호에 좀 더 비중을 두어야 하는 보육도 있고, 교육에 좀 더 비중을 두어야 하는 보육도 존재한다. 또한 사회적 변화와 함께 학교 적응에 어려움을 겪는 아이들, 문제행동이나 정서장애아동들도 증가하고 있다. 이처럼 특수한 보호와 특별한 지원이 요구되는 아이들을 위해 다양한 보육형태와 아동복지가 필요하다. 그중에서도 빈곤가족과 빈곤아동을 돕기 위한 복지정책이 효과를 거두기 위해서는 국가적 차원에서 접근할 필요가 있다.

미국의 경우에는 저소득층 가정을 대상으로 양육할 아동이 있는 가족에게 매달 경제적인 원조를 해주고 있다(고인숙 · 류현수, 2017). 또한 저소득층 임산부와 아동의 건강을 위한 프로그램과 음식 쿠폰, 유아들의 조기교육과 사회적 준비를 위한 헤드스타트 프로그램 등의 사회적 서비스가 이루어지고 있다. 우리나라에서도 교육에서 동등한 출발선 보장을 위해 빈곤층 가족을 위한 아동복지가 좀 더 체계적으로 광범위하게 이루어질 필요가 있다.

또한 도시의 밀집화 현상과 같은 생활환경의 변화도 아동복지가 보다 적극적으로 실행되어야 할 필요성과 닿아 있다. 산업화로 인한 도시화는 아동들에게 안전한 놀이터를 빼어가고 있으며, 어린이들은 각종 사고에 무방비로 노출되어 있고, 식생활, 주거생활, 의생활도 상당히 오염되어 아동들의 생명과 건강을 위협하고 있다.

최근에는 우리나라가 지진과 같은 자연재난에 안전하지 않다고 보고된다. 2016년 9월의 경주 지진에 이어 2017년 11월 포항 지진에 이르기까지 지진발생이 이어짐으로써 많은 시민들이 두려워하고 있다. 예측할 수 없는 재난에서 성인들보다 자신들의 생명보호 능력이 떨어지는 아동들의 안전을 최대한 책임질 수 있도록 체계적이고 구체적인 지역별 재난대비 복지정책이 필요할 수 있다. 예를 들면, 재난 시 많은 가족을 임시적으로 보호할 수 있는 주거시설과 영양, 보건, 의료를 담당할 시설의 확충, 그리고 재난 시 가동될 인적 · 물적 자원 지원체계에 대한 준비가 필요할 수 있다. 더불어 지진과 같은 자연재난에 대한 인식을 증대시키고, 적절한 대피행동을 익힐 수 있도록 체계적인 재난교육 프로그램이 운영될 수도 있다.

우리 사회는 이와 같이 긴급한 위험, 긴급하지는 않더라도 열악한 여러 사회환경으로부터 아동들을 격리시키고 안전하게 보호할 필요가 있다. 그러므로 아동이 건전하고 건강하게 자랄 수 있도록 하기 위해서 깨끗하고 안전한 생활환경을 구축하는 데 필요한 여러 복지정책이 장기적인 관점에서 논의되어야 한다.

4. 아동복지서비스의 대상 및 분류

1) 아동의 연령범위

먼저 복지의 대상이 되는 아동의 연령범위를 살펴보면, 『국어대사전』(이희승, 1982)에는 아동을 "심신이 완전한 청년기에 달하지 아니한 사람", "초등학교에서 배우는 아이, 학동"으로 규정하고 있다. 또한 발달적인 측면에서 볼 때에 아동기는 좁은 의미로는 학동기를 지칭하는 것이지만 넓은 의미로는 영유아기 전체를 포함하는 것을 의미한다.

한편 법적인 측면에서 아동의 연령은 법률에 따라 다소 차이를 보이고 있다. 영유아보육법에서는 영유아를 "취학 전 6세 미만의 자"로 규정하고 있으며, 유아교육법에서는 유아를 "만 3세부터 초등학교 취학 전까지의 어린이"로 규정하고 있다. 우리나라 아동복지법, 「아동의 빈곤예방 및 지원 등에 관한 법률」 및 입양특례법에서는 아동을 "18세 미만의 자"로 규정함으로써 아동과 청소년을 모두 아동복지의 대상에 포함시키고 있다(정옥분 외, 2016).

세 법률에서 아동의 정의가 동일한 것은 아동복지법의 아동의 정의를 나머지 두 법에서 동일하게 적용하기 때문이다. 그 외 소년법에서는 소년을 "19세 미만의 자"로, 근로기준법에서도 연소자를 "18세 미만인 자"로 규정한다. 한편 유엔 아동권리에 관한 국제협약 제1조에서도 아동을 "18세 미만의 모든 사람"으로 정의한다(이성한 · 하현희 · 이귀숙, 2017). 이처럼 아동이라는 용어와 개념은 통일되게 정의되지 않고 다양하게 사용되고 있다. 이 책에서는 아동의 대상 연령을 아동복지법에 따라 '18세 미만인 자'로 정의한다.

〈표 3-1〉 우리나라 법률에서 나타난 아동 연령

국내 법률	아동의 유사개념	연령범주
영유아보육법	영유아	~6세 미만의 취학 전 아동
유아교육법	유아	~3세부터 초등 취학 전 어린이
아동복지법	아동	18세 미만의 자
아동의 빈곤예방 및 지원 등에 대한 법률	아동	18세 미만의 자
입양특례법	아동	18세 미만의 자
아동, 청소년의 성 보호에 관한 법률	아동, 청소년	19세 미만의 자
청소년 기본법	청소년	9세 이상 24세 이하의 자
청소년 보호법	청소년	19세 미만의 자
소년법	소년	19세 미만의 자
민 법	미성년자	20세 미만의 자
형 법	형사 미성년자	14세 미만의 자
근로기준법	연소자	18세 미만의 자

출처 : 이성한 외(2016).

2) 아동복지서비스의 대상

아동복지는 기본적으로 모든 아동을 대상으로 하며, 대개 요보호아동과 일반아동으로 구분된다(임시아, 2017). 과거 아동복지의 주요 대상이었던 요보호아동이나 현대적 의미에서 아동복지의 실천대상으로 포함된 일반아동 모두 부모의 보호와 양육을 통해서 비로소 건강한 성장과 발달이 가능하다는 점에서 아동복지서비스는 아동뿐만 아니라 그들의 부모도 서비스 대상이 된다.

(1) 요보호아동

일반적으로 모든 아동은 생명을 유지, 발달시켜 나아가는 데 필요한 기본 생활용품 등의 물질과 함께 심리정서적 안정과 교육, 건강, 여가활동 등에 대한 기본적 욕구를 가지고 있다고 볼 수 있다. 따라서 아동복지의 대상은 일차적으로 이러한 기본적 욕구가 충족되지 못하거나 어려운 문제에 처해 있는 아동이 된다(김영모, 1984). 아동의 문제는 빈곤과 부모의 실직과 같은 사회구조적 문제, 별거와 이혼, 사별 등에 의한 한부모가정, 가정폭력과 같은 가정환경적 문제, 비행, 약물중독, 정신장애와 같은 개인 부적응 문제 등이 될 수 있다.

현재 우리나라 아동복지법에서 요보호아동은 보호자가 없거나 보호자로부터 이탈된 아동 또는 보호자가 아동을 학대하는 경우 등 보호자가 아동을 양육하기에 적당하지 아니하거나 양육할 능력이 없는 경우의 아동으로 규정하고 있다(아동복지법 제3조 제4호; 김성경 외, 2015).

〈표 3-2〉 요보호아동 분류

양육환경상 요보호아동	• 가족의 구조와 기능이 결손되어 건강한 양육환경에서 성장한다고 볼 수 없는 경우
신체적 · 정신적 · 정서적 장애로 인한 요보호아동	• 아동이 가진 고유의 심신상 결함으로 인해 정상적인 사회참여에 제한을 받고 있고, 독립적인 인격체로서의 존엄성이 침해받는 경우 • 신체 · 정신 · 정서 장애아동
사회적 · 법적 보호가 필요한 요보호아동	• 가출아동 · 비행아동
특별 보호가 필요한 요보호아동	• 학대 및 유기된 아동 • 미혼모 아동

출처 : 장인협 · 오정수(2001).

(2) 일반아동

아동복지서비스의 대상으로는 일반아동이 포함된다. 과거에는 요보호아동이 중심이 되어 아동복지서비스의 정책 및 대체적 아동복지서비스가 이루어져 왔다. 이에 예방적 차원에서 모든 아동을 대상으로 하는 복지서비스는 상대적으로 미흡한 실정이었다(신혜경 · 김성경, 2003). 그러나 최근 모든 아동들의 건전한 발전과 성장을 목표로, 아동을 중심으로 한 가족과 양육환경을 개선하기 위하여 포괄적이고 다양한 서비스 제공으로 아동기 문제를 사전 예방해야 한다는 관점이 대두되고 있다. 우리나라의 초등학교와 중학교의 의무교육제도가 여기에 해당된다(표갑수, 2002 재인용).

또한 아동복지서비스의 대상에는 특별한 문제를 지니고 있지 않으나 아동상담, 케이스워크, 그룹워크, 보건지도의 대상이 되는 아동이 포함될 수 있다. 그 외에도 아동복지서비스의 대상은 아동이나 아동기 자녀에 대한 부모의 사회적 역할 수행이 각각 부적절한 경우도 해당될 수 있다(Kadushin, 1988). 그 구체적인 예는 〈표 3-3〉과 같다(Kadushin, 1988, 표갑수, 2002 재인용).

〈표 3-3〉 아동복지서비스의 대상

구분	내용
부모역할이 없는 경우	부모 사망, 별거, 이혼, 신체적·정신적 질환, 투옥, 비합법적 이민
부모의 역할 거부	태만, 자포자기, 신체학대, 유기
부모의 무능력	신체적, 정신적 또는 정서적 부적절성, 지식 또는 훈련의 결여, 정서적 미성숙, 약물중독, 무지
아동의 무능력과 장애	뇌전증, 정서적 결함, 정서적 혼란, 뇌손상
지역사회 자원의 결핍	부적절한 주택, 실업

출처 : 표갑수(2002).

이상에서 살펴본 바와 같이 학자에 따라 아동복지서비스의 대상을 분류하는 방법에서 차이를 보이나, 대체적으로 장애나 문제를 가진 아동과 기본적 욕구를 충족시킬 수 없는 조건이나 환경 속에 있는 아동이 아동복지서비스의 대상이 됨을 알 수 있다.

(3) 부모 또는 보호자

아동은 성인으로부터 적절한 보호와 사랑, 교육, 안전을 통하여 바람직하게 성장할 수 있으며, 이러한 환경을 제공하는 것은 부모를 비롯한 보호자이다. 아동복지법 제3조 제3호에 의하면 '보호자'라 함은 친권자, 후견인, 아동을 보호, 양육, 교육하거나 그러한 의무가 있는 자 또는 업무, 고용 등의 관계로 사실상 아동을 보호, 감독하는 자를 말한다. 따라서 아동뿐만 아니라 아동의 부모 또는 보호자는 아동복지에서 가장 관심을 두어야 하는 복지서비스의 대상이 된다.

예를 들면, 요보호아동의 부모나 보호자뿐만 아니라 모든 계층의 부모나 보호자에게 아동을 잘 양육시키기 위한 준비로서 양육방법과 기술 그리고 이를 위한 부모상담과 양육지도 프로그램 등이 복지서비스로서 제공될 수 있다.

3) 아동복지서비스의 분류

아동복지서비스는 사회복지서비스의 한 분야이다. 최근의 급격한 사회발전에 따라 아동의 생활적 · 사회적 욕구가 변화하고 있고, 이에 따라 아동복지서비스도 기존의 '보호 차원의 서비스'로부터 점차 '변화 차원의 서비스', '예방 차원의 서비스', '생활의 질 향상 차원의 서비스'로 확대되어 가고 있다(고인숙 · 류현수, 2017). 아동복지서비스의 유형은 서비스 제공 장소와 서비스 기능을 기준으로 다음과 같이 분류된다.

(1) 서비스 제공 장소에 따른 분류

아동복지서비스에서는 아동의 생활장소에 따라 제공되는 서비스를 유형화한다. 여기에는 아동이 원래의 가정에서 생활하면서 아동복지서비스를 제공받는 재가서비스(in-home service)가 있다. 그리고 원래의 가정이 아닌 시설이나 다른 가정에서 생활하면서 아동복지서비스를 받게 되는 가정 외 서비스(out of home service)가 있다(장인협 · 오정수, 2001).

재가서비스란 가족의 구조적 결손이 없지만, 심각한 스트레스나 역기능의 위험요소를 가지고 있을 경우 아동이 거주하는 생활공간에서 제공되는 서비스이다. 또한 '한부모가정'이나 '조부모-손자녀가정'과 같이 구조적 결손을 경험하면서 가족 기능의 원활한 수행이 어려울 경우에도 제공될 수 있다. 이와 같이, 재가서비스는 원가정의 기능 중 결핍된 부분을 지지하거나 보충해 주게 된다. 이로써 원가정의 해체, 붕괴를 막아주는 기능을 수행하는 동시에 복지서비스 대상 가정의 장점을 지원하여 어느 시점에서의 위기를 극복할 수 있도록 돕는 역할을 한다(김성경 외, 2009).

다음으로 가정 외 서비스는 아동이 원가정을 떠나 일정 기간 또는 영구적으로 시설이나 다른 가정에서 생활하면서 양육 및 보호서비스를 제공받는 서비스를 말한다. 여기에는 입양서비스, 가정위탁서비스, 시설보호서비스 등이 포함된다(임시아, 2017).

(2) 서비스 기능에 따른 분류

서비스 기능에 따른 분류는 아동이 속한 원래의 가정에 대해 제공되는 서비스의 기능에 따른 분류이다(Kadushin, 1988). |그림 3-4|와 같이 아동복지서비스는 지지적 서비스(Supportive service), 보충적 서비스(Supplementary service), 대리적 서비스(Substitutive service)로 나뉘며, 첫 글자를 따서 3S 모델(Kadushin, 1980)이라고 불리기도 한다. 카두신은 이 세 가지 차원의 서비스가 상호 보완적으로 수행되어야 한다고 보고 있다(김만두, 2001).

지지적 서비스	보충적 서비스	대리적 서비스
아동의 욕구를 충족시키기 위한 부모의 능력을 지지, 강화함	부적절하거나 제한된 부모의 보호를 보상하거나 아동이 받아야 할 보호를 보충함	아동의 개별적 욕구에 따라 부모의 보호를 부분 또는 전체를 대신함
• 아동상담소, 가족상담소, 지역사회복지관에서 제공하는 상담서비스 • 부모교육서비스 • 학대, 방임 아동을 위한 서비스 • 미혼부모, 한부모를 위한 서비스	• 소득보충서비스 (사회보험제도, 공적부조) • 가정봉사원 파견 • 부모 부재에 대응하는 서비스 • 보육, 장애아동, 비행아동을 위한 복지서비스	• 입양서비스 • 가정위탁서비스 • 시설보호서비스 (긴급피난처, 쉼터, 그룹홈 아동양육시설, 아동치료 보호시설)

|그림 3-4| 카두신의 아동복지서비스 유형 분류

출처 : Kadushin & Martin(1988).

① 지지적 서비스

지지적 서비스(Supportive service)는 가족구성원 관리체계가 구조적으로 온전하지만 많은 위험과 열악한 환경과 스트레스에 노출될 경우 아동복지서비스에서 기본적으로 다루어져야 할 서비스이다. 지원적 서비스는 자기 집에 살고 있는 아동을 위해 제공되고 있으므로 재가보호(home-based care)라고도 말할 수 있으며, 가장 예방적인 접근방법이다.

가족 및 부모-자녀 관계가 구조적으로 온전하지만 스트레스 상황에서 가족 내에 갈등과 균열이 일어난다면 결국 이혼, 별거, 유기 등 가족해체로 진행될 수 있다. 지지적 서비스는 가정이 스트레스 상황에서 아동의 기본적 욕구를 충족시킬 수 없는 위험에 처하거나 부모-자녀의 관계에 장애가 있을 경우, 이를 예방하기 위하여 부모-자녀 관계의 긴장을 완화시키고, 가족관계 개선과 가족기능을 회복, 유지, 강화하여 아동이 자신의 집에서 부모와 함께 생활할 수 있도록 지원한다는 점에서 아동복지사업의 1차 방어선이라 할 수 있다(Zuckerman, 1983).

지지적 서비스 프로그램의 종류는 가족치료, 부모교육(아동학대 부모교육, 미혼 부모교육, 장애아동 부모교육 등), 익명 부모모임(parents anonymous), 개별사회사업서비스, 가족상담사업, 집단상담사업, 지역사회 프로그램 등이 있다. 지지적 서비스는 이미 자녀와 부모로서 가정을 이룬 경우 외에도 미혼 남녀에게 미리 '부모 되기'에 대한 준비교육을 행함으로써 아동의 복지를 위협하는 문제를 원천적으로 예방하려는 활동도 포함한다(임시아, 2017).

이러한 서비스를 제공하는 기관은 아동상담소, 가정상담소, 가족치료센터, 지역사회 정신건강상담소, 아동보호전문기관 등이 있다. 이렇게 지원적 서비스는 아동이 속해 있는 원가정의 구조가 온전하며 그 가정의 기능이 순기능으로 원활하게 기능할 수 있도록 다양한 각도에서 지원해 주는 외부의 서비스를 의미한다.

② 보충적 서비스

보충적 서비스(Supplementary service)는 부모역할의 부족함이 있는 일부를 보조하는 서비스로 부모의 보호, 양육환경 개선 및 양육의 질이 부적절하거나 많은 제약 가운데 처해있을 때 보충할 수 있도록 제공되는 서비스이다. 여러 가지 여건에 의하여 부모나 가족의 힘만으로는 아동을 양육하기 어려운 경우, 가정 및 가족이 형태를 그대로 유지하면서 부적절하고 부족한 부모의 자녀양육 역할을 대행하거나 도와주는 것이다. 즉, 부모의 사망, 유기, 이혼, 별거 등으로 인해 부모의 역할이 영구적으로 수행되기 어려울 때, 혹은 교도소 수감, 질병, 직업상의 이유 등으로 인해 일시적으로 부모의 역할 수행이 힘들 때 제공될 수 있다(Zeckerman, 1983).

보충적 서비스는 가족의 사회적 체계 안에서 제공된다는 점에서 지지적 서비스와 차별된다. 보충적 서비스의 방법으로는 경제적 지원을 위한 사회보험과 공공부조, 가사조력서비스 등이 있다. 소득보충 프로그램은 부모의 소득창출 역할을 보충하여 아동양육 기능을 향상시킨다는 점에서 중요하다. 가사조력서비스는 어머니의 부재로 어머니 역할기능이 불충분할 경우 또는 어머니의 업무과다로 역할이 부적절하게 수행될 때, 어머니의 역할을 일정 기간 제공함으로써 가정생활의 정상적인 보호와 유지가 가능하도록 하는 서비스 활동을 말한다. 가사조력서비스를 수행하는 가정봉사원은 단순히 가사를 보조하는 가사도우미의 역할뿐 아니라, 아동을 양육하는 역할, 가정을 관리하고 아동을 돌보는 것과 관련하여 모범적인 모델의 역할을 수행한다.

보육서비스는 보호자가 근로, 질병 및 기타 사정으로 아동을 보육하기 어려운 경우 보호자의 위탁을 받아 하루 중 일정 시간 동안 신체적 · 심리적 · 교육적 발달을 가져올 수 있도록 아동을 보호하고 교육해 주는 서비스를 말한다. 이러한 점에서 보충적 서비스의 성격은 치료적이며 예방적이라고 할 수 있다(성영혜 · 김연진, 2001; 장인협 · 오정수, 1991; Kadushin, 1988; Zieferr, 1985).

③ 대리적 서비스

대리적 서비스(Substitute service)는 부모가 역할을 전적으로 수행할 수 없어 부모역할의 전부를 제3자가 대신하여 맡는 경우를 말한다. 부모가 당면한 문제를 해결할 수 없어 양육기능을 일시적 또는 영구적으로 포기하고, 아동은 자신의 가정을 떠나서 다른 가정이나 시설에서 생활하게 된다(Kadushin, 1988). 대리적 서비스에는 가정위탁서비스, 입양서비스, 시설보호서비스 등이 포함되는데 이 서비스들은 아동을 양육하기 위한 마지막 대책서비스이다.

가정위탁서비스(foster care)란 자신의 가정에서 도저히 양육이 어렵거나, 시설보호가 불가능하거나 바람직하지 못할 때, 일정 기간 동안 타인의 가정에서 제공하는 대리보호를 의미한다. 따라서 계획된 기간 동안 위탁사유가 되었던 상황이 해소되면 다시 친부모 가정으로 돌아갈 수 있다. 입양서비스는 법적·사회적 관계에 의해 영원한 친자관계를 맺는 것이다. 이에 친부모가 가지고 있던 아동의 현재와 미래에 대한 모든 권리와 의무가 소멸되고, 행정적·법적 권한에 의해 혈연관계가 없는 타인에게 양육의 권리와 의무가 이양되는 것이다(공계순 외, 2005).

생각해 보기

- 아동복지서비스의 개념 유형에 따라 달라지는 아동복지서비스의 예가 무엇이 될지 생각해 봅시다.
- 현재 우리나라 아동복지서비스에서 이슈는 무엇일지 생각해 보고, 그 해결책에 대해 토론해 봅시다.

CHAPTER

04 아동복지의 발달사

1. 우리나라의 아동복지
2. 외국의 아동복지

CHAPTER 04

아동복지의 발달사

학습목표

- 우리나라 아동복지의 발달사를 설명할 수 있다.
- 외국의 아동복지 발달사를 설명할 수 있다.

아동복지의 발달사는 아동에 대한 사회적 인식과 환경 변화를 보여주는 시대적 역사이다. 오랜 인류의 역사에서 자녀양육은 부모가 일차적인 책임자였다. 그러나 부모가 자녀를 양육하는 것이 불가능한 경우는 어느 시대 어느 나라에서나 존재했다. 따라서 이를 국가나 사회가 책임져야 한다는 관점이 대두되었고, 이것이 아동복지가 발달하는 과정과 역사의 시작이라고 볼 수 있다(임시아, 2017).

우리나라의 아동복지 또한 초기에는 보호를 필요로 하는 요보호 대상이 중심이 되었다. 이에 그 대상이 제한적일 수밖에 없었으며, 주로 이들에 대한 물질적 구호와 지원이 아동복지의 주요 과제가 되었다. 특히 우리나라에서 아동복지가 체계를 갖춘 것은 한국 전쟁 이후 보호를 필요로 하는 불우한 아동들을 위한 아동복리법이 1961년 제정되고 이에 기초한 아동복지시설이 운영되면서부터이다. 이후 1981년 기존의 아동복리법을 전면 개정한 아동복지법이 새로 마련되었으며 가족중심 아동복지의 실현과 아동의 인권보호, 더 나아가서는 아동이 지역사회에 통합하여 정상화될 수 있는 방향으로 복지사업이 발전해 왔다. 이후 복지의 개념은 아동의 권리를 보다 강조하는 추세로 발전되고 있다.

이와 같이 아동에 대한 사회적인 개입은 시대에 따라 변화해 왔다. 이 장에서는 아동에 대한 사회적 개입이 고대로부터 현대에 이르기까지 어떻게 변화했는지 그 역사적 흐름을 살펴보고자 한다. 이는 아동복지의 발달사를 이해하고, 나아가 이후 좀 더 바람직한 아동복지의 방향을 모색하는 데 도움이 될 수 있을 것이다.

1. 우리나라의 아동복지

우리나라에서 사회보장정책의 일환으로 아동보호사업을 법률로써 제도화한 것은 1961년 12월에 제정한 아동복리법이 최초이다. 그러나 이 제도는 좁은 의미의 아동복지, 즉 불우아동만을 대상으로 한 아동복지사업에 중점을 둔 것이었으므로 오늘날의 아동복지의 개념에 비하여 소극적이었다. 1981년 4월 13일 기존의 아동복리법을 전면 개정한 아동복지법을 새로 마련하고 일반아동의 복지(사회복지)도 함께 규정함으로써 현대적 의미의 아동복지를 위한 터전을 닦아 놓았다. 국내 아동복지의 발달사는 근대 이전의 아동복지, 근대 아동복지, 근대 이후(광복 이후에서 2000년까지), 그리고 2000년 이후 현재의 보편적 아동복지 실행단계로 구분한다(이성한, 2016). 이러한 분류에 따라 우리나라의 아동복지를 살펴보고자 한다.

1) 근대 이전의 아동복지

우리나라 전통사회에서 아동문제에 대한 개입은 고아와 자연재해로 인한 기아를 대상으로 이루어졌다(주수길 · 주명국, 2012). 근대 이전은 삼국시대, 고려시대, 조선시대로 구분한다.

(1) 삼국시대

삼국시대는 삼국의 건국연대(신라 : BC 57년, 고구려 : BC 37년, 백제 : BC 18년)로부터 660년 백제 멸망, 668년 고구려 멸망까지의 700여 년간을 말한다. 삼국시대는 왕권 중심의 중앙집권적 귀족국가 체제이다(이성한 외, 2016).

삼국시대에서는 부모가 없는 고아들의 문제에 대해 일차적으로 친족의 책임을 중시하였다. 이는 국가기구가 출현하기 훨씬 이전부터 이루어진 매우 오랜 사회적 개입방식이었다(임시아, 2017). 이처럼 혈연을 기반으로 발달한 대가족 제도는 이후 수천 년 동안 요보호아동에 대한 일차적인 보호장치로 기능을 하게 되었다. 그러므로 아동복지의 발달사는 이러한 보호장치 역할에 대한 책임을 이후 국가적인 기구가 일부 떠맡게 되면서 시작되었다고 볼 수 있겠다.

전통사회에서도 보호대상아동은 우선 10세까지의 고아, 기아 및 걸식아동이었다. 기아는 부모가 버린 아동을 의미하며, 이들을 모두 고아라고 할 수 있다. 고려시대의 기록에 의하면, '10세까지의 고아에 대해 행정기관에서 급식을 하였다(구자헌, 1984)'고 한다. 삼국사기에 의하면 신라 제3대 유리왕 시대에는 환과고독노병(홀아비, 과부, 고아, 늙어서 자식 없는 사람, 늙고 병든 사람 등)을 요보호 대상자로 정해 무료급식과 양육을 왕명으로 시행하였다. 백제에서는 온조왕 33년(서기 15년)에, 고구려는 태조왕 56년(서기 108년)에 재해를 당한 사람들 속에 아동을 포함하여 관곡을 배급하였다고 기록되어 있다(공계순 외, 2006). 이와 같이 고아는 구제의 대상이었으며, 국가는 친족이 부양하지 못하는 고아에 대한 구제를 시행하였고, 민간 차원에서도 고아가 노비나 양자로 수양되는 것이 허용되었다.

이러한 내용으로 보아 전통사회에서 사회적 보호가 필요한 아동에 대한 책임은 주로 친족에게 있었으나 왕도정치에 의해 이념적으로는 서양보다 이들 아동을 보호하겠다는 의식이 앞서 있었고 실제적으로도 아동보호가 실행되었다(박정란・서홍란, 2001). 그러나 고대 우리나라에서 아동은 자신에 대한 권리 및 인격체로서가 아닌, 가계를 계승시키기 위한 수단으로서 보호의 대상이었다(김성경 외, 2015)고 여겨지고 있다.

(2) 고려시대(918~1392년)

고려는 918년 태봉의 궁예를 축출하고 왕건이 즉위한 이후 이성계에 의해 멸망하기까지 한반도 일부를 지배하였던 왕조이다. 고려시대에는 병란과 흉년으로 유리, 걸식하는 유아, 기아, 빈민아 등이 많았다. 6대 왕인 성종 10년(991년)에는 부모나 친족이 없는 아동은 관에서 양곡을 주어 구호하고, 성종 13년(994년)에는 왕명으로 부양할 부모나 친족이 없는 어린 고아를 10세까지 관에서 수용, 양육하다가 10세가 지나면 본인이 원하는 곳에 거주하게 하였다. 이것이 아동복지에 있어서 우리나라의 최초의 시설구제라고 볼 수 있다(하상락, 1989). 그 후 고려 말 무렵인 충목왕 3년(1374년)에 관립 영아원인 해아도감(孩兒都監)을 설치하여 어린이들을 보호, 양육하였다(이성한 외, 2016).

한편 고려시대에는 불교가 국교로서 융성하였으므로 불교의 기본 정신인 자비사상에 입각하여 요보호아동이 보호를 받았다. 즉, 고아, 기아, 빈곤아동들이 사찰에 위탁되어 보호를 받았다. 이들은 이후 자라면서 승려 또는 사역승으로 양성되기도 하였다. 민가에서도 이를 따라서 요보호아동을 양육한 후 양자녀로 삼기도 하였으나 엄격한 신분제도와 계급사회의 분위기에서 이들에 대한 인권은 존중되지 못하였다. 즉, 이들 아동을 노비로 삼거나 인신매매나 유고, 약탈 등이 성행하기도 하였다(주수길・주명국, 2012).

(3) 조선시대(1392~1897년)

조선은 한반도와 그 부속 도서를 505년간 통치하였던 왕조이다. 조선시대 아동구제법의 대명사라고 할 수 있는 '자휼전칙'에도 10세까지의 고아(기아, 걸식아동)에 대한 한시적인 구제를 규정하고 있다(구자헌, 1984). 10세 이상의 고아는 '자휼전칙' 전교에 의하면, '남의 고공이 되어 물도 기르며 나무도 져 오히려 가히 자립하여 살 수 있었다(임시아, 2017 재인용)'고 하였다. 이처럼 전통사회에서 사회적 보호가 필요한 아동은 대략 10세까지의 고아 또는 기아로 한정되어 있었음을 알 수 있다.

조선시대는 유교에 의한 통치이념이 기본이 되었는데, 고려시대보다는 아동에 대한 복지가 진일보하여 고아와 기아 및 빈곤아동에 대한 법령을 제정하였다. 즉, 현종 2년(1561년)에 한성 각 부의 유아, 기아 등 요보호아동에 관한 관부의 허가제에 의한 민가수용이 법령으로 제정되었고 이들에 대해 옷값도 관급하였다. 19대 숙종 22년(1696년)에 유아, 기아, 부랑아동에 대한 수양 대책과 수용보호를 규정한 '수양임시사목'을 제정하고 흉년에 일시보호를 했다. 이어 21대 영조(1774년) 때에는 동사목이 속대전 속에 편찬되어 제도가 더욱 확립되었다(임시아, 2017).

이후 22대 정조 7년(1783년)에는 자휼전칙(字恤典則)을 발표하게 되었다. 이것은 모든 유기 및 부랑걸식 아동에 대한 보호법령으로서 굶주리는 어린아이의 구제방법을 규정한 책이다. 진휼청을 두어 동냥하는 아이는 보호하고, 3세 이하의 유・기아에게는 유모를 정해 쌀, 간장, 미역을 지급하거나 민가에서 양자녀 또는 노비로 삼는 것을 그 정황에 따라서 허가하는 것을 근본 취지로 삼고 있다. 이러한 근본정신은 1601년 영국의 엘리자베스 여왕의 구빈법의 취지와 대동소이하다고 할 수 있다(김성경 외, 2015).

19세기 말에 유럽과 미국 대륙에서 이루어지던 요보호아동에 대한 시설수용보호가 조선에 소개되었다. 선교사들에 의한 학교의 설립도 그 출발은 고아를 수용하는 시설로부터 비롯되었다. 20세기 초에 들어서면서 선교사업이 본 궤도에 이르자 교육사업과 사회사업은 분리되기 시작하였다. 선교사들이 전개한 사회사업의 영향을 받은 조선인들의 사회사업시설 설립도 이때 이루어지게 되었다.

2) 근대의 아동복지

근대는 조선시대 말에서 대한제국기와 일제강점기로 나뉜다(이성한 외, 2017). 근대의 아동복지시대는 사회적 보호와 구제가 중심이 된 시대이다. 일제강점기에는 조선구호령 중 13세 이하의 유아와 임산부에 대해 규정하고, 아동시설보호는 보육원을 두도록 했다. 우리나라에서 근대적 의미의 아동보호사업이 시작된 것은 문호를 개방한 이후 프랑스 선교사가 1885년(고종 2년) 지금의 서울 명동성당 뒤뜰에 천주교보육원을 설립한 시기라고 볼 수 있다(이성한 외, 2016). 그 뒤 6.25 전쟁으로 급증하는 전쟁고아를 구호하기 위해 생겨난 많은 시설이 오늘의 고아원으로 이어졌다(한국민족문화대백과사전).

우선 조선시대 말부터 대한제국기(1897~1910년)까지 정치적 격동기를 맞아 정부의 구제사업은 거의 공백기였다고 할 수 있다. 이 시기 아동복지 분야에서 두드러진 활동은 서양

선교사, 특히 가톨릭 신부들에 의한 자선사업이었다. 1886년 언더우드(Underwood, H. G) 선교사는 고아원을 설립했으며, 고아원 사업은 밀러(Miller, E. H) 목사가 맡아 학교로서의 체제와 기구를 갖추고 이름을 '예수교학당' 혹은 '구세학당'으로 이름 지었다. 그 후 경신학교로 발전하였다. 드물게 한국인으로 이필화라는 유학자가 1905년 '경성고아원'을 설립하기도 했다(김성경 외, 2015). 이처럼 경성고아원은 한 개인의 사재로 창설된 우리나라 최초의 근대적인 고아시설이다. 경성고아학교라는 명칭으로 고아교육사업을 시작하였다. 이로 말미암아 근대적 성격의 아동복지사업이 시작되었다.

다음으로 일제 강점기의 아동복지가 있다. 1910년 일본제국주의에 의해 식민지로 전락한 뒤 조선총독부는 1913년 4월 조선총독부 제생원에 맹아부를 설치하였다. 이후 공적 사회사업의 확대로 일정 부분 진전을 보인다. 1930년대 들어서면서 각 지방에 보육원을 비롯하여 사회복지시설을 설립하기 시작하여 1939년에는 60개 시설이 전국적으로 설치되었다(김성경 외, 2015). 그러나 이와 같은 총독부의 아동복지사업은 일본 국내와 마찬가지로 우리나라의 아동을 전쟁 수행을 위한 미래의 병력, 노동력으로 보고 최소한의 보호와 구제를 했다고 할 수 있다(이성한 외, 2016).

그러나 이 시기 국내에서 소년운동 등을 통한 천도교의 아동복지실천은 매우 선구적이었다. 민간 차원으로 소년운동으로서 천도교는 1923년 1회 어린이날 소년운동선언을 했는데, 이것이 최초의 아동권리선언이었다. 어린이를 종래의 윤리적 억압에서 해방시키고 완전한 인격적 대우를 할 것, 어린이를 경제적 억압에서 해방시켜 만 14세 이하 아동에게 유상 및 무상의 노동을 금지할 것, 어린이에게 안심하고 놀 수 있는 가정 및 사회시설을 건립할 것이라는 내용이었다(김성경 외, 2015).

사회복지관 중심의 아동복지사업으로서 1921년 미국감리교 선교사에 의해 태화사회관이 설립되었다. 태화사회관으로 대표되는 기독교의 세틀먼트 활동은 종래의 구빈적 성격에서 진일보한 아동복지실천의 새로운 방법이라고 할 수 있었다.

조선 말 이래 일제 강점기 동안 서구의 시설보호 흐름을 중심으로 국내에 나타난 아동복지의 추이를 살펴보면 다음과 같다.

고아, 노인, 장애인, 부랑인 등의 요보호 인구집단을 시설에 수용하여 보호하기 시작한 것은 서구사회로부터이다. 동양의 고아에 대한 수용보호시설의 발전은 서양과 다소 다른데, 불교가 전래된 이후 사찰은 요보호아동에 대한 보호시설로서의 기능을 일부 발휘하였다(구자헌, 1984).

19세기 이후의 인도주의 사상의 발전, 보급과 민주주의 사상의 보급에 따라 아동들만을 보호하는 시설, 즉 고아원이 생겨나게 되었다. 아울러 부모가 항상 아동에게 가장 훌륭한 모범이 되는 것은 아니라는 사실에 대한 인식에서 문제부모로부터 아동을 보호하기 위한 보호시설도 설립되었다(아산사회복지재단, 1997).

우리나라에서 고아원의 설립은 기독교를 전파하려는 선교사들에 의해 약 1세기 반 전에 이루어졌다. 1884년에 조선영해회가 설립되었으며(조화영, 1990), 이후 개신교 선교사들에 의한 고아원의 설립이 교육사업과 관련되어 이루어졌다(이만열, 1987). 1886년 미국의 북장로교파의 언더우드(Underwood)는 고아들을 모아 '예수학당', '구세학당'으로 불리는 학당을 시작하였는데, 이것이 경신학교의 시작이다. 1892년 영국 성공회는 성공회 선교사인 랜디스(Randis)를 통해 인천에 고아학원을 설립하였다(이성한 외, 2016).

선교사들에 의한 고아원의 설립은 우리나라 전통사회에서의 아동보호 방법과는 전혀 다른 방법이었다. 이는 한국 사회에 영향을 미쳐 한국인에 의해 몇몇 고아원이 설립되었다. 요보호아동에 대한 이러한 시설보호 아이디어의 전래는 한국의 아동복지가 시설수용을 중심으로 전개되도록 하는 데 중요한 영향을 미쳤다고 알려지고 있다.

3) 근대 이후(광복 이후~2000년)의 아동복지

근대 이후 2000년까지는 사회구호적 차원의 아동복지사업기(1945~1960년)와 선별적 아동복지기(1960~1980년대), 보편적 아동복지기(1980년대~2000년)로 구분한다. 근대 이후 현대의 아동복지는 광복 이후부터 현재까지의 기간을 말하며 전통사회나 근대에 비해 아동의 복지권이 보장되고 아동의 복지에 대한 사회 및 국가의 책임이 더욱 확고해짐으로써 비교적 조직적이고 체계적으로 실시되었다(이성한 외, 2016).

(1) 해방 이후~1960년까지

이 시기는 사회구호적 차원의 아동복지사업기라고 할 수 있다. 1945년의 해방과 1950년의 한국전쟁으로 인하여 이 시기는 고아와 같은 요보호아동들의 대규모 발생으로 인한 시설수용보호의 필요성이 증폭되었다. 이 시기는 우리나라의 아동복지가 크게 발전하게 되는(아산사회복지재단, 1997) 전환기라고 할 수 있다. 광복 이후 미 군정은 법령 112호 아동노동법규를 공표하고 14세 미만의 아동고용을 금지했다. 1947년 미성년자 노동보호법이 제정되었으며 이 법은 12세 미만 아동의 노동 절대금지와 18세 미만 아동의 위험한 직종의 노동금지의 내용을 포함했다.

해방과 분단으로 인해 200만 명이 넘는 이재민이 발생했고, 이후 발발한 한국전쟁으로 인해 한때 980만 명에 이르는 요보호 대상자가 발생하였는데 이들 중 상당수가 고아였다. 전쟁 중이던 1952년에는 전국에 280개 고아원이 있었고, 수용아동이 30,474명에 이르다가 전후 복구시기인 1955년쯤에는 480개 시설로 그 수가 대폭 증가하였다. 이후에도 아동복지시설은 계속 증가하여 1961년에 615개 시설로 최고치를 기록하였고, 그 이후에 비교적 완만한 감소추세를 보이고 있다(아산사회복지재단, 1997). 또한 이 시기는 수많은 전쟁고아들에 대한 해외 입양이 시작되어 빈곤가정 아동과 시설아동에 대한 후원사업이 외국 민간원조단체를 통해 추진되었다.

한국전쟁이 가져온 문제들 중 해결하기 어려운 문제가 참전 외국군과 한국여성 사이에 태어난 혼혈아동이었다. 혈연의식이 강한 한국 사회에서 혼혈아동은 사회적인 멸시와 차별을 받게 되었다. 이에 따라 미국 공법 제203조에 의한 혼혈아동 해외입양사업이 전쟁 직후 시작되었다. 한국전쟁 이후 우리나라 해외입양사업은 국내외적인 정치, 사회여건 변화에 따라 다양한 변화를 겪게 되었으며, 우리나라 입양사업은 국가적 자존심과 현실적인 아동보호 수단의 부족 사이에서 갈피를 잡지 못하였다. 국제무대에서 한국은 '고아 수출국'이란 오명을 감수해야 할 만큼 많은 아동을 해외로 입양시켰다(임시아, 2017).

해외에 입양된 아동들은 입양 초기에는 대부분 잘 생활하고 있는 것으로 알려졌으나 사춘기에 이르러 대부분 자신의 정체성 문제를 겪게 되면서 환경 적응에 큰 고충을 겪는

다고 알려졌다. 이에 이들의 정체성 회복을 돕기 위해 우리나라에서도 정부 차원의 지원 대책이 마련되어 시행되고 있다(보건복지부, 1996).

이 시기 빈곤아동과 시설아동 등 요보호아동들에 대한 아동후원사업이 활발해졌다. 아동후원사업을 전개한 외원단체로는 기독아동복리회(CCF), 선명회세계본부(WV), 양친회(FPP), 동양선교회(OM) 등이 있는데, 후원사업 지역이나 사업대상시설 수에 있어서 기독아동복리회가 제일 활발했다. 후원사업으로는 외국의 후원자와 한국의 아동 사이에서 편지와 사진이 교환되는 사업유형이 이루어졌고, 후원금 모집이 있었다. 후원금으로 아동들은 음식, 의복, 현금 등을 제공받는 외에도, 특별한 의료보호와 복지서비스 및 학교교육을 받을 수 있었다(아산사회복지사업재단, 1997).

이러한 아동후원사업은 기존의 전통사회에서 찾아보기 힘든 혁신적인 아동원조 방법으로서 오늘날 소년소녀가장 후원사업을 비롯한 빈곤가정 아동후원사업으로 발전하는 데 영향을 미쳤다.

〈표 4-1〉 우리나라 입양사업의 추진 경위

시 기	입양정책의 방향	추진내용
한국전쟁 직후	미국을 중심으로 한 국외 입양	전쟁고아 및 혼혈아 국외 입양 추진
1961년	국외 입양을 위한 법적 근거 마련	입양알선기관 허가(4개소) 고아입양특례법(1961)
1962~1970년	국내 입양 활성화	'고아 한 사람씩 맡아 기르기' 운동
1970~1975년	국외 입양의 제한	북구 유럽국가들의 입양 중단 보호시설의 정비
1976년	국내 입양 부양책	입양특례법 제정(1976)
1976~1980년	국외 입양의 단계적 축소	국외 입양 전면 중단계획(1985) 입양사업 5개년 계획 국외 입양 쿼터제 도입
1981~1988년	국외 입양 전면 개방	이민 확대 및 민간외교 활성화 국외 입양 전면 중단계획(1996)
1989~1994년	국외 입양 단계적 축소	국내 입양 활성화 모색
1994년 8월	국외 입양 전면금지 정책 취소	

출처 : 임시아(2017).

(2) 1961~1980년까지

이 시기는 요보호아동을 대상으로 한 선별주의적 아동복지사업의 시기였다. 전쟁 이후 1960년대에는 경제 개발에 대한 국가적 전략의 추진에 밀려 사회복지의 발전은 속도를 내지 못하였다. 경제개발 지상주의 이념이 사회 전반에 걸쳐 지배하고 있던 시기여서 아동복지에 대한 국가 개입이 확대되지 못하고 여전히 외원 의존적인 아동복지행정이 전개되었다(임시아, 2017). 그럼에도 1960년대 초 아동복리법(1961년), 생활보호법(1961년)이 제정되어 요보호아동에 대한 국가 책임의 원칙이 처음으로 법제화되었다. 그러나 당시 복지 입법의 대부분은 정권의 정당성을 확보하기 위한 것으로 경제 성장에 부정적인 영향을 주지 않도록 그 한계를 두고 있었다(장인협・오정수, 2001).

전쟁 후 외원으로 유지하던 시설들이 차차 외원이 감소되면서 정부의 지원을 받기 위하여 1950년 말에서 1960년 초 사이에 재단 또는 사단으로 법인을 만들었으며 아동법리법과 1964년 제정된 사회복지법에 의거하여 기존의 법인을 사회복지법으로 변경하게 되었다. 아동법리법의 내용에는 성장론에 기초한 잔여적 아동복지관과 가정보호의 강조가 표현되어 있다. 아동복리법의 보호대상은 '보호자로부터의 유실, 유기 또는 이탈되었을 경우, 보호자가 아동을 양육하기에 부적당하거나 양육할 수 없는 경우'로 명확히 한정하여 이 법에 의한 아동복지제도는 사후 조치적이고 잔여적인 성격을 갖고 있음을 명시하고 있다(김성경 외, 2015).

1970년대 말까지는 법적으로나 실제 행정에 있어 요보호아동만을 대상으로 하면서 개인의 책임을 강조하는 잔여적 아동복지정책의 시기로 볼 수 있다. 그러나 외원기관의 철수 및 사업 축소는 아동보호에 대한 국가개입을 불가피하게 만들었으며, 1970년대부터는 상대적으로 국가 보조가 증가하기 시작하였다. 이후 미성년자보호법(1961), 모자보건법(1973), 유아교육진흥법(1982), 소년원법(1977), 특수교육진흥법(1977), 심신장애자복지법(1981), 유아교육진흥법(1982)의 공포와 아동복지법(1981)이 추가로 제정, 공포되었다(김성경 외, 2015).

이 시기의 전반적인 아동복지 발달과정상의 특징을 다음과 같이 요약해 볼 수 있다.

① 시설 중심의 잔여적인 아동복지행정이 지속되는 시기

아동복지를 가급적 최소화하고, 이를 민간 차원의 자선이나 외국 원조기관에 의존하려는 정부의 정책기조는 1970년대에도 지속되었다. 그러나 이들 외국 민간원조단체들이 한국에서 그들의 사업을 철수하거나 사업규모를 축소하면서 국내의 아동복지사업은 위기를 맞게 되었다(임시아, 2017 재인용). 그 결과 정부는 아동의 탈시설화를 지속적으로 추진하여 시설보호 비용부담을 줄이고 동시에 국내 민간자원을 동원하여 정부 부담을 최소화하고자 하였다. 더불어 재정적 어려움을 겪고 있는 아동복지기관에 대해 소극적으로 재정 지원을 시작하게 되었다(아산사회복지재단, 1997).

② 예방적인 아동복지 프로그램 시작

이 시기에 고아 발생을 예방하기 위한 새로운 아동복지 프로그램이 시작되었다. 1950년대에 시작한 가정복지사업과 거택구호사업 및 탁아사업이었다. 그 외에도 지역사회복지관에서의 기아발생 예방을 돕는 한편 아동의 건전한 성장, 발달을 도모하는 다양한 아동복지 프로그램이 운영되었다. 즉, 탁아사업과 공부방 프로그램, 아동건강 프로그램 등으로 아동의 건전한 발달을 도모하였다.

③ 연장고아문제 등장

법령상 18세 이상의 개인은 시설로부터 퇴소하여 자립을 해야 하지만, 이에 대한 적절한 대책이 없어 '연장고아'의 신분으로 여전히 시설에 머물러야만 하는 문제가 나타났다. 즉, 아동의 탈시설화를 추진하기는 하였으나, 그 성과는 미미한 수준이었다. 이에 요보호아동에 대한 해외 입양이 지속되었고, 시설보호와 요보호아동에 대한 복지정책 또한 미진하였다.

(3) 1980년대

모든 아동을 위한 보편주의적 복지사업은 1980년대부터 이루어졌다. 앞에서 살펴본 바와 같이 그동안 한국 아동복지의 발전은 전쟁 후의 고아, 미아, 기아 등으로 선별주의에 입각한 잔여적 아동복지라고 할 수 있으며, 사회적 개입형태 또한 최소한의 개입만 이루어졌다고 볼 수 있다. 그러나 1980년대 들어 한국 아동복지 현실에 주목할 만한 변화가 나타났다.

우선 1981년 아동복지법 개정에 따라 아동복지 대상이 불우아동을 포함한 일반아동 전체로 확대됨으로써 보편주의적 지향이 이루어졌다는 것이다. 1981년 아동복지법에서는 그 대상을 '모든 아동'으로 보편화하고 그 목적으로 그들이 건강하게 출생하여 행복하고 건강하게 육성되도록 하고자 하였다. 이처럼 1960년대 초의 아동복리법은 요보호아동이 주된 대상이었던 데 반해, 1981년의 아동복지법은 적극적인 사회복지법으로서 요보호아동을 포함하여 모든 아동을 복지의 대상으로 규정하고, 아동이 가진 문제의 해결과 함께 건전한 성장을 지원하고자 하였다. 이러한 규정은 비록 선언적인 수준에 머물러 있다고도 볼 수 있으나 그동안 아동복지가 선별주의에 기초하여 전개되어 왔다는 점에서 보편주의적 기조로 바뀌게 되는 역사적 시점으로 볼 수 있다.

둘째, 아동복지에 대한 인식이 바뀌기 시작하였다는 것이다. 다시 말해, 아동문제는 빈곤가정이나 결손가정에서만 발생하는 것이 아니라 모든 가족형태에서 발생되며, 나아가 가정이 아동문제의 주요 근원이 될 수 있다는 인식이 증가하게 되었다는 점이다. 최근의 아동학대와 방임, 유기 등도 가정 내에서 많이 발생하고 있다고 보고된다. 이에 1979년 한국사회복지협의회가 서울에 '아동학대고발센터'를 개설하여 아동학대에 대한 사회의 관심을 촉구하였고, 1985년 서울시립아동상담소가 공립기관으로는 처음으로 '아동권익보호신고소'를 개설하였다. 1989년에는 한국아동학대예방협회가 발족되어 전국 9개 시도 지역사회복지관 내에 '아동학대 신고센터'를 개설하여 아동학대에 대한 예방활동을 펼쳐나감으로써 상당한 변화가 이루어졌다.

(4) 1990년대 이후

1990년 아동복지법 시행규칙은 시설탁아 및 가정탁아시설의 시설기준을 정하였다. 그러나 1991년 1월 영유아보육법의 제정으로 탁아와 관련된 내용은 아동복지법에서 분리되었으며, 시설탁아 및 가정탁아시설은 아동복지시설에서 제외되었다. 실제로 1990년도에는 아동복지시설 운영의 경우, 정부지원 65.0%, 자체수입 15.8%, 민간보조 12.0%, 기타 7.3%로서 외원기관 중심의 운영에서 국가 중심의 운영체제로 전환되고 있음을 보여준다(김성경 외, 2015). 시설수용보호와 국외입양사업에 치중되어 있던 아동복지사업이 가정과 지역사회 중심의 보육서비스, 국내 입양, 가정위탁, 재가복지서비스의 중요성이 강조되고 발전되어 갔다.

더불어 1991년 '한국아동복지학회'가 창립되어 아동복지전문가와 관계자들이 한국 아동복지의 문제를 조명하고 아동복지정책 건의에 힘썼다. 그 외에도 1993년부터 학교사회복지가 개시되어 지역사회복지관 및 민간사회복지재단에서 여러 가지 학교사회복지 프로그램을 지원하였다. 1997년에는 일반학교에서 공식적으로 학교사회복지사가 활동하게 되었고, 참여하는 학교 수가 증가하고 있다.

IMF 위기와 같은 경제적 위기상황으로 인하여 많은 가정이 해체되었고, 핵가족 구조에서 부모가 있는 아동이 시설에 맡겨지는 상황이 되었다. 이에 결식아동 지원과 학자금 지원, 실직여성가구주를 위한 구직정보 제공 서비스 등 경제적 원조와 함께 미흡한 수준이었지만 방과 후 활동 및 아동의 심리적 안정을 지원하기 위한 다양한 프로그램이 개발되어 실시되었다(박현선, 1999).

아동학대예방사업은 2000년 아동복지법의 개정으로 전국 규모의 아동보호서비스의 체계가 구축되었다. 1998년 개정된 「성폭력범죄의 처벌 및 피해자 보호 등에 관한 법률」의 신고 의무화 규정을 통해 아동 성폭력의 피해를 최소화하고자 하고 있다(김성경 외, 2015).

4) 현대(2000년~현재)의 아동복지

이 시기는 보편적 아동복지가 실행되는 단계라고 할 수 있다. 우리나라 아동복지는 시설수용보호, 입양사업, 영유아보육사업, 아동결연사업, 가정위탁 등으로 그 형태가 형성되어 왔다. 과거 아동복지의 주류를 이루던 시설수용보호사업보다 가정과 지역사회 중심의 보육서비스, 국내 입양, 가정위탁, 재가복지서비스가 상대적으로 강조되고 있다(이성한 외, 2016). 우리나라는 1996년 12월 OECD에 가입하면서 보편적 수준의 아동복지 실현을 위해 노력해 왔다. 그 결과 우리나라 아동복지는 민간책임에서 국가책임으로, 집단적 수용보호에서 소규모 보호로, 시설보호에서 재가보호로, 포괄적 서비스에서 분화된 다양한 서비스로, 비전문적 개입수준에서 전문적 개입으로 발달하고 있다고 할 수 있다.

IMF 이후 2000년대에 들어서면서 가족 내 경제적 위기와 해체의 증가, 초저출산율의 현상이라는 사회적 변화를 경험하고 있다. 이혼율 증가에 따라 법적인 이혼절차에서 좀 더 아동의 복지를 보장할 수 있도록 미성년 자녀를 둔 부부의 경우 '숙려제도'를 두어 부모의 역할에 좀 더 충실할 수 있도록 시도하고 있다. 그러나 여전히 아동의 의견이나 아동의 권리 차원에서 접근하고 있지 못하며, 이혼상담에 관한 깊이 있는 교육과 훈련도 미흡하다고 알려져 있다(김성경 외, 2015).

아울러 대안적인 가정보호의 형태로 가정위탁을 활성화하기 위하여 가정위탁지원센터를 설치, 운영하고 입양촉진특례법을 개정하여 국내 입양을 활성화하고자 하였으나, 국외입양과 함께 국내 입양도 감소하고 있어 공개입양에 관한 논의와 국외 입양인의 모국방문과 지원서비스에 대한 관심이 증가하고 있다. 그 외에도 공동생활가정(그룹홈)의 증가에 따라 더욱 더 시설보호의 대안으로 다양한 가정보호 형태가 개발되어야 하며, 정부의 지원을 확대해야 한다는 의견이 있다(권지성, 2003; 허남순, 2004).

1990년대 초반부터 아시아 국가로부터의 외국인 근로자와 결혼이민자, 북한이주민의 이주가 증가하면서 다문화가족 자녀의 아동복지서비스에 대한 관심이 고조되고 있다. 2006년 정부 차원의 사회통합대책이 마련된 이후 다문화가족 지원서비스는 증가하였으나 임신, 출산 관련 지원과 방문아동양육서비스 외에는 아직 전문적이고 통합적인 아동복지서비스는 찾아보기 어렵다(최현미 외, 2008).

지난 몇 년 사이에 성폭력 관련법과 제도가 마련되고 실종 관련법이 제정되었으며, 범죄피해 아동과 가족 지원을 위해 해바라기아동센터나 원스톱(one-stop)지원센터, 실종아동전문기관이 설치, 운영되고 있다. 그러나 서비스 접근성의 문제와 아동의 심리치료와 위기개입을 위한 전문인력의 문제, 경찰과 검찰, 병원 등 연계기관이 다양함에 따라 이들 기관과의 협력체계 구축 등 해결해야 할 다양한 과제를 안고 있다.

이처럼 우리나라의 아동복지는 삼국시대 이래 상당한 발전을 이루어 최근에는 대부분의 사람들이 아동을 고유한 욕구와 존엄성을 가진 독립된 인격체로 인식하고자 한다. 그럼에도 아직도 우리 사회에는 아동을 부모의 소유물이나 축소물로 인식하려는 경향이 남아있다. 이에 우리 사회는 아동에게 안전한 환경이 보장되지 않는 상황에 대해 사회가 개입할 의무를 제도화하였고 아동의 성장, 발달에 장애가 되는 교육 및 가정환경에 대한 지원을 강화하고 있다. 이는 오늘날 가족의 기능이 약화되면서 아동양육과 보호의 책임을 사회가 맡아야 하는 경우가 늘고 있기 때문이다.

최근 우리나라의 아동복지법에 의하면, 부모나 가족이 어떤 사유로 아동보호와 양육의 책임을 다하지 못할 때 아동과 그 가족이 사회보장제도의 대상이 되고 있다. 이에 김승권(2008)은 아동이 미래 사회의 주역이므로, 아동의 욕구가 충족되지 못했을 때 발생하는 사회문제를 미연에 방지하고자 노력할 필요가 있으며, 국제적 수준의 아동권리 증진을 위한 사회적 노력이 필요하다(김승권, 2008)고 강조하고 있다.

2. 외국의 아동복지

아동의 문제에 있어 제도화된 사회적 개입이 이루어진 것은 중세 봉건제도가 붕괴되고 산업혁명에 의한 근대 산업사회에 들어서면서부터이다. 이후 아동의 보호는 국가와 사회의 책임이라는 사고방식이 점차 늘어나게 되었고, 보편주의 실현과 책임소재가 명확해진 현대 아동복지의 형태를 띠게 되기까지 체계가 정비되었다.

한 시대의 아동복지정책에는 당시 사회의 가치와 사상, 사회・경제적 측면을 그대로 반영하고 있고 이후 정책을 수립함에 있어 영향을 미친다. 그러므로 시대별 아동복지의 변화와 시대상을 살펴보는 것은 중요하다.

고대사회부터 중세사회를 거쳐 근대산업사회와 현대사회에 이르기까지 시대별 아동복지를 고찰하고 여러 나라의 사례를 살펴보고자 한다.

1) 고대사회

고대사회는 가족이나 씨족에 의해 형성된 원시 공동사회로 고대사회에서 아동은 종족 보존의 수단, 부족의 소유물로 인식되어 인간으로서의 존엄성을 인정받지 못하였다. 당시 사람들에게 아동은 인격적 존재라기보다 본능적 존재였으며, 종족보존 및 부족의 생산성 향상을 위해 건강한 아동만이 가치를 인정받아 생명을 보존할 수 있었다. 고대사회 아동은 그 사회의 풍습이나 미신에 의해 생명을 위협받는 무력한 존재였다.

고대사회는 아동양육을 포기한 부모가 바구니에 아기를 담아서 강이나 광장에 버리면 자녀가 없는 사람이 데려가 키우는 포팅(potting)관습이 있었다. 아동매매・살해도 빈번하였는데 유스티아누스 법전에는 "가난한 아버지는 자식의 출생과 동시에 자식을 팔 권리를 가진다"라는 조항을 통해 아동매매를 합법화하였으며, 스파르타에서는 건강하지 않은 아이는 전사로서의 자격이 없다고 생각하여 살해했다.

이후 인간의 생명을 중시하는 기독교 정신이 서구사회에 뿌리를 내리면서 영아살해, 기아, 매매, 낙태 등이 죄악시되고, 콘스탄티누스(Constantinus, 272~337년) 황제가 '아동을 살해할 수 없다'는 조항을 콘스탄틴 법전에 명시함으로써 아동에 대한 인식변화가 나타나기 시작한다.

2) 중세사회

중세사회는 신분적 계급을 중시한 봉건사회로 아동의 지위도 부모의 신분에 따라 구분되었다. 높은 계급의 소수의 아동은 혈통계승자로 인정받는 반면, 낮은 계급의 아동은 장원[1]을 위한 경제력, 군사력 확보수단으로 인식되었다.

중세사회는 종교의 사회적 영향이 강한 시기로 교회를 중심으로 아동복지가 이루어졌다. 교회는 종교적 자선행위로써 고아와 장애아동을 교회나 수도원에서 보호하는 아동보호사업을 실시하였다. 이 시기 아동보호 활동은 단순한 동정적 감정에 근거를 둔 종교적

1 봉건사회의 경제적 단위를 이루는 영주의 토지 소유 형태를 말한다.

자선행위로 아동의 욕구나 권리에 입각한 근대적 의미의 전문적 아동복지사업 형태는 아니었다.

3) 근대사회

산업혁명을 시작으로 중세 봉건사회가 붕괴되고 자본주의사회가 등장한다. 산업혁명으로 급격한 사회구조의 변화가 나타나고 이는 도시인구 급증, 빈곤, 실업, 노사문제와 노인, 아동, 청소년 및 기타 보호를 요하는 등 제반문제를 낳게 된다. 이 과정에서 아동문제가 국가와 사회의 책임이라는 관점이 부각되기 시작한다.

1601년 영국의 엘리자베스 여왕 구빈법(The Elizabeth Poor Law)은 아동의 문제를 일반 빈곤자들의 문제와 같은 맥락에서 보고 요보호아동에 대한 국가의 책임 및 개입을 최초로 규정하였다. 이는 아동복지제도의 시발점이 된다.

영국의 구빈법에 아동이 대상이 되긴 하였으나 당시 아동은 임금이 싼 하나의 노동력으로 간주되어 노동력 착취, 생존권 및 복지권을 박탈당하고 있었다.

18세기 후반 많은 학자들에 의해 아동에 관한 연구가 전개되었고 '아동은 성인의 축소판이 아닌 고유한 발달단계를 거쳐 성장하는 독립된 인격을 지닌 존재'라는 새로운 개념이 확산되었다. 오웬(R. Owen)은 "아동이 열악한 환경에서 성장했을 때 나쁜 습관이 형성된다"고 보고 '성격형성학교'를 설립하여 가정과 사회환경의 개선을 위해 노력하였으며, 아동보호입법 운동을 전개하였다. 1870년 버나드(T. J. Barnard)는 부랑아와 빈곤아동을 보호하는 시설인 버나드 홈을 개설하였다.

4) 현대사회

20세기에 접어들면서 아동은 하나의 독립된 인격과 무한한 잠재능력을 지닌 가능성의 존재로 인정받기 시작하였으며, 이러한 인식은 다양한 사회적 제도들을 마련하게 하는 기반이 되었다.

스웨덴의 여성 학자이자 아동학자인 엘렌 케이(E. Key)는 『어린이의 세기』라는 저서를 통해 "모든 아동은 생명, 보건, 적절한 주거, 교육, 노동으로부터의 자유, 건전한 여가활동, 필요한 경우 공공부조에 대한 권리까지도 보장해 주어야 한다"라고 주장했다. 존 듀이(J. Dewey)는 아동은 태양이며 그 주위를 많은 교육적 행위가 회전한다는 '아동중심주의'라는 용어를 정착시켰다.

아동보호에 대한 국가 책임의 사고방식이 널리 받아들여지고, 시행되는 정책이 탄생하면서 아동복지에 있어 보편주의 실현과 책임소재를 명확하게 되었다. 1909년 루스벨트(T. Roosevelt) 대통령이 소집한 제1회 아동에 대한 백악관회의(White House Conference on Children)는 요구호아동의 보호를 주제로 아동복지에 대한 정부의 책임을 처음으로 공식화한 자리였다.

이 회의에서 루즈벨트 대통령은 '가정은 문명의 최고의 창조물'임을 선언하고 아동을 위한 부모역할과 가정생활의 중요성을 언급하였다. 백악관회의의 성과는 1912년 아동문제, 아동노동, 비행 등을 담당하는 연방 '아동국' 설치로 더욱 구체화되었다. 제2회 백악관회의가 1919년 '아동복지의 최저 기준, 모자 보건, 요보호아동의 보호'를 주제로 소집되었고, 1930년 제3회 백악관회의에서는 '아동보건 및 보호'를 주제로 아동헌장을 채택하였다.

아동복지에 대한 국가적 책임이 강조됨에 따라 복지대상이 특수한 아동만이 아닌 일반아동에게까지 확대되는 보편주의 아동복지 개념이 도입되었고, 20세기 이후 아동복지는 아동의 욕구에 맞게 분화되고 전문화된 서비스로 발전된다.

5) 외국 사례

(1) 영국

① 산업화 이전

산업화 이전 영국에서는 아동의 욕구와 능력이 성인과 다르지 않다고 인식되었다. 엄격한 신분계급사회에서 일부 상류층 아동을 제외한 대부분의 아동은 오직 장원제도를 유지하는 데 필요한 노동력과 군사력 차원에서 존재를 인정받는 데 그쳤다.

② 산업화와 아동복지

영국은 1601년 구빈법의 제정으로 전 세계에서 가장먼저 아동보호의 원칙을 세운 국가이다. 그러나 18세기 산업화는 도시인구 급증, 빈곤, 실업, 노사문제와 노인, 아동, 청소년 및 기타 보호를 요하는 등 여러 사회적 문제를 낳았고 이에 대해 국가는 복지대책을 강구하게 되었다.

가정 내 자녀양육 기능 약화로 방임상태에 놓인 아동 구제를 위하여 1780년 '일요학교(유아학교)'를 설립하였고, 이는 영국 공교육의 기틀을 마련하는 계기가 된다.

열악한 환경에서 값싼 임금으로 노동력을 착취당하는 아동의 보호를 위하여 노동시간을 1일 12시간으로 제한하는 내용 등을 포함한 공장법이 1802년 제정되었다. 1884년 런던에 아동학대예방협회가 설립되었고, 이어 1889년 아동학대방지법이 제정되었다.

③ 아동법 제정과 가족 강화

1945년 정상적으로 가정생활을 영위할 수 없는 아동에 대한 대책이 강구되어 부모의 지위에 관계없이 한 가정에 자녀가 둘 이상일 경우 16세 미만 아동들에게 매주 수당을 지급하는 가족수당법이 도입되었고, 1974년 수당지급 대상을 모든 아동으로 확대하는 아동수당법을 제정하였다.

영국의 아동복지의 기틀을 마련한 것은 1948년 아동법이 제정되면서이다. 아동법은 분산되어 있던 아동복지정책을 통합하고, 요보호아동 대책과 가족강화에 대한 국가의 지원을 확립하였다. 아동법의 제정으로 아동보호서비스가 제공되면서 아동복지는 보호가 필요한 아동의 보호뿐만 아니라 예방의 중요성이 부각되었고, 이러한 예방적 접근은 1963년 아동 및 청소년법의 제정에 의해 비로소 이루어지게 되었다.

④ 아동의 권리 옹호와 서비스의 전문화

1959년 유엔이 '아동권리선언'을 선포한 이후 1979년은 유엔이 아동의 해로 지정하였고, 1989년에는 아동권리에 관한 권리 협약이 통과되었다. 아동이 필요로 하는 자원을 제공받고 위험으로부터 보호받으며 안전을 확보할 수 있는 권리, 아동이 자신의 복귀와 관련된 결정에 대해 알 권리와 참여할 권리 등이 강조되었다(공계순 외, 2006). 유엔아동권리협약의 원칙을 근거로 1989년 분산되어 있던 아동보호 및 양육에 관한 법을 통합시킨 아동법을 입법화하였다. 자녀양육에 있어서 부모의 역할 및 책임을 중시하여 1991년 부모의 책임을 명시한 '부모헌장' 제정, 1992년 고등교육법을 통한 학교의 부모교육과정 개설 권고, 1994년 국립성인평생교육연구소의 '부모교육지침서' 발간이 이루어졌다.

1997년에는 저소득층 아동과 부모를 위한 복지정책인 슈어스타트(Sure Start) 프로그램이 시행되었는데, 이 정책은 0~14세 아동 및 부모를 대상으로 아동에게는 보육과 교육서비스를, 부모에게는 일과 자녀양육을 할 수 있도록 하는 가족단위 지원제도이다. 1998년 만 4세 유아부터 무상교육을 실시하였고, 2004년부터는 만 3세 유아까지 대상을 확대 시행하고 있다. 영국은 사회보장제도에 의한 가족강화를 기본 원리로 아동복지정책을 수립하고, 이를 뒷받침할 수 있는 여러 서비스를 국가가 지원하고 있다.

(2) 미국

① 가정위탁제도의 발달

미국은 영국의 사회복지제도와 아동복지제도의 영향을 많이 받았다. 미국의 아동복지체계는 각 주 단위로 독자적으로 발전하다 1935년 사회보장법 제정으로 중앙집권적으로 정비되었다. 초기 미국의 아동복지 역시 종교단체에 의한 시설보호 중심의 형태로 발전되었으나 1850년 이후 아동을 보호하는 데 있어서 시설보다 가정이 적절하다는 취지하에 가정에서의 아동보호를 모색하기 시작한다.

1953년 뉴욕아동구호협회가 창설되어 빈곤가정 아동에 대한 '가정위탁사업'을 실시하였다. 이 협회의 프로그램은 뉴욕의 빈곤가정의 아동을 서부 농가에서 위탁양육하게 하여 아동을 슬럼지역에서 구출하고 서부의 노동력 문제를 동시에 해결하고자 하였으나 아동이 아닌 위탁가정 중심의 위탁가정 선정, 무료 노동력 제공, 아동학대 사건 발생 등으로 비판을 받기도 하였다. 여러 가지 문제점에도 불구하고 아동보호 방식이 시설보호에서 가정보호로 전환되었다는 점에서 뉴욕아동구호협회의 가정위탁 사업은 중요한 의의를 가진다.

② 아동노동법 제정과 백악관회의

1895년 아동노동법이 제정되어 14세 이하의 아동의 노동, 야간작업 금지, 노동시간 제한, 학교에 출석하도록 배려하는 것 등을 규정하였다.

미국에서 아동문제에 대한 관심이 전 국민적으로 확대된 것은 1909년 제1차 백악관회의였다. 백악관회의는 부모의 역할과 가정생활의 중요성을 강조하고, 아동복지에 대한 국가의 책임을 인정함으로써 이후 아동의 권리와 아동복지를 위한 복지정책 수립과 서비스 지원의 중요한 기반을 마련한다.

③ 모성보호와 사회보장법

백악관회의의 결과 '아동국'을 개설하여 아동복지, 아동문제, 아동발달, 아동노동, 비행 등 아동에 관한 전반적 연구를 실시하였다. 빈곤아동에 대한 주 단위의 구제방법으로 1919년 '모성연금제'를 제정하여 요보호아동이 가정에서 생활할 수 있도록 소정의 양육비를 지원해주었다. 모성연금제는 이후 사회보장법에 의해 공적 부조의 형태로 발전하였다. 1935년 사회보장법 제정은 요보호아동들이 연방정부가 제공하는 공공부조의 혜택을 받을 수 있도록 '요보호아동부조 프로그램'을 규정하였는데, 미국 아동복지사업의 국가적 체계를 갖추는 계기가 되었다.

④ 다양한 아동복지법의 제정 및 시행

1964년 존슨(L. B. Johnson) 대통령은 빈곤과의 전쟁을 선포하고 도시빈민층 아동의 사회성, 학습능력, 건강 및 영양수준 개선을 지원하기 위한 헤드스타트(Head Start) 프로그램과 푸드 스탬프(Food Stamp) 프로그램을 시행하였다. 1974년에는 가출아동에 대한 소년법, 청소년 처우 및 비행예방법, 아동학대예방 및 처우법이 제정되었으며, 1980년에는 입양지원 및 아동복지법 입법을 통해 아동복지제도를 체계화하였다.

1980년대 이후 미국은 복지예산의 삭감 등으로 복지서비스의 범위가 축소되고 있는 실정이며, 1996년 이후에는 직업을 통해 빈곤에서 벗어나도록 도와주는 생산적 복지로 변화하고 있다. 또한 개별 가족구성원보다 가족 전체를 대상으로 하는 방향으로 변화하고 있다. 이에 따라 2003년에는 아동 및 가족 안전법이 제정되어, 가족지지와 강화를 위한 지역사회기반 프로그램 등 아동학대와 방임 예방과 치료를 위한 다양한 서비스를 지원하고 있다(정옥분 외, 2016).

(3) 스웨덴

스웨덴에서는 1853년 구빈법을 입법화하면서 구빈에 대한 국가의 책임 및 제도가 성립되었다. 스웨덴의 구빈법은 그 발달과정이나 형태 면에서 영국으로부터 많은 영향을 받아 영국의 구빈법과 유사하다.

스웨덴은 산업화 및 공업화에 따른 사회구조의 변화, 노동조건의 악화에 따른 노동자의 문제, 여성과 연소노동자의 증가, 도시인구의 급증, 청소년의 비행 등이 사회문제화됨에 따라 1881년 노동금지법을 제정하여 아동을 저임금과 장시간 노동으로부터 보호하였다(이성한 외, 2016). 1902년 아동복지법이 제정되면서 스웨덴의 근대적 의미의 사회적 복지가 시작되었다.

1930년대 이후부터 사회복지정책들이 수립되기 시작하는데, 1934년 청소년 보호법을 제정하여 아동 및 청소년 복지의 기초를 마련하였으며, 1952년 장애아학교법에 따라 7~16세의 모든 아동에게 교육권을 개방하였다. 1955년부터 모든 임산부에게 출산수당이 지급되었고, 1960년 아동복지법을 개정하여 아동복지에 관한 사항이나 공공부조를 시행하였다. 1963년부터는 국민보호법을 제정하여 16세 이상의 모든 국민에게 보험의 혜택을 적용하고 있다.

이 밖에도 1970년 여가활동센터를 설립하여 7~12세 아동에게 방과 후, 휴일에 보육 및 교육서비스를 제공하고, 1972년 개방유아학교를 설립하여 낮 동안 부모나 위탁자가 자녀와 함께 참여하는 프로그램을 제공하였다. 1995년부터 1~12세의 모든 아동에게 아동보호서비스를 제공하고 있다.

(4) 일본

일본의 복지는 친족 또는 지역 내에서 상부상조 형태로 이루어졌다. 메이지유신으로 봉건사회가 막을 내리고 자본주의 산업화 급속히 발달함에 따라 빈민구제와 아동보호 등의 사회문제가 대두되었다. 일본 최초의 사회복지법은 1874년 공적구빈법인 '휼구규칙'으로, 친족 및 공동체에 의한 상호부조가 어려운 폐질자, 노약자, 중병자와 13세 미만의 고아는 국가가 구제한다는 것이었다.

산업발전과 더불어 아동복지에 대한 접근이 다양하게 발전하였다. 1886년 정부 차원에서 '대용간이소학교제'를 인준함으로써 전국에 빈곤아동을 위한 학교가 보급되고, 1887년 '고아원'이 설립되었다. 1900년 선교사들에 의해 빈곤가정 아동을 위한 '후타바 보육소'가 설립되고 1918년 이후 '공립보육소'들이 설립되었다.

1929년 제정된 구호법은 일본 구빈법 사상 처음으로 빈곤자의 보호를 공공의 의무로 규정하였다. 1933년 아동학대 예방과 아동구호를 위한 아동학대방지법을 제정하고, 불량행동을 하거나 위험이 있는 아동을 소년보호원에 입소시켜 아동을 보호하는 내용의 소년보호법이 제정되었다.

1947년 아동복지법 제정은 요보호아동뿐만 아니라 모든 아동의 건전한 성장과 발달을 보장하기 위한 정부의 책임을 명확히 하였고, 이 법에 의하여 보육소는 법적 인가를 받아 1949년부터 정부로부터 운영비를 지원받게 되었다. 1947년 교육기본법 및 학교교육법 제정은 모든 아동의 의무교육제도와 교내 장애아동을 위한 특수교육의 의무화를 입법화하였다. 1951년 아동복지법의 기본 원칙을 반영하고 구체적으로 명시한 '어린이헌장'을 제정하여 아동복지의 구체적 이념을 확립하였다.

고도의 경제적 성장과 함께 1966년 특별아동부양수당법, 1971년 아동수당법이 제정되어 아동수당이 지급되었으며, 2000년 이후 취학 전 모든 아동으로 대상을 확대 적용하여 지급하고 있다. 일본의 아동복지는 요보호아동을 대상으로 하는 선별적 복지에서 모든 아동을 대상으로 하는 보편적 복지로 변화하고 있다. 이를 위해 아동복지정책 및 아동복지 서비스의 다양화와 전문화가 활발히 진행되고 있다.

생각해 보기

- 한국의 아동복지 역사와 외국의 아동복지 역사는 어떻게 다른지 생각해 봅시다.
- 우리나라의 아동복지 흐름은 어떠한 특징이 있는지 토론해 봅시다.

CHAPTER 05 아동복지의 기본 원칙과 전제조건

1. 아동복지의 기본 원칙
2. 아동복지의 전제조건

CHAPTER 05

아동복지의 기본 원칙과 전제조건

학습목표

- 아동복지의 기본 원칙 다섯 가지를 설명할 수 있다.
- 아동복지의 전제조건이 필요한 이유를 설명할 수 있다.

1. 아동복지의 기본 원칙

아동의 욕구를 충족시키고 행복을 추구하기 위해서는 아동복지의 정책과 서비스가 필요하다. 그러나 아동이라는 시기에는 가족이나 생활환경의 변화와 사회·경제적 그리고 문화적 다양성 등에 대한 문제를 자기 스스로가 해결할 수 없기 때문에, 아동복지의 정의를 실현하기 위해서는 반드시 아동복지 정책과 서비스 실천에 대한 원칙이 있어야 한다.

일반적으로 아동복지의 기본 원칙을 권리와 책임의 원칙, 보편성과 선별성의 원칙, 개발성의 원칙, 개별성과 포괄성의 원칙, 전문성의 원칙 등 5가지로 설명할 수 있다.

1) 권리와 책임의 원칙

아동권리와 책임의 원칙이란 아동, 부모, 그리고 사회의 세 주체 간의 권리와 책임에 기반을 두어야 아동을 위한 건전한 육성 대책을 세울 수 있다는 원칙이다(그림 5-1). 주체들은 각각의 권리와 책임을 확립하고 상호작용을 하면서 균형 유지를 도모해야 한다.

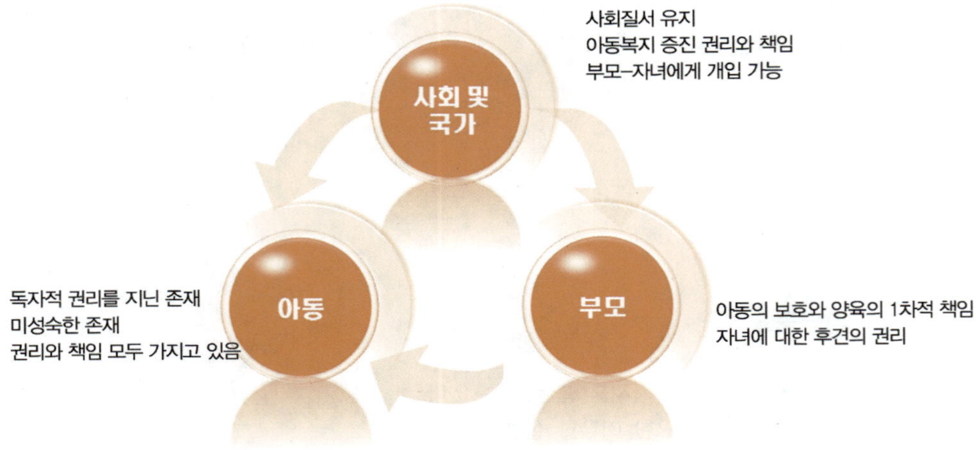

|그림 5-1| 아동의 권리와 책임에 대한 3주체 기반

아동권리의 속성에는 아동은 정당하게 권리의 주체가 된다는 천부성과 예외나 차이를 인정하지 않는다는 보편성을 포함하고 있다. 이는 아동이 선거권 등의 정치적 제약과 경제적인 무능력함과 같은 제한에 영향을 받지 않으며 아동이 성인과 동등한 권리를 누릴 수 있는 주체임을 정당화하는 의미이다.

아동권리는 아동복지에 대한 의사결정에서, 특히 가족참여에 필요한 요소이다. 그러나 국제인권조약에 따르면 가족구성원, 즉 부모 및 자녀들이 아동복지정책을 결정하는 것에 대하여 많은 권리를 밝혀냈지만, 일부 가족참여에 필요한 권리는 누락된 것을 인정했다(Gertrud Lenzer & Brain Gran, 2011). 따라서 주체들 중 어느 하나의 부분적 권리나 책임에서 발생되는 갈등이나 강압적인 요구는 아동에게 어려움을 일으킬 수 있다. 그렇기 때문에 균형과 각 주체들의 역할과 영역들의 유기적인 관계가 무엇보다 중요하다고 볼 수 있다. 각 주체들의 권리와 책임을 설명하면 다음과 같다.

(1) 아동의 권리와 책임

아동은 부모와 관계없이 한 인간으로서 누려야 할 권리인 인권을 가지고 태어났다. 아동은 생존하고 발달하기 위한 의식주와 건강하고 위생적인 삶을 위해 의료서비스를 제공받으며, 잠재능력 발휘를 위한 교육적이고 문화적인 생활을 누릴 권리를 가지고 있다.

한편 아동은 권리를 가지고 있으면서 또한 책임도 있다. 아동은 자신의 발달을 스스로 향상시키고 노력을 해야 하며 양육에 있어서 성인들이 합리적으로 요구하는 것과 기대, 즉 책임지고 있는 성인들의 분명한 기대를 충족하고, 합리적 요구에 대한 수용과 자발적인 활동 및 계획, 참여 그리고 자기발전 기회에의 적극적인 활동에 대한 책임의식을 가져야 한다.

➡ 법적 절차, 법정의 접근, 보호, 비밀보장, 생활권, 자유권, 행복추구권, 참여권 등

(2) 부모의 권리와 책임

아동양육에 있어서 일차적으로 권리와 책임이 있는 부모는 전반적인 아동의 생활환경을 마련하고 일반적인 상호작용을 통해서 아동이 적극적으로 발달할 수 있도록 적극으로 도와야 한다. 그리고 자녀에 대한 후견의 권리를 가지면서 동시에 인격발달을 위한 행동 및 생활양식의 기준을 결정해야 한다. 부모는 아동이 생활하는 양식과 행동의 기준을 결정할 권리를 가지고 있으며 동시에 아동을 사회에 필요한 올바른 인간으로 양육할 의무가 있고 아동이 사회적으로 행동하는 것에 대해 책임을 진다. 좋은 교육, 건강을 위한 보호, 의료적 및 재정적 지원 등의 책임을 져야 하는 것이다.

➡ 중요한 결정을 할 부모의 책임 : 의료적인 치료에의 동의, 군 복무, 결혼 등

(3) 사회와 국가의 권리와 책임

사회 및 국가는 국민들의 의사를 적극 수렴하여 아동복지의 방향과 실제를 결정하는 주체라 할 수 있다. 따라서 아동복지정책의 개발을 위한 입법 권한을 가지며, 아동문제의

대책을 실제적으로 수행할 권리와 책임을 지게 된다. 사회 및 국가는 아동의 인간다운 생활을 보장하기 위해서 아동들에게 보호와 해택을 제공할 수 있어야 하며, 부모의 보호가 법이 정한 바의 기준 이하인 부모와 자녀에게 개입하여 가정위탁보호 및 시설보호 등의 서비스가 제공될 수 있도록 책임을 다해야 한다. 만일 부모의 양육 의무가 제대로 수행되지 못했을 때는 가정위탁보호나 아동생활시설에서의 보호가 이루어지도록 한다.

- 학대, 유기로부터 보호, 모든 정부 입법행위 기초(양육관계 조정, 입양특례법, 소년에 대한 비행법), 미성년 권리에 대한 규제(아동 대상 노동 및 의무교육, 성매매 관련 등 성적 이용, 아동 포르노그래피, 알코올 약물 남용)
  또한 아동의 교육권은 의무교육을 통해서 보장하고 통제력으로 유해환경 속으로부터 아동을 보호한다.
- 아동에게 술, 담배를 파는 행위와 미성년자 출입을 금지하는 등 법(지나치게 개입하여 자율적 활동과 참여적 정신을 저해하는 일의 발생 주의)

2) 보편성과 선별성의 원칙

보편성과 선별성은 예방과 치료의 개념으로 설명될 수 있다. 보편성의 원칙은 일반아동을 대상으로 하는 포괄적이고 기회균등적인 제도로서 아동복지의 예방적인 성격을 포함한다. 반면 특수아동이라는 대상에게 보충적이고 열등처우적인 서비스를 제공하는 것을 의미하는 선별성의 원칙은 이미 발생된 사회문제를 사후 처리하는 치료적인 개념으로 잔여적 복지의 성격을 나타낸다. 과거 우리나라 아동복지는 선별성의 시각에서 협의적이며 요보호 대상을 위한 대책이 주로 시행되어 왔으나, 2004년 개정된 아동복지법에서는 일반아동 전체를 대상으로 예방성을 포함하는 보편적인 제도적 기능을 수행하는 방향으로 지향되었다. 향후 아동복지는 가족제도, 의료제도, 고용제도, 사회보장제도 등 다양한 영역에서 더욱더 보편적인 측면의 제도를 구비하고 보다 질적으로 우수한 서비스를 제공해야 한다.

(1) 보편성의 원칙

모든 아동을 평등이념이나 일반 조세를 통한 재정 지원 등의 대상으로 하는 종합적이고 포괄적이며 균등적인 기회 개념에 기반을 둔 원칙이다.

➡ 아동양육에 필요한 최저 소득의 보장, 기본적인 의료의 조치, 아동수당[2022년 4월 모든 만 8세 미만(0~95개월) 아동에게 매월 10만 원 수당 지급], 국민보건서비스, 가족수당, 무상의무교육 등

(2) 선별성의 원칙

특정 요보호아동을 대상으로 하는 보충적인 사업으로 여러 조건이나 기준에 의해서 아동복지사업의 대상이 제한되는 열등처우적인 원칙이다. 선별성은 시혜적이고 일시적・보충적・잔여적 성격이 강하며, 우리나라는 보완적 개념으로 특수한 대상을 위해서만 대책을 세우는 편이다.

➡ 아동복지의 대상이 부모가 양육책임이 어렵거나 거의 불가능한 요보호아동으로 특수교육 대상자에 대한 무상교육, 저소득층 및 맞벌이 부부 자녀의 무상보육 등

3) 개발성의 원칙

아동이 가지고 있는 능력을 최대한으로 발휘할 수 있도록 지원하는 원칙인 개발성은 모든 아동에게 적용되지만, 특히 발달에 있어서 개인차를 가진 아동이나 우수한 아동이 주요 대상이 된다. 아동복지는 문제아동의 변화를 유도하는 사회복지의 주요 기능인 개발적 기능에 큰 의미를 두고 있다. 이러한 개발적 기능은 제도적인 변화를 가져올 뿐만 아니라 국가 전체의 욕구와 관련된 문제를 해결하기 위한 경제 및 사회개발의 제조건들을 향상시키고 창조하는 기능을 수행한다. 사회적으로 소외된 아동을 대상으로 하는 것이 아니라, 국가의 발전을 위해서 능동적으로 참여하는 등의 활동을 할 수 있도록 다양한 기회를 제공함으로써 건전한 성장을 도모할 수 있도록 특별히 관심을 가지는 것이다.

➲ 경제적 성장, 변화와 발전에 대한 인적자원으로의 참여, 사회계획, 지도자 개발, 기관 및 집단 간 조정 및 협조 향상, 직원의 훈련과 감독 관여, 장애아동 대상 직업재활, 빈곤가정 아동 대상 직업훈련 등의 개발적 기능 적극적으로 수행

4) 개별성과 포괄성의 원칙

(1) 개별성의 원칙

개별성은 아동을 독립된 인격체로 보며 개인적 특성을 고려하는 원칙으로, 같은 문제를 가진 아동이라도 처한 상황을 그대로 받아들이며, 각각 개인의 특성에 맞게 접근해야 한다.

➲ 동일한 유형의 비행아동이나 같은 ADHD(주의력 결핍 과잉행동장애) 등의 진단을 받은 아동이라도 어떤 아동은 행동수정 치료방법으로, 어떤 아동은 정신분석적 치료방법으로 접근

(2) 포괄성의 원칙

포괄성 또는 종합성의 원칙은 아동과 관련된 문제들은 대부분 복합적인 경우가 많으므로 종합적으로 접근해야 한다는 원칙으로 유기적 관계의 특성을 가진다. 한 영역의 결손은 다른 영역에 영향을 미치기 때문에 건강한 성장과 발달을 이룰 수 있도록 의료재활, 교육재활, 심리재활, 직업재활 등을 종합적으로 제공해야 한다.

아동복지는 안정된 가정생활과 경제적인 지지, 교육의 기회, 건강유지, 오락 및 문화 활동, 특별한 욕구에 대한 보조 등의 프로그램이나 서비스가 포괄적으로 아동에게 제공되어야 한다는 기본 전제를 가진다. 아동복지 프로그램은 일부 서비스 제공만으로는 아동문제가 완전히 해결될 수 없기 때문에 전체적으로 제공되어야 한다. 그렇기 때문에 아동복지사업은 복잡하고 다양한 아동문제를 다룰 수 있는 서비스의 통합성이 요구되며, 어떤 영역에서든지 서로 간의 요청 및 협조, 조정, 중재, 보완, 수정 등으로 아동의 전인적인 특성을 살려야 한다.

➲ 아동학대의 경우 학대발생 요인을 파악하여 포괄적인 통합서비스 제공

5) 전문성의 원칙

아동복지의 전문성은 현대사회가 산업화, 도시화, 정보화 사회로 변화됨에 따라 점차 그 필요성이 요구되면서, 가사도우미 활동이나 자원봉사자 활동만으로서는 당면한 아동문제를 쉽게 해결할 수가 없다. 그렇기 때문에 인간발달을 이해하고 아동의 욕구 충족과 관련한 전문적인 지식과 아동복지 프로그램을 기획, 실천할 수 있는 전문성을 갖춘 인력이 요청되고 있다. 따라서 아동복지사업의 효율적인 전개를 위해서 교육학, 아동학, 사회복지, 아동복지, 보육, 심리, 상담 등을 이수한 전문인력의 활동이 반영되어야 한다. 또한 아동전문직의 리더십을 위해 정부수준의 강력하고 체계적인 교육과 훈련을 통한 전문가 양성이 이루어져야 하며 사업의 성공적인 결과를 낼 수 있도록 노력해야 한다(권육상, 2004; 김익균, 2011).

➲ 방과 후 프로그램의 경우 사설기관보다 아동 관련 전문가 및 전문기관에서 이루어져야 함

2. 아동복지의 전제조건

1) 아동복지의 지표와 전제조건에 대한 학자들의 의견

아동의 권리로 중요시되는 기본적 조건인 전제조건은 아동복지를 실천함에 있어서 반드시 수반되어야 한다. 아동복지를 위한 조건들은 아동이 건강하고 안전하며, 행복하게 양육되는 데 필수조건이기 때문에 결코 결핍되지 않도록 전제되어야 한다.

아동복지가 이루어지기 위해서는 아동의 건강하고 바람직한 성장과 발달에 알맞은 욕구가 충족되어 아동이 가지고 태어난 기질과 잠재능력을 최대한 발휘될 수 있도록 뒷받침과 환경 등의 기본 요소가 마련되어야 한다. 이는 아동의 삶의 질에 상당한 영향을 줄 수 있다. 아동복지모듈의 자료를 활용하여 발간한 OECD 보고서(2015)에 따르면, 지표의 성격에 따라 투입, 맥락, 성과로 구성되어 있으며, 이 세 가지 영역을 통해 선진국의 아동복지

수준을 점검하고 아동의 삶의 질을 제시하고자 하였다. 〈표 5-1〉에서와 같이 첫 번째, 투입은 아동과 연관하여 투입하는 자원에 의해 측정될 수 있으며, 아동의 연령에 따른 공공지출로 파악하여 정책과 지출 두 가지의 세부영역으로 구분되어 있다. 두 번째, 맥락은 각 나라의 아동이 살아가고 있는 환경을 파악할 수 있는 영역으로 인구사회학적, 가족 및 학교, 지역사회 상황을 측정한다. 세 번째, 성과 영역은 5개의 세부영역인 건강 및 안전, 물질적 복지 및 경제적 안전, 교육적 복지, 행동 및 위험, 사회적·경제적 및 시민참여로 구분하고 있다(이주연, 2016).

〈표 5-1〉 OECD 아동복지모듈의 지표 체계

영 역	세부영역	측정지표
투 입	정책	
	지출	아동의 연령에 따른 공공지출
맥 락	사회인구학적 맥락	
	가족적 맥락	아동과 함께하는 부모의 시간
	학교 및 지역사회 맥락	• 특별한 교육적 도움이 필요한 아동 • 아동인구 트렌드
성 과	건강 및 안전	• 영아사망률 • 출생 시 기대수명 • 저체중 출생 • 아동기 예방접종률 • 모유 수유율 • 당뇨 유병률
	물질적 복지 및 경제적 안전	아동 빈곤율
	교육적 복지	• 15세 문해점수 • 15세 교육결핍
	행동 및 위험	10대 자살률
	사회적·경제적 및 시민참여	• 청소년의 자원봉사활동 참여율 • 생애 최초 투표참여율 • 교육이나 취업에 참여하지 않는 청소년(Not in Employment, Education, or Training)

출처 : OECD(2015). How's life? 2015 Measuring Well-being, 99, 142-143.

아동복지의 전제조건에 대해 관련법과 여러 학자들이 제시한 다양한 전제조건들이 있으며, 이들 간에는 어느 정도의 공통점이 있다. 이를 정리하면 〈표 5-2〉와 같다.

〈표 5-2〉 아동복지의 전제조건

관련법 및 학자	아동복지의 전제조건 내용
프레드릭슨과 멀리건 (Fredericksen & Mulligan, 1972)	계몽, 경제적 안정감, 보건시설 증진, 종교와 교육, 놀이, 노동착취 해방, 특수한 욕구대상 보호, 안전과 강화
아동복지법(1981)	보호, 양육, 사회생활 적응, 건전한 정서생활 유지, 아동학대 예방
어린이헌장(1988)	가정보호, 영양, 질병의 예방과 치료, 차별 없는 교육, 문화, 놀이와 오락, 유해 및 학대로부터 보호, 장애아동에 관한 보호
유엔아동권리국제협약(1989)	신체적·정신적 발달, 빈곤으로부터 보호, 요보호아동의 특별 지원, 위험으로부터 보호, 착취로부터 보호, 의무교육
미국사회복지대백과사전(1995)	가족생활, 부모의 보호, 안정된 가정경제, 주택, 건강과 의료보호, 교육, 유희나 교우, 윤리적 표준, 이념과 가치, 교육적·직업적 지도, 법적 보호
엘렌 케이(Ellen Key, 1909)	생명, 보건, 적절한 주거, 교육, 노동으로부터의 자유, 건전한 여가 활동, 공공부조에 대한 권리
페코라, 휘테커, 마루치오, 바스와 프로트닉 (Pecora, Whittaker, Maluccio, Barth & Plotnick, 2000)	• 아동발달 측면(건강, 정서와 행동 발달, 정체성, 사회 및 가족관계, 사회적 발현, 자기 돌봄 기술, 교육) • 부모양육 차원(기본 보호, 안전보장, 정서 및 온정, 격려와 지도감독, 안정) • 가족 및 환경요인(지역사회의 자원, 가족의 사회통합, 고용 및 소득, 주택, 확대가족, 가족기능)
장인협·오정수(2001)	안정된 가정생활, 경제적 안정, 보건 및 의료보호, 교육, 노동, 오락, 특수보호
공계순·박현선·오승환· 이상균·이현주(2008)	가정과 부모, 경제적인 안정과 보건, 교육, 놀이와 여가, 노동으로부터 보호, 특수아동 보호
이은화·이경우·유희정· 문미옥·조한숙(2011)	안정된 가정생활, 경제적 안정, 보건, 교육, 놀이, 노동 착취로부터 보호, 특수보호

출처 : 공계순 외(2013).

(1) 프레드릭슨과 멀리건(Fredericksen & Mulligan, 1972)의 아동복지의 전제조건

프레드릭슨과 멀리건(Fredericksen & Mulligan)은 아동복지의 전제조건으로 부모에게 새롭고 바른 지식을 깨우쳐 주는 계몽, 경제적인 안정감, 몸과 마음에 대한 보건시설의 증진, 종교와 교육, 놀이, 위험하고 해로운 노동착취에서의 해방, 특별한 요구가 있는 아동대상의 보호서비스, 가정생활에서의 안전과 강화 등을 제시하였다.

(2) 아동복지법(1981)에서의 아동복지 전제조건

1961년 아동복리법으로 시행되었던 아동복지법은 1981년 법률명이 전문개정되었고, 2000년에 전문 43조와 부칙 4조로 된 법이다. 여기에서는 보호와 양육, 사회생활 적응을 위한 육성, 건전한 정서생활 유지, 아동학대 예방 등의 내용을 제시하고 있다.

(3) 어린이헌장(1988)에서의 아동복지의 전제조건

1957년 발표된 어린이헌장은 9개항의 전문과 본문으로 제정되었는데, 전문에는 "어린이는 나라와 겨레의 앞날을 이어 나갈 새 사람이므로 그들의 몸과 마음을 귀히 여겨 옳고 아름답고 씩씩하게 자라도록 힘써야 한다"로 되어있다. 1988년 재개정된 전문에는 "어린이날의 참뜻을 바탕으로 하여 모든 어린이가 차별 없이 인간으로서의 존엄성을 지니고 나라의 앞날을 이어나갈 새 사람으로 존중되며 아름답고 씩씩하게 자라도록 함을 길잡이로 삼는다"라고 되어있으며, 더불어 본문에서는 어린이는 건전하게 태어나 따뜻한 가정에서 사랑 속에 자라야 하며, 고른 영양 섭취와 질병 예방과 치료, 위생적인 환경에서 살아야 하고, 좋은 교육시설에서 개인의 능력과 소질에 따른 교육을 받을 권리를 가진다고 하였다. 또한 빛나는 우리 문화를 이어받아, 창조하고 전개해 나가는 힘을 길러야 하며, 유익한 놀이와 오락을 위한 시설 및 공간을 제공하고, 해로운 사회 환경과 위험으로부터 보호하며, 학대를 받거나 버림을 당해서는 안 되고, 힘겨운 노동 착취에 이용되지 않아야 한다고 하였다. 민주시민으로서의 성장, 장애아동인 경우, 필요한 교육과 치료받기, 인류의 평화에 이바지할 수 있는 세계인으로서의 성장 등의 내용도 제시하고 있다[위키백과, 우리 모두의 백과사전; 보건복지부(1988). 어린이 헌장 재개정 발표].

(4) 유엔아동권리국제협약(1989)에서의 아동복지의 전제조건

아동권리협약은 총 54개 조항으로 구성되어 있고, 아동의 기본적인 권리내용을 담고 있다. 그 내용으로는 차별로부터 모든 아동 보호, 생존과 발달 보장, 적절한 생활수준과 안전한 주거지, 영양 섭취와 기본적인 보건서비스, 불합리적인 형사처분과 아동에게 주어지는 과중한 노동 등 모든 유형의 학대와 방임에서 보호, 교육, 문화생활 등의 여가 누리기, 종교의 자유 등을 제시하고 있다.[1]

(5) 미국 사회복지대백과사전(1995)[2]에서의 아동복지의 전제조건

아동기의 기본 조건으로 가족생활, 부모의 보호, 적절하고 안정된 가정경제와 주택, 건강 및 의료보호, 교육, 유희나 또래관계, 윤리적 기준, 이념과 가치, 교육・직업 지도, 법적인 보호장치 등으로 설명하였다.

(6) 엘렌 케이(Ellen Key, 1909)의 아동복지의 전제조건

엘렌 케이(Ellen Key)는 아동복지의 전제조건으로 아동중심적이며 생활중심적인 교육, 아동의 특성과 욕구 충족, 자연스러운 성장을 돕는 교육과정, 아동의 각 발달단계에 맞추어 훌륭하고 만족스럽게 생활하는 과정이라 설명하였다. 또한 모든 아동은 생명, 보건, 적절한 주거, 교육, 노동으로부터의 자유, 건전한 여가활동, 필요한 경우 공공부조에 대한 권리까지도 보장해 주어야 함을 강조하였다(김연진・이상희, 2014).

---

1 다음 백과(100.daum.net/encyclopedia).

2 사회복지대백과사전 : 미국사회복지사협회(NASW : National Association of Social Workers)에서 1995년 19판 원전으로 출판한 것으로 미국 사회복지 영역의 분야별 논문으로 구성되어 사회복지 전공자에게 좋은 지침서가 되고 있다.

(7) 페코라 등(Pecora, Whittaker, Maluccio, Barth & Plotnick, 2000)의 아동복지의 전제조건

페코라(Pecora) 등은 『아동복지의 난제(The Child Welfare of Challenge)』에서 건강, 정서와 행동발달, 정체성, 사회 및 가족관계, 사회적 발현, 자기돌봄 기술, 교육 등의 아동발달 측면과 부모양육 차원인 기본 보호, 안전보장, 정서 및 온정, 격려와 지도・감독, 안정 그리고 가족 및 환경요인으로 지역사회의 자원, 가족의 사회통합, 고용 및 소득, 주택, 확대가족, 가족기능을 아동복지의 전제조건으로 설명하였다.

(8) 장인협과 오정수(2001)의 아동복지의 전제조건

안정적인 가정생활, 경제적 안정, 보건 및 의료보호, 교육, 노동, 오락 및 유희, 특수보호 등을 아동복지의 전제조건으로 제시하였다.

(9) 공계순, 박현선, 오승환, 이상균, 이현주(2008)의 아동복지 전제조건

공계순 등의 아동복지론에서는 가정과 부모, 경제적인 안정과 보건, 교육, 놀이와 여가, 노동으로부터 보호, 특수아동 보호를 아동복지 전제요건으로 설명하였다.

(10) 이은화, 이경우, 유희정, 문미옥, 조한숙(2011)의 아동복지 전제조건

유아를 위한 복지의 이론과 실제에서 안정된 가정생활, 경제적인 안정, 보건 또는 건강, 교육, 놀이 또는 유희, 노동 착취로부터 보호, 특수보호를 아동복지 전제조건으로 제시하였다.

2) 아동복지의 전제조건 세부내용

아동복지 관련법과 여러 학자들이 제시한 아동복지의 전제조건을 살펴보았다. 이를 토대로 공통적인 아동복지의 전제조건을 종합하면, 가정(가정생활과 부모), 경제(소득, 안정), 교육, 건강(보건, 의료), 놀이(여가, 문화 활동), 노동, 특수아동 보호이다. 이에 대한 세부내용은 다음과 같다.

(1) 가정

아동에게 있어서 가장 적합하고 필요한 환경은 가정이다. 이 때문에 아동복지의 서비스도 재가복지를 추구하며, 아동중심-가족중심 관점에서 접근한다. 안정된 생활과 욕구충족을 위한 부모의 역할이 이루어지는 곳이 가정이라 할 수 있다. 아동학대 등의 이류로 아동이 절대 머물 수 없는 경우가 아니면 아동을 가정에서 분리하는 일은 없어야 한다. 만일 가정이 불안정하거나 부모가 부재한다면, 반드시 아동에게 가정을 마련해 주어야 한다.

과거의 전통가족에 비해 오늘날의 가정은 아동의 양육과 교육을 위한 자원 동원이 부족하고, 가계가 불안정하거나 주거환경이 더욱 취약해기기 때문에, 건강한 가정은 아동복지의 전제조건으로 우선시되어야 한다. 바람직한 부모역할을 하는 안정된 가정생활이야말로 아동복지의 기본 조건이며, 아동복지 실현에 가장 중요한 요건이라 할 수 있다. 가정에서는 성장하는 아동에게 최소한의 물질적·심리적·정서적 욕구가 충족됨으로써 안정감을 줄 수 있어야 하며, 결핍과 결손으로 인한 가족에게는 부모의 역할이 잘 수행될 수 있도록 가족정책이나 가족복지서비스를 제공함으로써 가정이 건강하도록 국가 차원에서 보호하고 강화되어야 한다.

(2) 경제

자본주의 사회에 있어서 빈곤과 실업의 발생은 흔한 사회문제라 할 수 있다. 「아동의 빈곤예방 및 지원 등에 관한 법률」에 따르면, 빈곤아동은 복지, 교육, 문화 영역에서의 벌어진 계층 간의 차이를 해소하기 위해 지원이 필요한 아동을 뜻한다. 그 대상에는 기초생활수급자 등의 빈곤아동, 한부모가족 및 미혼모의 아동, 다문화가족 아동, 학대받은 아동 등이 해당되며, 국제연합아동기금(유니세프) 등 국제기준과 아동복지법에 따라 만 18세 미만의 연령 기준으로 포함된다. 신체적·정서적·사회적 발달과정상의 아동기 빈곤은 경제 및 사회적 기회 균등을 무너뜨릴 가능성이 높고 빈곤 대물림 등 사회적 비용을 증가시키는 요인이 된다.

가정에서의 안정을 도모하기 위해서는 물질적 욕구도 반드시 충족되어야 한다. 인간의 기본 욕구에서 생리적 욕구(의 · 식 · 주)와 관련한 문제는 아동의 발달에 많은 영향을 미친다. 경제적으로 불안정한 환경은 아동의 건강한 발달을 방해할 수 있으며, 아동을 불안한 거주환경에 놓이게 한다. 경제적 불안정은 아동의 기본적인 욕구를 충족하지 못하여 건강한 성장과 발달에 장애 요인이 될 수 있다. 또한 아동의 정신적 · 신체적 건강뿐만 아니라 교육의 기회조차 빼앗게 되어 아동의 지능과 같은 인지적 발달이나 정서발달에 큰 걸림돌이 되기 쉽다. 따라서 국가는 빈곤에 처한 문제를 해결할 수 있는 총체적인 복지대안을 마련해야 한다. 예를 들면, 빈곤가족을 대상으로 취업 관련 교육 및 훈련과 취업연계 등을 통해 고용의 기회를 확대하여 빈곤의 굴레에서 벗어나도록 지원해야 하며, 빈곤가정의 아동들을 위한 공공부조, 다양한 사회보험 혜택, 맞춤형 아동수당 등을 통해 경제적 안정 속에서 성장 및 발달하도록 지원해야 한다.

|그림 5-2| 국제연합아동기금(United Nations Children's Fund)[3]

3 1946년 12월 국제연합총회의 결의에 따라 전쟁 피해 아동과 청소년들의 구호를 위해 설립된 기구로서, 유니세프라고도 한다.

(3) 교육

헌법 제31조 제1항에 따르면, 교육의 권리란 모든 국민이 능력에 따라 균등하게 교육을 받을 권리를 말한다. 이 권리는 자격과 학력 기준 이행에 해당되는 대상자가 주로 경제적·지역적·시간적 이유로 교육을 받을 수 없는 경우 국가를 상대로 교육에 대한 청구를 할 수 있고, 국가는 이러한 요청에 적극적인 의무를 져야 한다는 것을 의미한다. 그렇기 때문에 교육의 권리는 '교육의 기회균등의 원칙'이 실제로 침해되어 손해를 끼친 초기 민주주의 국가에서는 요구되기 어려웠던 현대적이고 복지적이며 선진화된 수익권의 하나라 할 수 있다. 그리고 포괄적인 무상교육제도·학비보조제도·학비대여 및 장학제도의 채택은 물론, 학교를 지역적·특징적 영역별로 공정하게 배치할 것과 일·학습을 병행하고자 하는 대상자의 배움을 위하여 야간 및 시간제의 특별한 교육방법을 강구할 것 등의 다양하고 적극적인 수단은 교육의 권리가 실제적인 효과를 낼 수 있기 위해서 필요하다고 볼 수 있다. 이에 헌법은 교육받을 권리에 대한 제도적 효과를 뒷받침하기 위하여 보호자의 교육을 병행할 의무, 무상의무교육, 교육의 자주성·전문성, 정치적 중립성 및 대학 자율성의 보장, 평생교육의 진흥, 교육제도의 법률주의 등을 규정하고 있다.

교육의 의무란 모든 국민이 그 보호하는 자녀에게 적어도 초등교육과 법률이 정하는 교육을 받게 할 의무를 말한다(헌법 제31조 제2항). 이 의무는 권위를 가진 전통적 가치관이나 체제는 사회안정적이긴 하지만 동시에 긍정적 사회로의 변화까지 문제적인 것으로 보기 때문에 이러한 가치관이나 체제를 혁신해야만 발전된 사회로 나아간다고 보는 진보적 사상에 입각하여 국민의 교육수준을 향상시킴으로써 국민 개인의 지적 능력의 증대를 기대함과 동시에, 국위선양을 도모하고 나아가서는 인류문화 발전에 이바지한다는 본질적인 목적을 가지고 있다. 그리고 이러한 의무교육은 무상이며(법률용어사전, 2015), 헌법에 따라 모든 국민은 능력에 맞는 균등한 교육을 받을 권리를 가진다.

1815~1930년 사이에 독일의 각 주(州) 헌법에서 교육의 권리를 처음 규정하게 되었으며,

뒤를 이어 1830년 벨기에 헌법[4]과 1919년 독일 바이마르헌법[5] 등을 비롯한 각국의 헌법에서 교육의 권리를 규정하고 있다. 교육받을 권리는 교육에 대한 국가의 억압을 받지 않을 자유권적 특징과 교육에 대한 국가의 적극적 이행을 요구할 수 있는 생존권적 특징을 가진다.

헌법에서 규정하는 교육받을 권리에 대한 구체적인 내용은 다음과 같다.

① 능력에 따라 교육받을 권리

이는 인종 · 성별 · 신앙 · 사회적 신분 및 재산 · 가정환경 등에 차별을 받지 않고 오직 정신적 · 육체적 능력에 따라 교육받을 권리이다. 그러나 정신적 · 육체적 능력이 부족한 자에 대하여도 적절한 교육의 기회를 부여하도록 노력해야 한다.

② 균등하게 교육받을 권리

이는 법 앞의 평등원칙을 교육적 측면에서 구체화한 것이다. 따라서 국민은 자신의 성별 · 종교 또는 사회적 신분으로 교육상의 어떠한 차별도 받지 않는다. 능력에 따라 균등하게 교육받을 권리는 단지 국가가 소극적으로 교육에 있어서 차별대우하지 않을 것을 의미할 뿐만 아니라, 교육의 기회가 실질적으로 균등하게 될 수 있도록 국가가 적극적 배려를 할 것을 의미한다.

③ 교육받을 권리

권리보장의 범위는 학교교육이 가장 중요하지만, 그 밖에 평생교육으로 사회교육 · 가정교육 · 공민교육 등이 있다. 이를 위해 헌법은 특히 국가의 평생교육 진흥의 의무를 규정하고 있다(한국민족문화대백과사전, 한국학중앙연구원본).

---

4 레오폴드 1세(Leopold Ⅰ)는 벨기에 초대 국왕으로서, 근대적이며 자유주의적인 헌법을 채택하였고, 벨기에의 산업과 교육을 부흥시킴으로써 근대국가의 기반을 다져놓았다(terms.naver.com).

5 바이마르 헌법은 제1차 세계대전에서 패한 독일이 독일 공화국으로 거듭나면서 제정한 헌법이다. 바이마르에서 열린 국민의회에서 이를 통과시켰고(1919년 8월), 나치스가 정권을 장악한 1933년까지 효력을 발휘했다. 바이마르 헌법은 생존권적 기본권(사회권)을 규정한 민주주의 헌법의 전형으로서 사회 민주주의에 기반을 두었으며, 이후 다른 나라들의 헌법제정에 많은 영향을 끼치게 되었다(www.doopedia.co.kr).

교육은 아동의 성장과 발달에 지대한 영향을 주는 다양한 지식 및 자원을 제공하여 균형된 성장을 하도록 안내한다. 아동의 성장, 발달을 위한 교육의 기회가 제공되지 않을 경우 아동의 욕구가 충족되지 않을 뿐만 아니라 사회적으로도 능력과 자질을 겸비한 인적자원이 턱없이 부족하게 되는 원인이 된다. 이 때문에 미국은 교육 기반의 헤드 스타트 조기개입 프로그램을 통해 교육의 기회를 균등하게 제공함으로써 빈곤의 악순환을 제거하고자 하였다.

(4) 건강(보건 및 의료)

세계인권선언 제25조에 따르면, 모든 사람은 자신과 가족의 건강과 웰빙에 적합한 생활수준을 누릴 권리를 가진다. 이러한 권리에는 음식, 의류, 주거, 의료, 그리고 생활에 요구되는 사회서비스 등을 누릴 권리가 포함된다. 또한 실직했거나, 질병에 감염되었거나, 장애를 가지게 되었거나, 배우자와의 사별이나, 나이가 많이 들었거나, 그 밖에 자신의 힘으로 재기할 수 없는 상황에 놓여 살길이 막막한 모든 사람은 국가나 사회로부터 생계에 대한 최저 보장을 받을 권리를 가진다. 자식을 양육해야 하는 모(母), 그리고 어린이와 청소년은 사회로부터 특별한 보살핌과 지원을 받을 자격이 된다. 모든 어린이와 청소년은 그 부모가 결혼이라는 제도에서 출생했든, 미혼인 상태에서 태어났든 상관없이 모두 균등한 사회적 보호를 누릴 수 있어야 한다.

우리나라의 아동복지법 제1조에도 아동의 건강 보호를 강조하고 있는데, "아동이 건강하게 출생하여 행복하고 안전하게 자랄 수 있도록 아동의 복지를 보장하는 것을 목적으로 한다"고 규정하고 있다.

아동의 건강이란 어머니의 영양, 질병, 스트레스와 같은 심리·정서적 상태에 따라 영향을 받는다. 따라서 건강한 아동의 탄생을 위해서는 태내에서부터 모자보건을 위한 대책과 양육 관련 교육에 대한 안내가 마련되어야 하며, 특히 경제적 어려움, 산모의 고위험군 연령과 정서, 약물오용, 환경오염 등으로 산모와 아동의 건강상황이 걱정되는 미혼모나 임산부, 아동과 같은 대상에 대해서는 특별한 보호와 지도가 필요하다. 아동이 성장하는 동안 균형적인 발육의 증진과 질병의 조기발견과 치료를 위해서 주기적인 건강검진과 예방접종이 이루어지도록 해야 하며, 교육 및 보육기관에서는 위생과 보건시설을 기본적으로 마련해야 한다.

아동의 건강의 영역에는 신체적 건강과 더불어 정신적, 정서적, 심리사회적 건강도 매우 중요하다. 따라서 타고난 아동의 기질에 따라 자신과 타인을 있는 그대로 받아들여야 하고, 사고와 정서, 행동적인 측면에서 자율성과 통합성을 가지고 생활할 수 있도록 도와주어야 하는 것이다. 만일 아동에게 문제행동과 정신병리가 있다면 조기에 발견하여 최적의 시점에 전문적인 도움과 지원을 받는 복지서비스 기관이 정책적이면서 시스템적으로 활성화되어야 한다.

영유아 건강검진[6]

생후 4개월부터 생후 71개월까지의 영유아를 대상으로 하는 단계별 건강검진 프로그램으로 영유아의 성장과 발달 특성을 고려한 프로그램이다.

영유아 건강검진표는 공단에서 직장가입자 및 세대주 주민등록주소지로 우편 발송되고 있으며 전국 영유아 검진기관에서 검진을 받을 수 있다. 결과는 검진 완료 후 수검자의 보호자에게 직접 통보하고, 건강보험가입자는 공단 전액 부담이며, 의료급여수급권자도 국가 및 지방자치단체 부담으로 본인부담은 전혀 없다.

〈영유아 건강검진 안내문〉

검진시기	검진항목	검진방법	어린이 표준국가예방접종 일정 안내
1차 생후 14~35일	문진 및 진찰	문진표, 진찰, 청각 및 시각문진, 시각검사	– B형간염(HepB) 1차: 출생 시 – BCG 1회: 출생시~생후 1개월이내 – B형간염(HepB) 2차: 생후 1개월
	신체계측	키, 몸무게, 머리둘레	
	건강교육	영양, 수면, 안전사고예방	
2차 생후 4~6개월	문진 및 진찰	문진표, 진찰, 청각 및 시각문진, 시각검사	– B형간염(HepB) 3차: 생후 6개월 – 디프테리아/파상풍/백일해(DTaP): 1차(생후 2개월), 2차(생후 4개월), 3차(생후 6개월) – 폴리오(IPV): 1차(생후 2개월), 2차(생후 4개월), 3차(생후 6~18개월) – b형헤모필루스인플루엔자(Hib), 폐렴구균(PCV): 1차(생후 2개월), 2차(생후 4개월), 3차(생후 6개월)
	신체계측	키, 몸무게, 머리둘레	
	건강교육	안전사고예방, 영양, 수면, 전자미디어노출	
3차 생후 9~12개월	문진 및 진찰	문진표, 진찰, 청각 및 시각문진, 시각검사	– 홍역/유행성이하선염/풍진(MMR): 1차(생후 12~15개월) – 수두(VAR): 1차(생후 12~15개월) – b형헤모필루스인플루엔자(Hib), 폐렴구균(PCV): 4차(생후 12~15개월) – 일본뇌염 불활성화 백신(IJEV) 1~2차(생후 12~23개월) 또는 일본뇌염 약독화 생백신(LJEV) 1차(생후 12~23개월) – A형간염(HepA): 1차(생후 12개월~23개월)
	신체계측	키, 몸무게, 머리둘레	
	발달평가 및 상담	검사도구에 의한 평가 및 상담	
	건강교육	안전사고예방, 영양, 구강, 정서 및 사회성	

6 국민건강보험 건강iN(https://www.nhis.or.kr/nhis/healthin/wbhaca04800m01.do).

차수	항목	내용	예방접종
4차 생후 18~24개월	문진 및 진찰	문진표, 진찰, 청각 및 시각문진, 시각검사	- 디프테리아/파상풍/백일해(DTaP): 4차(생후 15~18개월) - 일본뇌염 불활성화 백신(JEV) 3차(생후 24~35개월) 또는 일본뇌염 약독화 생백신(LJEV) 2차(생후 24~35개월) - A형간염(HepA): 2차(생후 18개월~23개월)
	신체계측	키, 몸무게, 머리둘레	
	발달평가 및 상담	검사도구에 의한 평가 및 상담	
	건강교육	안전사고예방, 영양, 대소변 가리기, 전자미디어노출, 개인위생	
	★ 구강검진(생후 18~29개월) 문진표, 진찰, 구강보건교육 등		
5차 생후 30~36개월	문진 및 진찰	문진표, 진찰, 청각 및 시각문진	
	신체계측	키, 몸무게, 머리둘레, 체질량지수	
	발달평가 및 상담	검사도구에 의한 평가 및 상담	
	건강교육	영양, 정서 및 사회성, 취학전 준비, 대소변 가리기	
	★ 구강검진(생후 30~41개월) 문진표, 진찰, 구강보건교육 등		
6차 생후 42~48개월	문진 및 진찰	문진표, 진찰, 청각 및 시각문진, 시력검사	
	신체계측	키, 몸무게, 머리둘레, 체질량지수	
	발달평가 및 상담	검사도구에 의한 평가 및 상담	
	건강교육	안전사고예방, 영양	
	★ 구강검진(생후 42~53개월) 문진표, 진찰, 구강보건교육 등		
7차 생후 54~60개월	문진 및 진찰	문진표, 진찰, 청각 및 시각문진, 시력검사	- 디프테리아/파상풍/백일해(DTaP): 5차(만 4~6세) - 폴리오(IPV): 4차(만 4~6세) - 홍역/유행성이하선염/풍진(MMR): 2차(만 4~6세)
	신체계측	키, 몸무게, 머리둘레, 체질량지수	
	발달평가 및 상담	검사도구에 의한 평가 및 상담	
	건강교육	안전사고예방, 영양, 전자미디어노출	
	★ 구강검진(생후 54~65개월) 문진표, 진찰, 구강보건교육 등		
8차 생후 66~71개월	문진 및 진찰	문진표, 진찰, 청각 및 시각문진, 시력검사	
	신체계측	키, 몸무게, 머리둘레, 체질량지수	
	발달평가 및 상담	검사도구에 의한 평가 및 상담	
	건강교육	안전사고예방, 영양, 취학 전 준비	

(5) 놀이(여가 및 문화 활동)

유치원의 창시자인 프뢰벨(Friedrich Wilhelm August Freöbel)은 아동의 놀이는 단순한 스포츠가 아니라고 하였으며, 훨씬 더 많은 의미를 가지고 있으며 중요하다고 했다. 놀이는 언제 어디서나 일어날 수 있는 아동기에는 특히 더 중요한 활동이고, 놀이하는 방법을 억지로 배울 필요가 없으며, 강제로 놀게 할 필요도 없다. 자발적이며, 즐거워하고, 목표달성과 좌절을 반복해서 체험하게 된다. 영국의 작가, 시인, 미술사가, 평론가, 예술철학자인 리드(Read)[7]는 그의 저서 『예술에 의한 교육』에서, 어린이의 표현은 예술, 과학, 종교의 모든 사회활동을 포함해 어머니로부터 떨어져 나온 상태를 회복시키려는 노력이라 하고,

7 Read, Herbert(1943). Education through Art. New York : Pantheon.

놀이를 통한 예술교육이 어린이의 조화 있는 인격 형성이 되기 때문에 놀이의 네 가지 방향을 다음과 같이 제시하였다.

첫째, 감정은 의인화(personification)와 객관화를 통한 극(drama)의 방향으로 발달시킨다.
둘째, 감각은 자기표현의 방법으로 시각적 형식의 디자인으로 발달시킨다.
셋째, 직감은 율동적인(rhythmical) 운동을 통한 무용과 음악으로 발달시킨다.
넷째, 사고는 건전한 활동을 통해 공예와 공작의 방향으로 발달시킨다.

따라서 놀이란 유아들의 세계를 발견하는 유일한 방법이며, 동시에 정신적 안정을 가져다 줄 수 있는 중요한 행위이다. 또한 유아들은 놀이 속에서 내면적 정신상태의 여러 요소들을 조화롭게 구체화시킬 수 있다. 이와 같은 놀이는 예술화(藝術化)가 되어야 하며, 나아가 인격화의 작용으로 나타난다(박현일, 2012).

|그림 5-3| D어린이집 아동의 실내 및 실외놀이

놀이는 어린이의 성장 및 발달에 매우 중요한 역할을 하며, 아동들은 놀이를 통해서 다양한 발달을 이룬다. 부모가 "놀지 말고 공부해"라고 말하는 것은 놀이가 귀중한 학습의 기회이고 발달의 기회가 아니라 단순히 장난이라 생각하기 때문이다. 따라서 모든 아동에게 놀면서 성장에 영향을 줄 수 있는 인지적·신체적 관심을 가질 기회와 자기만족을 줄

수 있는 기회에 일찍부터 노출되어야 하고, 여가생활을 적극적으로 활용할 수 있도록 교육을 받아야 하며, 취미나 특기를 고양시키거나 신체활동, 운동 등에 능동적으로 참여하도록 하는 놀이의 기회와 지도가 필요하다.

(6) 노동의 보호

유엔아동권리협약에는 생존권, 발달권, 참여권과 더불어 아동이 유해한 모든 것으로부터 보호받을 권리인 보호권이 명시되어 있다. 국제노동기구(ILO)에서 아동노동(兒童勞動, child labour) 또는 어린이 노동은 5~7세의 빈곤층 미성년자의 노동을 의미한다. 미국은 1985년 아동노동법이 제정되었으며, 14세 이하의 아동은 취업 및 근로를 못한다는 금지조항과 야간작업에 대한 금지 및 노동시간의 제한규정, 학교에 결석이 발생되지 않도록 배려하는 내용이다. 서아시아 일부 국가에서는 150~300대의 태형, 싱가포르에서는 200~450대의 태형으로 아동의 노동을 엄중하게 다스리고 있다.

아동노동은 근대 유럽 산업혁명 당시 사회문제가 될 정도로 만연했었다. 19세기 초반 대영제국의 자본가들은 강제로 저임금의 노동을 시킬 수 있는 아동에게 섬유공업 등의 일을 시켰는데, 아동 노동자들은 구빈원이라는 고아원과 저임금으로 인해 늘 부족할 수밖에 없었던 생활비를 충당하려는 어른 노동자들게 자식을 일터에 내몰게 함으로써 공급될 수 있었다. 당시 어린이 노동자 중에는 6~7세 어린이도 있었으며, 휴일도 생각할 수 없이 노동시간은 하루에 12~16시간이나 되어 수면시간을 제외하면 노동이 모든 일과의 전부였음을 알 수 있다. 나쁜 처우로 굶어죽지 않을 정도로만 밥을 제공하였고, 방직기계에 들어가 기름칠을 하게 하는 등 위험한 환경에서 일을 하게 했다(김성환, 2010 : 188). 이에 대해 1842년 영국 정부는 급기야 어린이와 부녀자가 광산에서 노동하는 것을 금지했으며, 이러한 보호법에 대한 위반자의 처벌도 강화되었다. 다른 산업분야로도 어린이와 부녀자 보호법은 계속적으로 확대되어 적용하였으며, 사회개혁자 및 인도주의자들의 노력으로 반드시 일정 기준 이상의 학업을 마쳐야 하는 의무교육제 도입을 통해 아동 노동자들의 노동 정도를 감소시켰다. 산업혁명이 일어난 근대 일본에서는 소작인들이 지주들의 착취로 제대로 먹고

살 수 없어서 자식들을 실 만드는 제사공장에서 일하게 하거나, 쌀 1~2섬을 부모가 받고 어린 나이의 자식은 남의 집에서 하인으로 일하는 더부살이 및 식모살이에 내몰렸다.

국제노동기구가 2012년에 조사한 내용에 의하면, 2억 6천 명의 5~17세 사이의 어린이 노동자가 있으며, 이 중 어떠한 인간다운 권리도 없이 오직 노동만 강요당하는 아동 노동자가 1억 6천 800만 명이다. 이들의 대부분인 7천 7백만 명은 아시아 사람이다. 인도의 유리 공장에서는 어린이가 노동자의 절반 이상을 차지하며, 베트남 커피 농장에서, 그리고 콜롬비아 탄광에서 어린이가 일하고 있다. 이러한 아동 노동이 여전한 까닭은 선진국의 다국적 기업이 개발도상국의 어린이를 저임금으로 노동착취하여 인건비를 줄이려고 하기 때문인 것으로 나타났다. 사실 미국의 대형 월마트에서 판매된 크리스마스 기념품들은 중국에서 아동 노동인 저임금 노동으로 만들어진 것이며, 미국 매텔사의 완구인 토마스 장난감 기차, 바비 인형 등은 중국의 중고생들을 고용해서 만든 것이다(미국 NLC 3편의 보고서, 매텔 · 월마트 · 성 패트릭 성당 물품 만드는 현지 공장의 참혹한 삶 고발, 한겨레21 세계기사, 2007년 12월 27일 제691호). 다국적 기업인 나이키 역시 운동화나 축구공 등을 아동 노동의 저임금으로 생산하고 있는데, 이러한 다국적 기업들의 반인권적인 경영에 대한 뉴스는 많은 사람들에게 큰 충격을 안겨주었다.

|그림 5-4| 아프리카 아동 노동착취 동기유발

출처 : YouTube.

아시아 곳곳에서 빈번하게 이루어지고 있는 아동 노동에는 미국을 비롯한 선진국들의 종교계에도 책임을 물을 수 있는데, 그 이유는 미국 뉴욕에서 가톨릭 및 개신교 단체가 다수의 15~16세 청소년이 포함된 중국 아동 노동자의 착취로 생산된 성물을 사용하였다는 사실이 미국의 인권단체 전국노동위원회(NLC)의 조사에서 확인되었기 때문이다. 이에 대해 미국 개신교와 가톨릭 모두 해당 사실에 대해 모른다고 하거나, 증거를 거론하며 회피하는 모습을 보였다. 근원적인 아동 노동 문제를 해결하려면 선진국의 다국적 기업들이 성인 노동자에 대한 저임금 노동을 중단하고 적절한 처우를 제공하여, 턱없이 부족한 생활비로 인해 아동이 혹사되는 일터에 내몰리는 일이 없게 하고, 어린이가 의무교육에 대한 권리를 보장받도록 해야 한다(위키백과사전).

대한민국에서는 아동의 노동을 금지하고 이를 아동 학대죄로 처리하여 징역 10년 이상의 형을 받게 되며, 「아동・청소년의 성보호에 관한 법률」 제56조에는 아동・청소년 관련기관 등에의 취업 제한 등을 제시하고 있고, 최근 개정된 아동복지법 제17조 제8호에서는 아동에게 구걸을 시키거나 아동을 이용하여 구걸하는 행위는 금지한다고 되어 있다. 모든 아동은 어린 연령 노동 착취와 유해 노동으로부터 반드시 보호되어야 하며, 이러한 노동에의 노출은 아동의 건강과 신체발달을 저해하며, 인지 또는 정서적 발달에 부정적인 영향을 미칠 수 있다. 이 때문에 근로기준법(2003)에서는 연소아동의 노동과 아동의 유해 노동을 금지하도록 규정하고 있는 것이다.

아동은 성장하고 보호받아야 하는 대상임은 틀림없으며, 아동발달의 관점에서 볼 때, 아동에게는 노동이 아니라 놀이나 학습의 기회를 충분히 보장해 주어야 한다.

(7) 특수아동의 보호

특수아동이란 특별한 정신적・신체적・사회적 능력이나 한계로 인해 특수한 유형의 교육이나 사회적 경험, 또는 특별한 처우를 필요로 하는 의존적인 아동들을 지칭하며, 또한 신체장애아, 기형아, 정신장애아, 특수한 영재아, 천재아 또는 특별한 신체능력과 재능을 가진 아동 등도 포함된다(서강훈, 2013).

특수아동(장애)의 수준에 따라 지원체계가 다르며 교육방법도 다르게 적용되어야 한다. 적절한 지원을 위해 장애아동을 세 가지 수준으로 나누면 다음과 같다.

기능이 손상되어 치료를 해서 회복이 될 수 있으며 적절한 도구의 사용으로 일반적인 교육을 받을 수 있는 상태를 1차 수준이라 한다. 2차 수준은 장애에 의해 능력이 저하되어 특별한 교육 및 훈련이 이루어져야 하며, 특히 아동의 수준에 적합한 개별 학습교육이나 훈련이 이루어져야 한다. 왜냐하면 치료를 통한 회복 가능성은 거의 없는 상태이며, 일반적인 교육만으로는 아동이 향상될 수 없기 때문이다. 마지막으로 3차 수준은 기능이 가능해서 일반적인 교육이 가능한 수준이지만 이들이 사회적으로 불이익을 끼칠 수도 있거나 이미 사회적 불이익을 주고 있는 상태일 수도 있기 때문에 사회 및 심리적인 치료적 접근이 이루어져야 한다. 또한, 그들을 위한 특수한 교육과 지원이 이루어져야 하는 경우로는 반사회적 성향의 품행장애, 윤리적 가치관의 결여 그리고 도덕성 결여 등이 있다.

요컨대 특별한 욕구가 있는 아동을 위한 개별적인 특수한 보호는 특별한 대책이 마련되어야 하며, 사회적 기능을 보다 잘 수행할 수 있도록 신체적, 정신적, 사회・정서적, 발달적, 행동적 장애가 있는 아동들에게는 조기발견과 더불어 특수한 보호와 치료의 기회를 균등하게 부여하고 제한적 환경을 최소한 마련해야 한다.

생각해 보기

- 아동복지의 기본 원칙에 추가할 수 있는 원칙을 한두 가지 생각해 봅시다.
- 아동복지의 전제조건이 갖추어지지 않을 경우 어떠한 상황이 발생할 수 있는지 생각해 봅시다.

CHAPTER 06 아동복지정책과 관련법

1. 아동복지정책의 개념
2. 아동복지정책의 관점
3. 아동복지정책의 유형
4. 아동복지 관련법

CHAPTER 06

아동복지정책과 관련법

학습목표

- 우리나라의 아동복지정책 유형을 설명할 수 있다.
- 아동복지 관련법의 내용을 통해 사회적 흐름에 관련법의 필요성을 설명할 수 있다.

1. 아동복지정책의 개념

사회복지정책의 한 분야인 아동복지정책은 공공성을 강조하며, 정부가 아동복지의 목표 달성을 위해 의도적으로 선택한 행동지침이라 할 수 있다. 아동복지정책의 궁극적인 대상은 아동과 가족이며, 복지국가라 불리는 대부분의 나라들은 아이를 돌보는 가정을 대상으로 하는 소득보장과 같은 사회보장이 아동복지의 주요 영역이라 할 수 있다.

아동복지정책에 대한 정의로 카두신과 마틴(Kadushin & Martin, 1988)은 아동복지정책을 아동에게 영향을 주는 모든 정책과 프로그램 및 활동이라 하였으며, 주정일과 이소희(2001)는 정부에 의해 아동의 복지를 이루기 위한 방침이며, 그 수준은 현실적으로 국가의 성격이나 복지이념과 철학적 기준에 의해 결정된다고 정의하였다. 또한 아동복지정책에 가족지원정책을 포함한다는 것으로 부모의 아동양육에 대한 어려움을 해결하기 위해 시작되었다고 볼 수 있기에 아동 및 가족복지정책으로 개념화되어야 함을 주장하였다. 아동 및 가족복지 중심의 정책은 아동과 가족복지 분야와 관련한 정책과 프로그램, 그리고 법령, 제도 등을 의미하고 사회복지정책에 있어서 특수한 영역으로 간주하였다. 그리고 아동의 기본적인 생활이나 욕구, 권리를 보장하기 위한 정부의 노력으로 장영인 등(2007)은 아동복지정책을 정의하였다.

이상의 개념을 통해 아동복지정책을 살펴본 결과, 아동복지정책은 아동 개개인의 기본적인 역량을 강화하여 인적자원의 수준을 높이는 데에 지원하고 취약과 같은 요보호아동에게는 동등한 기회를 보장함으로써 인적 자본 형성과 미래 성장동력의 기반을 견고히 하는 뒷받침의 역할을 수행(정익중, 2013 : 21)하는 것이라 볼 수 있다.

2. 아동복지정책의 관점

1) 자유방임주의 관점

아동을 보호하는 데에 있어 부모–자녀 관계의 비밀보장과 같은 성역은 보호되어야 한다는 입장을 말한다. 부모는 자신만의 방식으로 자녀를 양육할 수 있으며, 이러한 자녀양육은 부모–자녀의 특별한 유대관계를 가져오고, 이것이 침해되면 모두에게 피해를 준다. 가족이라는 영역은 극단적인 경우를 제외하고는 침해를 받지 않아야 하며, 이때 국가는 최소한의 역할로 제한되어야 한다는 입장이다. 여기서 극단적인 경우라는 것은 부모의 보호가 이루어지지 못하는 상황을 의미하며, 이런 경우 국가의 개입이 허용된다. 그러나 이는 국가에 의한 강제적인 개입으로 아동에게 새로운 부모가 있는 환경, 즉, 다른 영구한 가정에 정착하는 것을 원칙으로 한다. 강제적인 개입이 이루어지는 경우로는 친생자 부모가 요청하는 경우, 친생 부모가 사망했거나 사고 및 질병으로 인한 입원, 부모에 의한 학대와 방임, 유기 등의 상황, 그리고 법적인 지원을 필요로 하는 경우 등 매우 제한적인 사례에 해당된다. 따라서 자유방임주의 관점에서의 아동복지정책은 아동과 가족의 생활에 대한 최소 간섭의 원칙을 기본으로 한다고 볼 수 있다. 하지만 가족 또는 부모가 아동양육의 의무를 성실하게 이행하지 못하는 경우는 아동보호에 대한 일차적인 책임을 가족에게 전

가함으로써 아동의 복지가 붕괴될 위험이 크다는 것이다. 게다가 가족의 사회경제적인 위치, 교육환경, 문화 및 여가수준 등의 불평등한 환경이 아동에게 그대로 전달되어 사회적 불평등을 양산하게 될 수 있다는 것이 한계점이다.

2) 국가개입주의 관점

국가개입주의 관점은 자유방임의 관점보다는 보다 엄격한 기준을 설정하고, 친생부모[1]의 보호가 항상 옳다고는 볼 수 없으며, 학대 등의 피해를 초래하거나 일정한 규범 및 기준 이하의 부모에게 공공의 권력에 의한 처벌을 할 수도 있다는 인식에 기반을 둔다. 또한 아동에 대해서는 사회에서 가장 우선순위에 있는 존재이며, 양질의 보호를 받을 권리가 있기 때문에 시기마다 적절한 처우를 받지 못하는 경우에는 법적으로 강제력을 행사하더라도 보호되어야 한다. 따라서 자유방임주의 관점과는 다르게 부모의 권리는 존중되지 못할 수도 있다. 부모의 의무는 아동에게 최선의 보호를 제공하는 것이지만, 이러한 의무가 충족되지 못한다면, 아동을 다른 양육의 환경으로 이동시키는 일에 국가의 역할은 정당화될 수 있다. 이 관점에서는 아동의 복지가 최우선이며, 아동의 권리가 제대로 된 양육과 보호라는 관점에서 주장될 수 있기에 성인의 욕구 및 권리, 이해관계는 필요에 따라 희생될 수 있다. 즉, 국가는 부모-아동 관계에 접근할 수 있는 강제력을 가져야 하며, 이것은 국가가 강제적 개입을 위한 법적 근거를 확대함을 의미한다고 볼 수 있다.

하지만 이 관점이 효과적으로 수행되기 위해서는 충분한 사회적 자원의 배려가 필요하다. 따라서 적절한 사회적 자원이 없다면, 취약한 보호계획과 열악한 정책결정, 대체 보호의 부당함을 가져오게 된다. 이는 시민의 자유를 위협할 수 있으며, 부적절한 아동보호를 방지하기 위하여 이루어진다는 명목하의 가정과 아동에 대한 개입은 자유의 침해문제를 불러일으킬 수도 있다.

1 친생부모(親生父母) : 아버지와 친어머니를 아울러 이르는 말(다음 국어사전).

3) 가족과 친권 보호의 관점

가족과 친권 보호의 관점은 제2차 세계대전 이후 서구의 복지국가가 확산되는 과정에서 발달하게 되었다. 국가의 개입이 정당화된다고 하지만, 이러한 개입은 아동이 출생한 가정을 유지 및 보호하는 지지적 또는 보충적인 복지여야 한다는 입장이다. 친생가정 또는 생물학적 가정은 부모와 아동에게 매우 중요하기 때문에 지탱되어야 한다. 만일 가족이 분리 및 해체되는 경우에도 가족의 유대적인 관계는 지속되어야 한다는 것이다. 가정의 연대가 유지되도록 가족을 지지하는 것만이 국가의 역할이라고 할 수 있다. 여기서 국가개입주의가 아동을 부모와 분리된 객체로 본다는 점이 구분된다. 가족과 친권 보호의 관점은 국가역할의 확대를 주장한다. 그렇다고 국가가 아동을 부모로부터 분리시켜 대리적 보호를 제공하게 하는 것이 아니라, 그러한 대리적 서비스가 제공되지 않도록 사전에 가정을 지지하자는 것이다. 이는 해체 위기에 있는 가정에 도움을 주거나, 모든 가정의 부모와 자녀를 대상으로 지원하는 보편적인 형태의 사회보장을 제공할 수 있다.

국가 및 민간기관이 아동을 보호해야 하는 당위성은 부모의 심리적 욕구보다는 주로 사회적 박탈과 관련되어 있다고 보는 가족과 친권 보호의 관점은 요보호가정들의 특성이 현금, 현물과 같은 물질적인 박탈뿐만 아니라 부모의 개인적 원인에 의한 사례가 많다는 한계점을 보인다. 또한 출생가정 및 생물학적 가정의 보호를 중요시하는 입장은 심각한 아동학대를 지나치게 작게 평가할 수 있는 가능성이 있다.

4) 아동권리 및 아동예방 관점

아동권리 및 아동예방 관점은 아동을 하나의 인격적인 주체로서 성인과 동등한 권리를 가진 독립적이고 주관적인 인간으로 그 권리를 옹호한다. 이는 성인의 억압으로부터 보호하기 위해 아동에게 보다 많은 지위를 부여하는 입장이다. 즉, 아동을 위하여 무엇이 최선인가에 관한 성인 자신의 입장보다 아동 스스로의 선택 및 결정, 느낌, 욕구, 정의, 자유 등에 초점을 둔다. 아동은 타인의 선택과 행위의 수동적인 존재로서가 아닌 독립적인 자기 결정의 능력을 가진 능동적인 주체로서 간주된다. 국가가 해야 할 일은 아동의 부모나 다른 성인으로부터 자유를 보장하고 권리를 누리게 하는 것이다. 보다 미온적인 입장으로는 아동을 위한 입법, 정책, 교육, 의료 등과 같은 일에 있어 보다 독립적인 발언권과 참여권을 갖는 것이며, 국가가 이것을 허용하도록 규정해야 한다. 즉, 아동복지는 아동 자신을 위해, 아동 자신이 주도하여 규정되어야 한다는 것이다. 하지만 아동과 성인과 동등한 권리와 자유를 가져야 한다는 주장은 사회적으로 일반화하기에 구성원들의 동의 및 합의가 부족하고, 일반적인 상식에 위배되며, 아동의 발달과정을 고려할 때 지나치게 앞서가는 주장일 수도 있다.

〈표 6-1〉 아동복지정책의 관점

관 점	대 상	정책성격	아동문제의 원인	국가의 역할	아동의 권리
자유방임주의	요보호아동	잔여적	부모의 심리적 결함	최소한의 국가개입	부모의 권리옹호
국가개입주의	요보호아동	잔여적	부모의 심리적 결함	강제적 개입	아동의 양육 및 보호받을 권리 강조
가족과 친권 보호	일반아동 (가족)	보편적 (제도적)	사회환경	지지적 개입	부모의 친권 강조
아동권리 및 아동예방	일반아동	보편적 (제도적)	아동권리 침해 성인의 부당한 대우	적극적 개입	아동권리 강조

3. 아동복지정책의 유형

정책은 세계 국가마다 차이가 있으며, 사회환경에 따라 다양한 제도를 실시하고 있다. 그중 아동복지정책은 국가의 사회복지정책의 핵심적인 영역을 차지하며, 복지정책의 수준과 방향을 가늠할 수 있는 지표이다. 〈표 6-2〉와 같이 대부분의 국가에서는 아동복지정책을 사회보험, 공공부조, 사회복지서비스 등으로 나눈다.

〈표 6-2〉 아동복지정책의 유형

구 분	사회보험	공공부조	사회복지서비스
기원 (서양)	서양 상인들의 동업자 공제조합	영국의 부랑인, 아동 등의 빈민 관련법	영국 런던의 빈민조사
최초의 관련법 (우리나라)	산업재해보상보험법 (1963)	생활보호법(1961)	사회복지사업법(1970) 아동복리법(1961)
목 적	건강보장, 소득보장	최저생활보장, 자립지원	정상적인 사회생활 지원
특 징	• 사회성 • 보험성 • 강제성 • 부양성	• 국가나 지방자치단체 운영 자산조사 전제 • 재원은 국가 조세로 충당 • 요보호자(빈곤자)가 대상 • 법적 요구조건이 충족되면 신청자의 권리를 보장 • 물질적 급여 제공 이외에 전문 사회사업서비스 제공	• 국가나 지방자치단체 이외 민간기관 참여 • 개인의 요구에 초점 • 기초생활보장 수급자와 저소득층을 중심으로 서비스 제공 • 물질적 급여 제공 이외에 전문 사회사업서비스 제공
기본 원칙	• 보편성의 원칙 • 형평성의 원칙 • 통일성의 원칙 • 민주성의 원칙 • 전문성의 원칙 • 연대성의 원칙	• 생존권 보장의 원리 • 국가책임의 원리 • 최저생활보장의 원리 • 무차별 평등의 원리 • 자립조장의 원리 • 보충성의 원리	• 통합성의 원칙 • 제도성의 원칙 • 전문성의 원칙 • 선택성의 원칙
주 체	정부(보험자)	정부(중앙정부 · 지방자치단체)	• 정부 (중앙정부 · 지방자치단체) • 사회복지법인
객체(대상)	국민	빈민	요보호 대상
종 류	• 국민연금보험 • 국민건강보험 • 산업재해보상보험 • 고용보험 • 노인장기요양보험 • 사회수당	• 기초생활보장사업 • 의료급여사업 • 긴급복지지원제도 • 기초연금	• 영유아복지서비스 • 아동복지서비스 • 청소년복지서비스 • 노인복지서비스 • 장애인복지서비스 • 모부자복지서비스 등

재 원	기여금 · 부담금	조세	재정보조금 · 헌금 · 공동모금
기금의 출처	고용주 · 피용자 · 공공세입에서의 기여금	공공세입	재정보조금 · 헌금 · 공동모금
포괄범위	사회보험제도에 가입자	저소득층 중 지정된 자	요보호 대상자
자격조건	기여금 납부자	자산조사	자산조사
사회안전망 (1 · 2차)	제1차적	제2차적	보조적
운영방법적 이념	보편주의	선별주의	선별주의
행정기관	• 일반행정기관 (보건복지부 등) • 사회보험 관련 공단 (국민연금관리공단 · 국민건강보험공단 등)	• 일반행정기관 – 중앙 : 보건복지부 등 – 지방 : 특별시 · 광역시 · 도 · 시 · 군 · 구 · 읍 · 면 · 동	• 일반행정기관 • 사회복지법인 – 사회복지기관 – 사회복지시설 – 사회복지협의회 – 사회복지상담소 등
담당직원	일반공무원	사회복지 전담공무원	• 사회복지 전담공무원 • 사회복지
관련법	• 국민건강보험법 • 산업재해보상보험법 • 고용보험법 • 국민연금법 • 공무원연금법 • 군인복지연금법 • 사립학교교원연금법 등	• 국민기초생활보장법 • 의료급여법 • 긴급복지지원법 • 기초연금법	• 영유아보육법 • 아동복지법 • 청소년 보호법 • 청소년 기본법 • 노인복지법 • 장애인복지법

1) 사회보험

우리나라에서의 사회보험으로는 국민연금, 건강보험, 산업재해보상보험, 고용보험이 있다. 이들 사회보험제도들은 보험가입자의 소득보장을 제공함으로써 아동을 양육하는 가정을 특별히 대상으로 두지는 않고 가정 내의 아동을 지원하는 제도로 시행되고 있다. 국민연금에서의 아동 관련 급여로는 부양가족연금액과 유족연금액이 있다. 국민연금수급권자는 가입기간이 최소 10년 이상이며 출생연도별 노령연금 지급개시연령이 된 소득이 있는 업무에 종사하지 않는 자로 연금액은 기본 연금액과 부양가족연금액을 합산하여 받게 된다. 이때 부양가족연금액은 국민연금법 제52조에 의거하여, 연금수급권자에게 만 19세 미만의 자녀 또는 장애등급 2급 이상에 해당되는 자녀에게 1인당 연 10만 원을 추가해서 지급하는 연금액이다.

그 외 유족연금은 연금수급권자가 사망했을 때에, 자녀가 25세 미만이거나 장애등급 2급 이상의 자녀에게 유족으로서 지급되는 연금액으로, 우리나라의 경우 손자녀 19세 미만 또는 장애등급 2급 이상도 유족의 범위에 해당된다. 국민연금 및 고용보험은 모든 가구를 대상으로 하므로 간접적으로는 아동가구에 영향을 준다고 할 수 있다.

복지국가인 스웨덴은 사회복지의 많은 영역에서 아동과 관련된 내용이 포함되어 있음을 알 수 있는데, 아동의 복지와 관련된 대표적인 제도로 건강보험, 연금보험, 기타 사회적 급부가 있다. 건강보험(national health insurance)의 경우 병원에 16세 이하의 자녀가 입원한 경우 부모나 친척이 병원을 방문하는 데에 지출되는 초과 교통비가 지급되는 의료보험수당(allowances for medical care), 18세 이하 아동은 모든 공립 치과진료서비스에 대해 비용이 무료인 치과보호(dental care), 그리고 부모보험(parental insurance)으로 아동의 권리를 보호하는 것은 가족정책의 중요한 기반으로 삼기에 산모와 아동은 무료진료를 받으며 비용은 건강보험으로 충당하고 있다. 출산 또는 아동의 입양으로 인해 부모보험계약이 이루어지며 부모가 아동보호를 하는 가정에 머무르게 됨으로써 발생되는 부모보험은 출산 후 360일 동안 수입에 대한 손실을 보장해 주는 것이다. 첫 270일 동안은 부모 월급의 90%가 지급되며 잔여기간인 90일 동안에는 일정액의 일급이 지급된다. 이 보험은 부모가 가정에 교대로 있는 경우에도 대상이 되며 정해진 기간을 아동이 8세가 될 때까지 분할해서 지급받을 수 있다. 아버지는 아동이 생후 10일까지 부모보험금이 지급된다. 또한 부모가 아동의 질병이나 치과진료를 위해 가정에 있게 될 경우 1년에 60~120일간의 부모보험금이 지급될 수 있다. 이 경우 시작 2주간은 급여의 80%, 그 이후부터는 90%를 지급받는다. 4~12

세 이상의 자녀가 있는 부모의 경우 1년에 아동 1명당 이틀의 학교 및 유아기관(유치원) 등의 방문이나 부모교육 참여를 위한 유급휴가를 얻을 수 있으며 또한 부모보험금으로 지급된다. 출산하기 전 임산부가 정상적인 근무를 이행할 수 없는 경우에는 50일 동안만 모성보험금을 지급받을 수 있다.

연금보험(pension insurance)의 경우 '유자녀연금'이라는 유족연금은 12세 미만의 유자녀가 부양하고 있을 때, 아동이 12세가 될 때까지 유족연금의 지급이 연장될 수 있다. 유자녀연금은 부모가 모두 사망했을 경우나 부모 중 한 사람이 사망하였을 경우에도 유자녀에게 18세까지 지급되며, 만일 학생이면 20세까지도 지급될 수 있다.

기타 사회적 급부(other social benefits)라는 제도는 여러 종류의 사회적 급부로서 각 지역사회보험국에서 운영된다. 아동수당은 16세까지의 아동에게 지급되며, 자녀가 3명 이상인 가정에는 추가로 부가적 아동수당(child allowance supplement)이 지급된다. 부모가 자녀와 별거하는 경우 부모 중 자녀를 양육하는 친생양육자 아버지 또는 어머니에게 부양수당을 지급해야 한다. 그러나 부양수당을 지급할 수 없을 때에는 지역의 사회보험국이 기본급여의 40% 이내에서 선 지급하고 이후에 부 또는 모 중에 지급책임이 있는 대상으로부터 환급을 받는다. 또 대중교통수단을 이용할 수 없는 장애아의 부모가 자동차를 구입할 경우 지급되는 자동차수당을 지원받을 수 있다.

2) 공공부조

공공부조는 생활능력이 없는 사람의 최저한의 생활보호를 위해 마련된 제도로, 우리나라의 국민기초생활보장제도가 대표적인 예이다. 이 제도의 대상은 보험료를 지출할 능력이 없는 사람이 되며, 비용 전부를 국가가 부담하여 이루어진다. 이것은 가난한 사람에 대한 소득재분배 효과는 있으나 국가에 일정한 재정부담을 야기하므로 국가적인 경제수준과 복지 이념에 따라 적정한 수준의 보장이 이루어져야 한다.

공공부조의 목적 및 종류, 비용부담 등을 정리하면 다음 〈표 6-3〉과 같다.

〈표 6-3〉 공공부조의 개념

구 분	공공부조
목 적	보험료의 부담능력이 없는 사람을 국가가 직접 보호
종 류	국민기초생활보장제도, 의료보호, 재해구호, 보훈사업 등
비 용	국가 재정에서 전부 부담
특 징	소득재분배의 효과가 나타남

국민기초생활보장법에 따르면, 공공부조는 생활유지 능력이 없거나 생활이 어려운 국민의 최저생활을 보장하고 자립을 지원하기 위하여 만들어졌다. 따라서 공공부조의 수급권은 국가의 책임하에 생존권을 보장하는 것이기 때문에 국가의 동정 또는 시혜적 성격이 아니라 사회적 기본권으로서 국민이 당연히 누릴 수 있는 제도이다(사회보장기본법 제5조, 제9조).

우리나라에서는 아동과 관련한 공공부조로는 국민기초생활보장법에 의해 실시되고 있는 아동이 있는 가족을 위한 공적 부조가 있으며, 시설수용 보호아동과 소년소녀가정의 아동 그리고 수급 대상자의 소득에 대한 인정액이 최저생계비 이하인 빈곤가정의 아동이 보호 대상아동의 범위이다. 또한 아동 관련 급여로는 생계급여, 교육급여가 있는데, 수급 대상자의 소득이 인정되는 금액 등을 고려하여 차등적으로 지급할 수 있도록 하고 있는 생계급여와 아동의 입학금 및 수업료, 학용품비, 기타 수급품 등을 지원하는 교육급여를 말한다. 이는 학교의 종류와 범위 등에 관하여 필요한 사항을 대통령령으로 정하고 있다.

3) 아동복지서비스(아동수당)

아동복지서비스에 관한 정책은 아동복지법과 영유아보육법, 「입양촉진 및 절차에 관한 특례법」, 한부모가족지원법, 그리고 건강가정기본법 등에 근거하여 실행되고 있다. 현재 아동복지법을 기반으로 한 국내 아동복지서비스로는 첫 번째, 가정보호사업인 입양, 일시적인 가정위탁보호, 소년소녀가정, 공동생활가정보호 지원사업이 실시되고 있고, 두 번째, 아동건전육성사업으로 아동학대예방센터 운영, 아동급식과 지역아동센터 지원 및 결연사업 운영, 어린이 찾아주기 종합센터 운영, 시설 퇴소 아동에 대한 자립 및 자원사업 등의 아동건전육성사업이 실시되고 있다. 마지막으로는 시설보호사업 등이 실행되고 있다. 그래서 우리나라 아동복지정책은 아동과 관계된 공공부조나 사회보험보다는 아동복지서비스에 중심을 두고 더 광범위하게 실시되고 있는 실정이며, 대부분의 관계법의 내용도 아동복지서비스와 더 많이 관련되어 있음을 알 수 있다.

아동복지서비스의 대표적인 형태인 아동수당이란 사전적으로는 아이를 낳으면 일정 기간 동안 매달 일정액을 지급하는 제도이며, 아동을 위한 데모그란트(demogrant)이다. 이는 가족에게 아동이 있는 경우, 그 아동에게 보호비용을 보충해 주기 위해 정기적으로 현금 혹은 현물 급여(benefits)를 제공하는 소득제공 성격의 프로그램으로서 욕구에 근거하지는 않는다(서강훈, 사회복지용어사전). 독일은 자녀수당(子女手當)이라 하여 정부에서 아이의 부모들에게 지급하는 사회복지급여가 있다. 실질적으로는 부모가 활용하겠지만, 정확하게는 세금을 내는 부모의 자녀에게 각각 지급된다. 이것이 아동수당(兒童手當)이다. 2023년 기준 독일의 자녀수당은 1명의 자녀인 경우 각각 매월 250유로(한화 36만 원), 3명의 자녀는 매월 750유로(108만 원), 5명의 자녀 이상은 매월 1250유로(180만 원)를 지급하고 있다. 1975년부터 1명의 자녀 가정에도 자녀수당을 지급하고 있으나, 2020년 출산율이 1.53명이다. 세금을 납부하는 가족의 자녀에게는 매월 지급되는데, 4명의 자녀가 있는 가정의 경우에는 매달 1000유로(144만 원)를 정부에서 자녀수당 명목으로 지급하고 있다. 이러한 자녀수당은 자녀 모두에게 만 18세의 연령까지 지급되며, 직업교육을 마치고 나서도 직업을 갖지 못한 경우는 만 21세까지, 그리고 대학까지 모든 교육을 완료하면 만 25세까지 지급된다(위키백과).

대한민국은 어린이집이나 유치원에 아이를 보내지 않는 유아 자녀를 둔 가정에게 자녀수당이 지급되는 의미로 사용된다. 현재 우리나라에서의 아동수당은 0~5세 아동에게 일정액을 지급하는 제도로서, 2018년 9월부터 시행되었다. 초기에는 2인 이상 가구 기준으로 소득 인정책 하위 90%에 해당하는 가정을 대상으로 했으나 2019년부터 모든 아동으로 대상을 확대했다. 이 제도는 만 7세 미만(0~83개월)의 모든 아동에게 매달 10만 원씩 지원되며, 2022년 4월 25일부터는 만 8세 미만으로 연령을 확대하였고, 기존에 양육수당이나 보육료를 받고 있는 아동도 중복으로 받을 수 있다.

4) 우리나라 아동복지정책

현재 우리나라 아동정책을 둘러싼 사회환경의 급진적인 변화들은 아동의 행복한 삶의 질에 지대한 영향력을 행사하고 있다. 저출산 · 고령화 사회가 확대되고, 소득의 양극화, 비정규직의 불안정화, 중산층의 하락 등 다양한 사회적 위험(new social risk) 요소가 발생됨에 따라 국민의 생활은 위태로운 실정이다. 그중에서도 특히 핵가족화, 기혼여성의 경제활동 증대, 이혼율의 증가, 가족붕괴 등은 가족의 구조뿐만 아니라 기능과 역할, 관계까지도 혼란을 야기하고 있다. 이는 가족의 구성원인 아동의 위치가 불안정해지고 위험요소가 증가함에 따라 아동의 보호와 양육에 대한 사회문제의 심각성을 부각시키고 있다(김승권, 2000 : 19). 이러한 상황하에서 아동문제는 요보호, 빈곤아동 등의 취약아동만의 문제가 아니고 모든 아동의 문제로 확대되고 있다. 그뿐만 아니라 최근에는 사회투자국가론의 개념이 확산됨에 따라 아동은 생애주기에 있어서 사회적 투자의 중요 대상, 즉 생산성의 특성으로 인지되고 있다(양재진, 2008). 아동기부터 관심과 투자를 함으로써 아동의 인적 자본 수준을 높이고, 이를 통해 건강하고 역량 있는 성인으로 성장하게 함으로써 국가와 사회로부터 의존성에서 벗어나 사회의 건전한 구성원으로서 살도록 하는 것이 그 어느 것보다 중요하다는 인식이 확산되고 있다. 이러한 관점에서 아동복지정책은 요보호아동 중심의 수동적인 정책으로부터 탈피하여 보다 능동적이며, 적극적인 정책 그리고 제도적인 정책으로 성장해야 한다.

그럼에도 불구하고 현재 우리나라는 자유방임주의에 가장 근접한 상태로 아동의 양육에 대해 가족책임의 원칙이 일차적이라는 관점이 만연하고, 국가에 의한 사회보장 체계인 아동수당 등은 미흡한 실정이다. 아동복지정책의 기본 방향은 가족주의 입장을 기반으로 가족에서 이웃으로 그리고 지역사회, 국가로 나아가는 복지공동체를 이룬다는 것이다. 그러나 모든 가족을 대상으로 하는 보편주의 원칙에 입각한 프로그램은 거의 없으며, 대부분 결손가정 및 미혼모 자녀, 기아 등 요보호아동을 문제의 중심에 두고 사회적 보호가 필요한 개인을 대상으로 한 선별주의 원칙 위주로 이루어지고 있다. 또한 국가가 개입하는 경우도 가족의 역할이 제대로 이루어지지 않아 보호가 필요한 상태에서 이루어지기 때문에, 예방적 프로그램에 비하여 비용적인 부분에서 많은 예산이 소요되고 있다. 아울러 국가가 보호를 필요로 하는 아동에 대해 선별적 개입을 하는 것 외에는 지지적 서비스나 대리가정서비스가 개발되어 있지 않고, 입양이나 가정위탁 등의 대체보호만이 민간기관에 의해서 이루어지고 있다.

숫자로 보는 열악한 국내 아동복지 현황	
2.6(%)	2023년 전체 예산 중 아동·청소년 복지 예산 비율
2.4(배)	노인 복지예산과 아동 복지예산 차이(2023년 기준)
35(위)	OECD 회원 38개국 중 우리 정부의 사회복지지출순위(2023년 기준)
2만 4216(명)	학대 피해아동을 돕는 아동 보호전문기관 상담원이 맡는 아동인구

지방자치단체에 따라 천차만별인 아동복지정책
• 아동학대 전담공무원 배치 인원 : 서울 29구 중 6곳, 인력 2명/7곳은 업무권고 기준 초과
• 보호필요아동자립지원금(원)(2014년) 울산 600만 vs 전남·경북 0(공동생활가정 기준)
• 학교 사회복지사업시행 비율(%)(2019) 서울, 대구 73% vs 울산 7%, 경북 9%
• 아동급식 단가(원) 세종, 대구, 울산, 전남, 경북, 제주 2021년 5,000~5,500 → 2023년 8,000

|그림 6-1| 국내 아동복지 현황

출처 : 초록우산어린이재단. 한국 사회복지사협회 운영 현황자료.

소득보장 영역에서는 아동수당과 같은 보편적인 프로그램은 2018년에 시작되며, 공공부조의 대표적인 제도인 국민기초생활보장제도는 선별주의에 입각한 정책이라 할 수 있다. 또한 부모의 사망이나 질병 등으로 인해 생활이 힘든 만 20세 이하의 소년소녀가정의 생계를 책임져야 하는 가정에 대하여 생계 및 교육, 의료보호를 실시하고 있는데 이 역시도 선별주의에 입각한 정책이다.

전진아와 오혜인(2014 : 85 재인용)은 한국의 아동정책 영역을 네 가지 영역인 양육과 대안양육, 건강과 안전, 교육과 돌봄, 여가 및 권리・참여로 유형화하고 아동정책 영역별 사업 주무부처를 〈표 6-4〉와 같이 제시하였다.

〈표 6-4〉 아동정책 영역별 사업 주무부처

영역분류	중분류	주무부처
양육과 대안양육	양육	보건복지부, 여성가족부, 고용노동부
	대안양육	보건복지부
건강과 안전	건강	보건복지부, 여성가족부, 문화체육관광부, 교육부, 식품의약품안전처
	안전	보건복지부, 교육부, 여성가족부, 안전행정부, 경찰청, 법무부, 문화체육관광부
교육 및 돌봄	교육	교육부
	돌봄	보건복지부, 여성가족부
여가 및 권리・참여	여가	보건복지부, 여성가족부
	권리・참여	보건복지부, 여성가족부, 교육부, 문화체육관광부

아동복지 주관부서라 할 수 있는 보건복지부의 아동분야 사업을 살펴보면, 보호가 필요한 아동보호, 가정입양 지원, 가정위탁 보호, 소년소녀가정 지원, 결연사업 운영, 아동복지시설 운영, 아동복지교사 지원, 보호아동 자립 지원, 디딤씨앗통장, 경계선지능아동 자립지원, 자립수당, 주거지원통합서비스, 아동학대 예방 및 피해아동 보호, 실종아동 등 보호 및 지원의 총 14가지 사업이다(보건복지부, 2020년도 아동분야 사업안내).

이를 통해 알 수 있는 사실은 우리나라의 아동복지정책이 여러 부처에서 다발적으로 추진되고 있으며, 특히 보건복지부의 추진사업의 경우 대부분 요보호・빈곤아동의 취약아동을 중심으로 하는 소극적・잔여적・사후치료적 사업이 많은 부분을 이루고 있음을 알 수 있다.

과거에 비해 일반아동에 대한 정책이 확대되고 있지만, 여전히 향후 아동복지정책이 지향되어야 할 점은 보호가 필요한 아동 중심에서 모든 아동 대상으로 정책의 우선순위를 과감히 변경해야 할 필요성이 있다.

4. 아동복지 관련법

1) 아동복지법의 현황 및 체계

우리나라에서 아동권리 실현을 위해 보편주의 방법이 선택되고, 아동복지와 관련된 법령이 제정・공포된 것은 2000년 이후였다. 그러나 여전히 아동복지법에서는 아동 모두를 복지의 대상으로 다루는 것이 아니고 보호가 필요한 아동만을 복지의 대상으로 규정하고 있다. 게다가 아동의 연령은 아동복지 관련법에 따라 다르게 구분되어 있다. 아동복지법에서는 아동을 18세 미만의 자로 정의하였고, 영유아보육법에는 6세 미만의 취학 전 아동을 영유아로 보았다. 「입양촉진 및 절차에 관한 특례법」에서 사용하는 '아동'이란 18세 미만의 자이며, 한부모가족지원법에서는 아동을 18세 미만(취학 중인 경우에는 22세 미만을 말함)의 자로 구분하였다. 또한 민법에서는 미성년을 19세 미만으로 정하였고, 청소년 기본법에서는 청소년을 9세 이상 24세 이하의 자로, 청소년 보호법에서는 19세 미만으로 정의한다. 그리고 「성폭력범죄의 처벌과 피해자보호 등에 관한 법률」에는 형법상 13세 미만의 여자나 사람에 대하여 강간, 강제추행, 이에 준하는 행위를 한 사람에 대하여는 형법상의 형벌보다 가중해서 처벌한다. 이와 같이 아동복지법상 아동의 연령은 18세 미만의 자로 정하고 있지만 각 관계법들의 목적에 따라 다양하게 아동을 정의하고 있다. 이 때문에 대상의 중복으로 정책과 서비스의 혼선을 야기시키고 있으며 더욱이 일반아동 대상의 복지가 중복 또는 누락이 발생되는 경우가 있다.

2) 아동복지법의 제정과정 및 개정 현황

우리나라 아동복지법의 시작은 1961년 제정된 아동복리법으로 전문개정과 부분개정의 과정을 거쳐 2001년 새롭게 개정되었으며, 이후 사회적 변화에 따라 지속적으로 제정과 개정이 이루어졌다. 그 제정 및 개정 변천과정은 다음과 같다.

(1) 아동복리법 제정(1961. 12. 30)

5.16 이후 군사최고회의에서 아동복리법이 만들어졌다. 그러나 모든 아동의 건전한 발달과 육성이란 목표는 국가재정의 어려움에 우선순위가 미뤄지고 요보호아동으로 법의 대상을 제한하여 입법되었다.

(2) 아동복지법 개정(1981. 4. 13)

요보호아동을 대상으로 둔 목적을 아동복지법으로 법명이 개정되면서 부분적으로 모든 아동으로 그 대상이 확대되고 어린이날에 대한 법적 근거 또한 세웠으며 무료 탁아시설의 경우 법인 이외의 자도 신고만으로 시설이 설치, 운영되도록 하고, 아동복지 지도원을 임시직에서 별정직 공무원으로 할 수 있게 하였다.

(3) 모자복지법 제정(1989. 4. 1)

모자복지법이 제정되면서 아동복지시설 종사자 수와 자격을 조정하는 항목이 수정되었다.

(4) 가정탁아제도 신설(1989. 9. 19)

탁아시설 중 신고만으로도 아동을 보육할 수 있는 가정탁아제도를 신설하였고, 탁아시설이 아동복지시설의 유형으로 추가되었다.

(5) 영유아보육법 제정(1991. 1. 14)

보편적이고 표준화된 교육을 위해 영유아보육법이 제정되었다.

(6) 영유아보육법 개정(1997. 12. 24)

6세 미만의 취학 전 아동에 대한 법률이 필요하자 다시 일부 개정하였다.

(7) 아동복지법 전면개정(2000. 1. 12)

정부가 1998년에 개정을 위한 시도를 하였다가 아동복지 분야의 단체 및 전문가들에 의해 1999년 12월 아동복지법의 전면개정안이 국회를 통과하게 되면서 전면개정의 결실을 맺게 되었다.

(8) 아동복지법 개정(2017. 7. 26)

전면 개정한 이후로도 매년 심각한 수준의 아동학대가 발생하여 국민의 공분을 사는 사건들이 많았다. 이러한 아이들의 희생으로 2014년, 2015년, 2016년 아동을 보호하는 법이 추가로 만들어지게 되었고, 2017년에는 아이들의 안전과 행복을 위한 아동복지법이 개정되었고, 최근 2023년 3월 14일자로 개인정보 보호법과 관련하여 일부개정되었다.

3) 우리나라 아동복지 관련법

(1) 아동복지법

과거에는 한국전쟁 이후 대대적으로 발생된 고아와 아동의 빈곤이 국가에서 가장 먼저 다루어야 할 사회문제였고, 1980년대 산업화, 도시화, 핵가족화, 맞벌이 등의 사회적 변화 이후의 아동문제는 구조적인 부모의 부재나 의식주 해결의 능력 부족 문제에서 더 나아가, 부모의 역할 및 가정의 보호기능 상실로 인해 야기되는 문제이거나 매우 복잡하고 다양한 내부적인 문제라 할 수 있는 사회 안의 비행 및 억압이 아동에게 과중하게 가해짐으로써 발생되는 문제로 변형되었다. 이 때문에 결손 및 빈곤가정의 아동문제 위주에서 탈피하여 보다 모든 아동의 잠재적인 문제에까지 포괄적으로 확대하여 예방해야 할 필요성이 제기되었다고 볼 수 있다.

또한 우리나라는 유엔 회원국으로서 이미 1990년 9월에 유엔아동권리협약에 서명하였으며, 1991년 11월 국회 동의를 거쳐 협약에 가입했다. 그러나 아동권리협약에 대한 비준

국가인 우리나라가 1996년 유엔인권위원회로부터 아동의 권리 보장에 대해 법률을 개정할 것과 실천을 위한 제도 수립 사안에 대해 권고받은 사실은 일반아동의 권리에 대한 사회적 무관심이 국제적으로 주시의 대상이 되고 있다는 점을 의미한다고 볼 수 있다.

개정 아동복지법은 아동의 기본 권리를 좀 더 명확하게 명시하고 아동의 권리를 인정하는 아동에 대한 보호조치를 행하였다. 또한 아동의 안전기준과 안전교육에 대한 조항을 마련함으로써 사회적인 안전망을 형성하는 계기를 만들었고, 아동복지시설의 보호기능을 보다 활성화하였다. 그리고 아동복지법 개정의 가장 핵심은 아동학대 관련 규정이 대폭 신설된 것이라 할 수 있다.

아동학대와 관련한 핵심적인 법 조항

- 아동학대와 금지행위에 대한 명백한 정의
- 아동학대 행위자에 대한 처벌 강화
- 아동학대의 신고의무 명시
- 긴급전화의 설치
- 아동보호전문기관의 설치 · 운영
- 응급조치 의무 등
- 조사 및 법원 심리과정의 보완

(2) 영유아보육법

영유아보육법은 영유아를 보육함으로써 바람직한 사회구성원으로 육성하는 동시에 보호자의 경제적 · 사회적 활동을 보장하여 가족복지 증진에 기여할 목적으로 제정된 법률이다. 1980년대는 산업화 및 도시화로 인하여 여성들의 경제활동 참여가 증대되면서 탁아(託兒)에 대한 취업모의 요구가 크게 증가하였고, 도시 저소득층 및 농어촌 등의 사각지대 아동의 방임문제가 크게 대두되었다. 이에 아동의 건강한 양육과 가정과 사회의 경제적 안정을 위해 보육 공급 등의 사회적 지원을 위하여 1991년 1월 영유아보육법(법률 제4328호)이 제정되고 공포되었다. 이후 영유아보육법에 의거 보육시설 수가 급격히 증가하면서 양적인 측면에서의 확장을 이루었다. 하지만 양적인 증대는 과도한 민간보육시설에의 의존만 키우게 되었고, 이로 인해 영아보육의 미흡, 보육시설의 지역별 불균형, 다양한 보육서비스의 부재 등의 보육의 질적인 저하와 같은 여러 문제점들이 지적되어 왔다. 그래서 한국 사회의 급격한 변화를 반영하여 영유아보육법이 제정되었고, 또한 사회적 변화에 맞게 개정되며 변화되어 왔다.

1991년 제정된 영유아보육법은 우리나라의 체계적인 보육사업 발전의 출발점이라 할 수 있다. 기존의 '탁아(託兒)'와 '보호'라는 개념에다가 '교육'을 포함시켜 전인적 발달을 도모하고, 보호와 교육이 통합된 '보육'라는 개념으로 정의하면서 광의의 개념의 지역복지를 이루게 되었다. 또한 과거의 노동부, 내무부, 문교부 등으로 분산되어 있던 보육업무가 영유아보육법 제정을 계기로 보건복지부로 일원화될 수 있었다(Daum백과, 한국민족문화대백과사전).

정부는 2004년 1월 8일 영유아보육법을 전면 개정함으로써 '보육의 공공성 강화, 수요자 중심의 효율적 보육서비스 제공, 보육현장에 기초한 양적 확충 및 질적 향상의 균형, 보육참여문화 형성 및 확대'라는 목표로 2005년 1월 30일부터 시행되었다. 주요 내용으로는 어린이집 인가제도 시행, 보육교사의 국가자격증제도 시행, 지역사회와 연계된 보육서비스 제공, 보육내용의 표준화, 직장보육시설 설치, 보육비용의 부담, 무상보육의 특례 등이 있다. 이후 2013년 8월 개정되어 2014년 8월 시행된 영유아보육법의 주요 내용에는 아동학대의 예방 강화, 보육시설의 안전관리 강화, 다문화가족의 보육지원, 국가의 보육료 지원 확대 등이 추가되었다(한국민족문화대백과사전). 이후 2022년 6월 직장어린이집 설치를 활성화하고 관련 실태조사 참여율을 제고하고 설치의무이행의 실태조사에 불응하는 사업장에 대해서 1억원 이하의 과태료 부과를 위해 일부개정되었다(영유아보육법 제14조의2제1항).

영유아보육법 주요 내용

- 제1장 총칙, 제2장 어린이집의 설치, 제3장 보육교직원, 제4장 어린이집의 운영, 제5장 건강・영양 및 안전, 제6장 비용, 제7장 지도 및 감독, 제8장 보칙, 제9장 벌칙 등 전문 56조와 부칙으로 이루어져 있다.
- 제2조 : 이 법에서 '영유아'란 6세 미만의 취학 전 아동을 말하며, '보육'이란 영유아를 건강하고 안전하게 보호・양육하고 영유아의 발달 특성에 맞는 교육을 제공하는 어린이집 및 가정양육 지원에 관한 사회복지서비스를 말한다.
- 제3조 및 제4조 : 보육은 영유아의 이익을 최우선적으로 고려하여 제공되어야 하며(제3조), 모든 국민은 영유아를 건전하게 보육할 책임을 진다(제4조).
- 제15조 및 제16조 : 어린이집을 설치・운영하려는 자는 보건복지부령으로 정하는 설치기준을 갖추어야 하는데(제15조), 미성년자・피성년후견인 또는 피한정후견인, 정신질환자, 마약류에 중독된 자, 파산선고를 받고 복권되지 않은 자, 금고 이상의 실형을 선고받고 그 집행이 종료되거나 집행이 면제된 날부터 5년이 경과되지 않은 자, 금고 이상의 형의 집행유예를 선고받고 그 유예기간 중에 있는 자 등은 어린이집을 설치・운영할 수 없다(제16조).
- 제18조 및 제19조 : 어린이집의 원장은 어린이집을 총괄하고 보육교사와 그 밖의 종사자를 지도・감독하며 영유아를 보육하며(제18조), 특별자치시장・특별자치도지사・시장・군수・구청장은 보육교직원의 권익 보장과 근로여건 개선을 위해 보육교직원의 임면과 경력 등에 관한 사항을 관리해야 한다(제19조).
- 제22조 : 어린이집의 원장 또는 보육교사는 다른 사람에게 자기의 성명이나 어린이집의 명칭을 사용해 어린이집의 장 또는 보육교사의 업무를 수행하게 하거나 자격증을 대여해서는 안 된다(제22조의2).
- 제34조 : 국가와 지방자치단체는 영유아에 대한 보육을 무상으로 하되, 그 내용 및 범위는 대통령령으로 정한다(제34조 제1항).

개정된 영유아보육법에서는 모든 어린이집이 의무적으로 평가인증을 받도록 했으며, 이 과정에서 아동학대나 성범죄가 발생한 어린이집은 최하위등급으로 강등된다. 그리고 어린이집의 위법행위를 고발한 공익신고자에게 예산의 범위에서 포상금을 지급할 수 있게 했으며, 형제자매가 장애인인 영유아의 경우 어린이집을 우선으로 이용할 수 있다(국회뉴스, 2017. 11. 25일자).

최근 2020년 3월부터 개편된 영유아보육법의 주요 내용으로는 보육시간이 모든 아동에게 적용되는 오후 4시까지의 기본 보육시간과 개별적인 필요에 따라 오후 4시부터 7시 30분까지 제공되는 연장보육으로 구성된다. 연장보육 이용은 유아(3~5세) 가정에서 필요한 경우 신청가능하며, 영아(0~2세)는 맞벌이, 다자녀, 취업 준비 등 장시간 보육이 필요한지에 대해 여부를 확인한 후 신청 가능하다. 연장보육반 전담교사가 배치되고 교사의 인건비는 정부에서 지원한다. 또한 2020년 4월 일부 영유아보육법이 개정되었는데, 그 이유는 국가자격증이 대여 및 알선 등을 통해 돈벌이 수단으로 악용되는 것을 방지하기 위하여 어린이집 원장과 보육교사 자격증의 대여 및 알선 등의 행위를 금지하고, 이를 위반한 경우 처벌할 수 있는 근거 마련을 위해서이다(영유아보육법, 2020. 4. 7).

(3) 건강가정기본법

2000년대 초반 사회적인 문제로 가족문제가 제기되기 시작했다. 2002년 당시 출산율 1.17명으로 세계 여러 나라 중 최하위라는 국제 간 지표가 발표되면서 한국 사회는 큰 충격을 받게 되었는데 2013년부터 줄곧 OECD 국가 중 합계출산율 꼴찌를 기록하고 있다. 가장 최근 통계인 2020년 기준으로 합계출산율이 1명 미만인 나라는 한국이 유일하다. 게다가 연일 언론을 통해 보도되는 생계 비관 가족동반자살과 가족 간의 갈등에 대한 폭행 및 살인 등의 사건들은 한국 사회의 가족이 위기에 직면하고 있음을 보여 주었다.

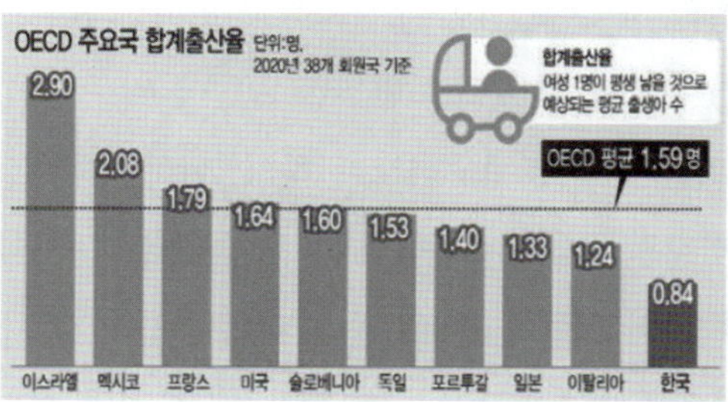

|그림 6-2| 합계출산율 비교(통계청, 2020)

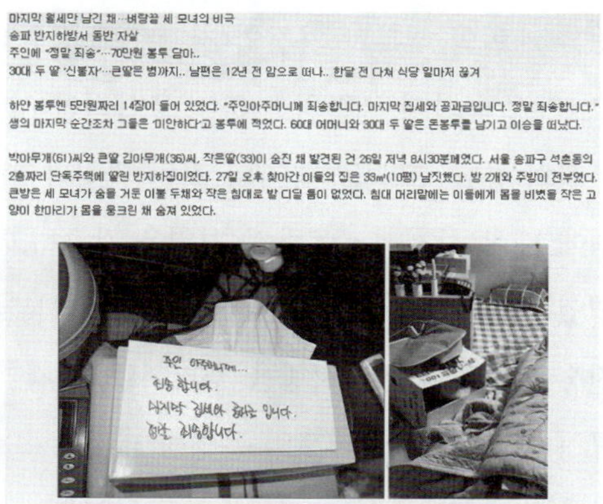
마지막 월세만 남긴 채…벼랑끝 세 모녀의 비극
송파 반지하방서 동반 자살
주인에 "정말 죄송"…70만원 봉투 담아..
30대 두 딸 '신불자'…큰딸은 병까지.. 남편은 12년 전 암으로 떠나.. 한달 전 다쳐 식당 일마저 끊겨

하얀 봉투엔 5만원짜리 14장이 들어 있었다. "주인아주머니께 죄송합니다. 마지막 집세와 공과금입니다. 정말 죄송합니다." 생의 마지막 순간조차 그들은 '미안하다'고 봉투에 적었다. 60대 어머니와 30대 두 딸은 돈봉투를 남기고 이승을 떠났다.

박아무개(61)씨와 큰딸 김아무개(36)씨, 작은딸(33)이 숨진 채 발견된 건 26일 저녁 8시30분께였다. 서울 송파구 석촌동의 2층짜리 단독주택에 딸린 반지하집이었다. 27일 오후 찾아간 이들의 집은 33㎡(10평) 남짓했다. 방 2개와 주방이 전부였다. 큰방은 세 모녀가 숨을 거둔 이불 두채와 작은 침대로 발 디딜 틈이 없었다. 침대 머리맡에는 이들에게 몸을 비볐을 작은 고양이 한마리가 몸을 웅크린 채 숨져 있었다.

|그림 6-3| 생계비관 가족동반자살
(국무조정실, 2008)

2022년 10월 통계청 결과에 따르면, 지난해 10월 출생아 수는 2만658명으로 2만 명을 간신히 넘었다. 통계청이 월간 통계를 작성하기 시작한 1981년 이후 10월 기준으로 최저치다. 인구 1000명당 출생아 수인 조출생률도 4.7명으로 10월 기준 역대 최저다.

출생아 수는 2022년 5월 2만7명, 6월 1만8830명으로 최저치를 기록했는데, 최근 출생아 수 감소세를 보면 2만 명 이하가 고착화 될지 주목된다(파이낸셜뉴스, 2023.1.26.일자).

구 분	2020년	2021년	2021년		2022년			
			10월	1~10월	8월	9월	10월	1~10월
출생아 수 (명)	27만 2337	26만 562	2만 749	22만 3554	2만 1758	2만 1885	2만 658	21만 2881
전년동월 대비 증감율(%)	−10.0	−4.3	−5.2	−3.9	−2.4	−0.1	−0.4	−4.8

|그림 6-4| 전국 출생아 수 및 증감률 현황(통계청, 2022 : 그래픽 정기현 기자)

이러한 사회적 배경에 의해 2005년도 1월 1일부터 건강가정기본법이 시행되었는데, 이 법은 개인의 행복과 가정의 건강성 증진으로 건강한 사회의 기초를 쌓는 것을 목표로 두고, 가정과 가정을 단위로 하는 통합적인 서비스와 양성평등의 가족정책 그 이상의 생활과 문화의 통합, 그리고 국가의 지원 확립과 가정의 자립 및 협동을 강조하고 있다. 특히 가정에 대한 사전적 · 예방적 지원을 강조하고 있다. 이 법은 2020년 5월 19일에 일부 개정되었는데, 여성가족부장관이 건강가정기본계획을 국회에 보고하도록 하고, 한국건강가정진흥원의 정관 기재사항을 추가하며, 건강가정지원센터에 비용을 보조할 수 있는 근거를 규정하는 등 현행 제도의 운영상 나타난 일부 미비점을 개선 · 보완하려는 것으로, 그 내용은 가족실태조사의 실시주기를 5년에서 3년으로 단축하고, 한국건강가정진흥원의 정관 기재사항 및 정관변경 절차를 명시하며, 국가 및 지방자치단체는 건강가정지원센터의 설치 및 운영에 필요한 비용을 지원할 수 있도록 하였다.

【건강가정기본법 주요 내용】-(5개장, 37개조로 구성)

- 기본법의 총론 : 목적 및 기본 이념, 국민의 권리 및 의무, 국가의 책임, 가족가치, 혼인과 출산, 가족해체 예방, 지역사회 자원 개발 · 활용, 정보제공, 가정의 달 및 가정의 날 등
- 목적(제1조)
  건강한 가정생활의 영위와 가족의 유지 및 발전을 위한 국민의 권리 의무와 국가 및 지방자치단체 등의 책임을 명백히 하고, 가정문제의 적절한 해결방안을 강구하며 가족구성원의 복지 증진에 이바지할 수 있는 지원정책을 강화함으로써 건강가정 구현에 기여하는 것을 목적으로 한다.
- 기본 이념(제2조)
  가정은 개인의 기본적인 욕구를 충족시키고 사회통합을 위하여 기능할 수 있도록 유지 · 발전되어야 한다.
- 주요 용어 정의(제3조)
  ① "가족"이라 함은 혼인 · 혈연 · 입양으로 이루어진 사회의 기본 단위를 말한다.
  ② "가정"이라 함은 가족구성원이 생계 또는 주거를 함께 하는 생활공동체로서 구성원의 일상적인 부양 · 양육 · 보호 · 교육 등이 이루어지는 생활단위를 말한다.
  ③ "건강가정"이라 함은 가족구성원의 욕구가 충족되고 인간다운 삶이 보장되는 가정을 말한다.
  ④ "건강가정사업"이라 함은 건강가정을 저해하는 문제(이하 "가정문제"라 한다)의 발생을 예방하고 해결하기 위한 여러 가지 조치와 가족의 부양 · 양육 · 보호 · 교육 등의 가정기능을 강화하기 위한 사업을 말한다.
- 국민의 권리와 의무(제4조)
  ① 모든 국민은 가정의 구성원으로서 안정되고 인간다운 삶을 유지할 수 있는 가정생활을 영위할 권리를 가진다.
  ② 모든 국민은 가정의 중요성을 인식하고 그 복지의 향상을 위하여 노력하여야 한다.
- 국가 및 지방자치단체의 책임(제5조)
  ① 국가 및 지방자치단체는 건강가정을 위하여 필요한 제도와 여건을 조성하고 이를 위한 시책을 강구하여 추진하여야 한다.
  ② 국가 및 지방자치단체는 제1항의 시책을 강구함에 있어 가족구성원의 특성과 가정유형을 고려하여야 한다.
  ③ 국가 및 지방자치단체는 민주적인 가정 형성, 가정친화적 환경 조성, 양성평등한 가족가치 실현 및 가사노동의 정당한 가치평가를 위하여 노력하여야 한다.
- 가족가치(제7조)
  가족구성원은 부양 · 자녀양육 · 가사노동 등 가정생활의 운영에 함께 참여하여야 하고 서로 존중하며 신뢰하여야 한다.

• 혼인과 출산(제8조)

① 모든 국민은 혼인과 출산의 사회적 중요성을 인식하여야 한다.

② 국가 및 지방자치단체는 출산과 육아에 대한 사회적 책임을 인식하고 모・부성권 보호와 태아의 건강보장 등 적절한 출산환경을 조성하기 위하여 적극적으로 지원하여야 한다.

• 가족해체의 예방(제9조)

① 가족구성원 모두는 가족해체를 예방하기 위하여 노력하여야 한다.

② 국가 및 지방자치단체는 가족해체를 예방하기 위하여 필요한 제도와 시책을 강구하여야 한다.

• 지역사회자원의 개발 활용(제10조)

국가 및 지방자치단체는 건강한 가정 구현에 기여할 수 있도록 지역사회 자원을 최대한 개발하고 활용하여야 한다.

• 가정의 날(제12조)

가정의 중요성을 고취하고 건강가정을 위한 개인・가정・사회의 적극적인 참여분위기를 조성하기 위하여 매년 5월을 가정의 달로 하고, 5월 15일을 가정의 날로 한다.

이를 통해 전담부서를 설치하게 되었고, 이후 가족 관련법과 정책 확대에 중대한 영향을 미쳤을 뿐만 아니라, 건강가정지원센터 등 가족정책의 전달체계 수립과 건강가정사 등 전문종사자를 통해 건강한 가정 확립에 큰 기여를 하고 있다.

【서비스 전달 기관(전담기구)】–건강가정지원센터(건강가정기본법 제35조, 시행규칙 제4조)

• 가정문제의 예방 상담 및 치료, 건강가정의 유지를 위한 프로그램의 개발, 가족문화 운동의 전개, 가정 관련 정보 및 자료 제공 등을 위하여 중앙 시・도 및 시・군・구에 건강가정지원센터를 둔다.

• 건강가정지원센터의 구성 : 센터장, 가정상담팀, 가정교육팀, 가정문화팀

• 건강가정사의 직무

① 가정문제의 예방・상담 및 개선

② 건강가정의 유지를 위한 프로그램의 개발

③ 건강가정 실현을 위한교육(민주적이고 양성 평등적인 가족관계교육을 포함한다).

④ 가정생활문화운동의 전개

⑤ 가정 관련 정보 및 자료제공

⑥ 가정에 대한 방문 및 실태파악

⑦ 아동보호전문기관 등 지역사회 자원에의 연계

⑧ 그 밖에 건강가정사업과 관련하여 여성가족부장관이 정하는 활동

(4) 입양촉진 및 절차에 관한 특례법

1950년대 한국전쟁 이후 발생된 전쟁고아 및 혼혈아에 대한 대책으로 입양사업이 시작되었고, 이들 대상자들을 수용하는 시설의 지도 및 관리를 위한 행정적인 제도가 필요하게 되자 1952년 10월 '후생시설운영요령'을 발표하게 되었다. 우리나라는 국내 입양을 활성화하기 위해 정부에서는 1995년 입양특례법을 개정함으로써 입양가정에 주택융자 및 교육비·의료비·생활비 등의 혜택을 주었다. 이후 홀트 부부가 혼혈아 8명을 입양하게 된 것을 계기로 외국인이 국내 고아를 입양하는 절차를 보다 간소화하도록 1961년 '고아입양특례법'을 제정했고, 1976년 12월 31일에 '입양특례법'으로 명칭을 변경하면서 '고아' 대신 '보호시설에 보호받고 있는 자'로 용어를 변경하여 고아가 아닌 아동도 입양될 수 있도록 했다(Daum백과, 입양촉진 및 절차에 관한 특례법).

1990년 12월 31일에 이 법은 법률 제4300호에 의해 일부 개정이 이루어졌고, 1995년 1월 5일 법률 제4913호로 「입양촉진 및 절차에 관한 특례법」으로 전문개정된 뒤 2011년 8월 4일 법률 제11007호로 현재의 명칭인 입양특례법으로 변경되어 전부 개정되었다(서강훈, 2013). 현재 입양에 관한 모든 절차는 아동입양의 절차가 아동의 복리를 중심으로 이루어질 수 있도록 국가의 관리·감독을 강화하고, 최선의 아동보호는 출신국가와 출신가정 내에서 양육되어야 한다는 것을 기본으로 하기 위해 이 법률의 제명을 입양특례법으로 변경하고 아동의 권익과 복지를 증진하고자 하였다(국가법령정보센터 법령, www.law.go.kr/LSW).

2020년 12월 현재, 국민생활 및 기업활동과 밀접하게 관련되어 있는 허가 및 신고 민원의 처리절차를 법령에서 명확하게 규정함으로써 관련 민원의 투명하고 신속한 처리와 일선 행정기관의 적극행정을 유도하며, 입양기관 운영 허가에 대한 변경신고가 수리가 필요한 신고임을 명시하기 위하여 '광역시장'을 '광역시장·특별자치시장'으로, '특별자치도지사'를 '특별자치시장·특별자치도지사'로 일부개정하였다.

【입양촉진 및 절차에 관한 특례법 주요 내용】

입양특례법 주요 내용

- 제1장 총칙, 제2장 입양의 요건 및 효력, 제3장 입양기관, 제4장 입양아동 등에 대한 복지 지원, 제5장 입양아동 등에 대한 정보의 공개, 제6장 지도・감독 등, 제7장 보칙, 제8장 벌칙 등의 8장 제45개조와 부칙으로 구성되어 있다.
- 제2조 : '아동'이란 18세 미만의 자를 말하며(제1호), 아동복지법 제3조 제4호에 따른 보호대상아동을 말한다(제2호), '입양아동'이란 이 법에 의해 입양된 아동을 말한다(제3호). '부양의무자'란 국민기초생활 보장법 제2조 제5호에 따른 부양의무자를 말한다.
- 제4조 : 이 법에 따른 입양은 아동의 이익이 최우선이 되도록 하여야 한다.
- 제5조 : 건전한 입양문화의 정착과 국내입양의 활성화를 위하여 5월 11일을 입양의 날로 하고, 입양의 날부터 1주일을 입양주간으로 한다(제1항). 국가와 지방자치단체는 제1항에 따른 입양의 날 취지에 적합한 행사 등 사업을 실시하도록 노력하여야 한다(제2항).
- 제11조 : 제9조에서 정한 아동을 입양하려는 경우에는 각 호의 서류를 갖추어 가정법원의 허가를 받아야 한다.
- 제13조 : 입양동의의 대가로 금전 또는 재산상의 이익, 그 밖의 반대급부를 주고받거나 주고받을 것을 약속하여서는 아니 된다(제2항).
- 제15조 : 이 법에 따른 입양은 가정법원의 인용심판 확정으로 효력이 발생하고, 양친 또는 양자는 가정법원의 허가서를 첨부하여 「가족관계의 등록 등에 관한 법률」에서 정하는 바에 따라 신고하여야 한다.
- 제18조 : 국내에서 제9조 각 호의 어느 하나에 해당하는 사람을 양자로 하려는 외국인은 후견인과 함께 양자로 할 사람의 등록기준지 또는 주소지를 관할하는 가정법원에 보건복지부령으로 정하는 바에 따라 다음 각 호의 서류를 첨부하여 입양허가를 신청하여야 한다.
- 제20조 : 입양기관을 운영하려는 자는 사회복지사업법에 따른 사회복지법인으로서 보건복지부장관의 허가를 받아야 한다. 다만, 국내입양만을 알선하려는 자는 시・도지사의 허가를 받아야 한다(제1항).
- 제25조 : 입양기관의 장은 해당 국가의 협력기관을 통하여 입양아동이 입양된 국가의 국적을 취득하였는지를 확인하고 그 결과를 아동권리보장원의 원장을 통하여 보건복지부장관에게 보고하여야 한다(제2항).
- 제31조 : 입양기관 또는 부모는 법원의 입양허가 결정 후 입양될 아동을 양친이 될 사람에게 인도한다.
- 제36조 : 이 법에 따라 양자가 된 사람은 아동권리보장원 또는 입양기관이 보유하고 있는 자신과 관련된 입양정보의 공개를 청구할 수 있다. 다만, 이 법에 따라 양자가 된 사람이 미성년자인 경우에는 양친의 동의를 받아야 한다.
- 제37조 : 아동권리보장원 또는 입양기관에 종사하는 사람 또는 종사하였던 사람은 그 업무를 행하는 과정에서 알게 된 비밀을 누설하여서는 아니 된다. 다만, 제36조에 따라 입양정보를 공개하는 때에는 예외로 한다.

(5) 한부모가족지원법

한부모가족지원법은 1989년 4월 1일 법률 제4121호에 의해 모자복지법으로 제정되었다가 2002년 12월 18일 법률 제6801호로 모・부자복지법으로 개정되었고, 2007년 10월 17일 법률 제8655호에 따라 한부모가족지원법으로 명칭이 변경되었다. 2011년 4월 12일 법률 제10582호까지는 모두 15차에 걸쳐 일부 개정이 되었고, 2020년 10월 20일 일부 개정으로 여성가족부장관으로 하여금 한부모가족 정책에 관한 기본계획 및 시행계획을 수립하도록 제5조의 5 및 제5조의 6을 신설하고, 한부모가족 지원대상자가 국민기초생활 보장법 등 다른 법령에 따라 지원을 받아도 아동양육비를 지급할 수 있도록 하는 등의 조항을 신설하였다.

건강의 사각지대로 여겨졌던 청소년 한부모가족의 건강진단을 정부가 실시하는 법안이 2017년 11월 24일자 국회를 통과해서 청소년 한부모가족의 건강문제 개선에 기여할 수 있게 되었는데, 현행 한부모가족지원법은 청소년 한부모가족에 대한 교육 및 자립지원의 근거는 있지만 건강문제에 대한 지원은 미비해 관련 대책이 필요하다는 지적으로 만 24세 이하 청소년 한부모가족의 건강진단을 국가가 실시할 수 있게 되었고, 청소년 한부모가족의 정확한 실태 파악을 위한 조사 및 연구실시도 가능해졌다(전주일보, 고주영 기자, 2017년 11월 26일자).

【한부모가족지원법 주요 내용】

- 제1장 총칙, 제2장 복지의 내용과 실시, 제3장 한부모가족복지시설, 제4장 비용, 제5장 보칙 등 전문 31조와 부칙으로 이루어져 있다.
- 제4조 : 이 법에서 사용하는 '한부모가족'이란 모자가족 또는 부자가족을 말하며, '아동'이란 18세 미만(취학 중인 경우에는 22세 미만을 말함)의 자를 말한다.
- 제5조 : 이 법에 따른 지원대상자 아동의 연령을 초과하는 자녀가 있는 한부모가족의 경우 그 자녀를 제외한 나머지 가족구성원을 지원대상자로 한다.
- 제11조 및 제12조 : 지원대상자 또는 그 친족이나 그 밖의 이해관계인은 복지급여를 관할 특별자치도 지사·시장·군수·구청장에게 신청할 수 있으며(제11조), 국가나 지방자치단체는 생계비·아동교육 지원비·아동양육비, 그 밖에 대통령령으로 정하는 비용 등의 복지급여를 실시해야 한다(제12조).
- 제14조 및 제15조 : 국가 또는 지방자치단체는 한부모가족의 모 또는 부와 아동의 직업능력을 개발하기 위해 능력 및 적성 등을 고려한 직업능력개발훈련을 실시해야 하며(제14조), 한부모가족의 모 또는 부와 아동의 취업기회를 확대하기 위해 한부모가족 관련 시설 및 기관과 직업안정기관 간 효율적인 연계를 도모해야 한다(제14조의2). 또한 공공시설에 각종 매점 및 시설의 설치를 허가하는 경우 이를 한부모가족 또는 한부모가족복지단체에 우선적으로 허가할 수 있다(제15조).
- 제17조 : 국가나 지방자치단체는 한부모가족에게 아동의 양육 및 교육 서비스, 장애인·노인·만성질환자 등의 부양서비스, 취사·청소·세탁 등 가사서비스, 교육·상담 등 가족 관계 증진 서비스, 인지청구 및 자녀양육비 청구 등을 위한 법률상담·소송대리 등 법률구조서비스 등을 제공하도록 노력해야 하며(제17조), 학교에서의 학적 유지를 위한 지원 및 교육비 지원 또는 검정고시 지원, 학력인정 평생교육시설에 대한 교육비 지원, 학습부진아 등에 대한 교육 지원 등을 할 수 있다(제17조의2).
- 제22조 : 한부모가족복지시설을 설치·운영하는 자는 시·도지사 또는 시장·군수·구청장으로부터 한부모가족복지시설에 한부모가족을 입소보호하도록 위탁받으면 정당한 사유 없이 이를 거부하지 못한다.
- 제25조 : 거짓이나 그 밖의 부정한 방법으로 복지급여를 받거나 타인으로 하여금 복지급여를 받게 한 경우 복지급여를 지급한 지원기관은 그 비용의 전부 또는 일부를 그 복지급여를 받은 자 또는 복지급여를 받게 한 자로부터 징수할 수 있다(제25조의2).
- 제27조 : 이 법에 따라 지급된 복지급여와 이를 받을 권리는 다른 사람에게 양도하거나 담보로 제공할 수 없으며, 다른 사람은 이를 압류할 수 없다.

한부모가족이 한부모가족지원법에서 지원받을 수 있는 시설보호로는 모자보호시설과 모자자립시설, 모자 일시보호시설, 미혼모시설 등이 있으며, 이곳에 입소하여 사회적 보호를 받을 수 있다. 한부모가족 복지시설의 종류는 다음과 같다(표 6-5).

〈표 6-5〉 한부모가족 복지시설 종류(한부모가족지원법, 제3장 한부모가족복지시설)

시설 종류	시설 목적
모(부)자가족복지시설	생활이 어려운 모(부)자 가족을 일시적으로 또는 일정 기간 보호하여 생계를 지원하고 퇴소 후 자립기반을 조성하도록 지원함 자립이 어려운 모(부)자가족에게 일정 기간 주택 편의만을 제공
미혼모자가족복지시설	미혼여성의 임신, 출산 시 안전 분만 및 심신의 건강 회복과 출산 후 아동의 양육지원을 위하여 일정 기간 보호
	출산 후의 미혼모와 해당 아동으로 구성된 미혼모자가족이 일정 기간 공동으로 가정을 이루어 아동을 양육하고 보호할 수 있도록 지원
	독립적인 가정생활이 어려운 모(부)자가족이 일정 기간 공동으로 가정을 이루어 생활하면서 자립을 준비할 수 있도록 지원
	출산 후 해당 아동을 양육하지 아니하는 미혼모들이 일정 기간 공동으로 가정을 이루어 생활하면서 자립을 준비할 수 있도록 지원
일시지원복지시설	배우자(사실혼 관계에 있는 사람을 포함한다)가 있으나 배우자의 물리적・정신적 학대로 아동의 건전한 양육이나 모의 건강에 지장을 초래할 우려가 있을 경우 일시적 또는 일정 기간 동안 모와 아동 또는 모에게 주거와 생계를 지원하는 시설
한부모가족복지상담소	한부모가족에 대한 위기・자립 상담 또는 문제해결 지원 등을 목적으로 하는 시설

■ 한부모가족지원법 시행규칙 [별지 제4호서식] 〈개정 2019. 8. 28.〉

한부모가족복지시설 설치신고서

(앞쪽)

접수번호	접수일자	처리기간 14일

신고인(대표자)	성 명	생년월일
	주 소	(전화번호 :)

시설 개요	법인의 명칭	시설종별
	소재지	(전화번호 :)
	시설장 성명	생년월일
시설정원	총 세대(인원)	(세대/명)

종사자의 수	총인원	사무국장	생활 복지사	생활 지도원	간호사	영양사	조리사	관리인
	명	명	명	명	명	명	명	명

시설 설비										
	거실	㎡	사무실	㎡	상담실	㎡	도서실	㎡	화장실	㎡
	목욕실	㎡	경비실	㎡	식당 및 조리실	㎡	교양 교육실	㎡	의무실	㎡
	산후 회복실	㎡	기타 부대시설							

예산	수입총액	지출총액	비고
	원	원	

「한부모가족지원법」 제20조 제3항 및 같은 법 시행규칙 제10조 제1항에 따라 위와 같이 한부모가족복지시설 설치를 신고합니다.

년 월 일

신고인 (서명 또는 인)

특별자치시장 · 특별자치도지사
시장 · 군수 · 구청장 귀하

구분	내용	수수료
신고인(대표자) 제출서류	1. 법인의 정관(법인인 경우에 한합니다) 1부 2. 재산목록(소유 또는 사용할 수 있는 권리를 증명할 수 있는 서류를 첨부하여야 합니다) 1부 3. 사업계획서 및 예산서 각 1부 4. 시설의 평면도(시설의 층별 및 구조별 면적을 표시하여야 합니다) 1부	수수료 없음
담당공무원 확인사항	1.법인 등기사항증명서(법인인 경우에 한합니다) 2.건축물대장	

210㎜×297㎜[백상지 80g/㎡(재활용품)]

(6) 장애인복지법

국제연합(UN)에서 1981년을 세계 장애인의 해로 정하고 심신장애인을 위한 복지사업과 기념행사를 추진하도록 모든 국가에 권고했다. 이에 따라 우리나라 정부는 장애인복지의 제도적 장치를 마련하고자 1981년 6월 5일 심신장애자복지법을 제정했으며, 장애인 편의시설을 의무화하기 위해 1984년에 건축법 시행령을 개정했다. 또한 장애인등록사업이 1987년부터 실시되고, 1988년에는 대통령 직속으로 장애자복지대책위원회를 구성하여 장애인복지정책 수립을 시도했다. 이후 1년 뒤인 1989년에는 심신장애자복지법을 장애인복지법으로 개정함으로써 생계보조수당 지급과 의료비 지원 등의 규정을 마련했다. 또한 「장애인고용촉진 등에 관한 법률」을 1990년에 제정하여 장애인 의무고용제를 도입하게 되었으며, 특수교육진흥법을 1994년에는 전면적으로 개정하여 특수교육의 기회를 줄 수 있는 장애아에게 통합교육을 확대했다. 그리고 1996년에는 위원장을 국무총리로 하는 장애인복지대책위원회를 설치하여 장기적인 장애인복지 발전 계획을 수립하기 위한 '장애인복지 발전 5개년 계획'을 제시하였다.

2000년에는 주요 외부 신체기능의 장애, 내부기관의 장애와 정신지체 또는 정신적 질환으로 발생하는 정신적 장애가 장애의 범주에 포함되었고, 2010년 5월 27일자로 일부 개정이 이루어졌으며, 2017년 12월 장애인복지법 일부 개정법률안의 내용으로는 국가와 지방자치단체가 장애인에 대한 인식개선을 위한 대국민 교육・홍보와 관련 프로그램 개발 및 전문인력 양성 등의 업무를 수행하는 장애인 인식개선 교육센터를 설치하거나 전문인력과 시설을 갖춘 기관이나 단체를 장애인 인식개선 교육센터로 지정해 사업 수행에 필요한 비용을 지원할 수 있도록 함으로써 장애인에 대한 사회적 차별과 편견을 해소하는 데 기여하려는 것(안 제25조의2 신설) 등이다(의회신문, 천경은 기자, 2017년 12월 7일자).

더불어 등급제를 폐지하는 내용의 장애인복지법이 국회를 통과했는데, 그동안 장애인단체들은 지난 1988년 도입된 장애인 등급제가 낙인을 찍는 행정편의적 제도라는 이유로 폐지를 요구해 왔다. 12월 1일 보건복지부에 따르면, 국회는 본회의에서 장애인복지법 일부 개정법률안과 「장애인활동 지원에 관한 법률」, 장애인연금법 등의 개정을 통해 '장애등급'을 '장애정도'로 변경하는 데 합의했다(장영락 기자, 2017년 12월 1일자). 장애인복지법 제15조에 근거하여 정신장애인의 장애인복지시설에 대한 이용도 제한되면서 정신장애인에 대한 복지 사각지대가 발생하고 있어서 「정신건강증진 및 정신질환자 복지서비스 지원에 관한 법률」을 삭제하여, 정신장애인이 다른 장애인과 균등한 복지를 영위할 수 있도록 하기 위해 2021년 12월에 일부개정되었다.

【장애인복지법 주요 내용】

- 제1조 : 장애인의 인간다운 삶과 권리의 보장을 위한 국가와 지방자치단체 등의 책임을 명백히 하고, 장애인복지대책의 종합적 추진을 도모하며, 장애인의 자립, 보호 및 수당의 지급 등에 관하여 필요한 사항을 정함으로써 장애인의 복지 증진 및 사회활동 참여증진을 위하여 제정되었다.
- 제3조, 제4조, 제8조, 제9조, 제10조, 제11조 : 장애인의 완전한 사회참여와 평등을 통한 사회통합을 이루는 데 장애인복지의 기본 이념을 두고(제3조), 장애인의 권리(제4조) 및 차별금지(제8조), 장애 및 장애인에 대한 국가와 지방단체의 책임(제9조)과 국민의 책임(제10조)을 규정하고 있다. 장애인의 권익과 복지증진을 위하여 보건복지부장관은 5년마다 장애인정책종합계획을 수립·시행하여야 하며(제10조의2), 장애인 종합정책을 수립하고 그 정책의 이행을 감독·평가하기 위하여 국무총리 소속하에 장애인정책조정위원회를 두도록 하고 있다(제11조).
- 제22조 : 국가와 지방자치단체는 장애인의 정보접근을 위하여 전기통신, 방송시설의 개선과 방송, 국가적인 주요 행사, 민간주체의 주요 행사에 한국수어, 폐쇄자막방송 등을 실시하도록 하고 음성도서의 보급을 추진하도록 한다.
- 제27조 : 국가와 지방자치단체는 공동주택을 건설할 때에 장애인에게 우선 분양 또는 임대하도록 하고 주택의 구입, 임차자금과 개·보수를 위한 비용의 지원을 하도록 규정한다.
- 제40조 : 장애인보조견의 훈련·보급지원을 위한 방안을 강구하여야 하고, 장애인보조견표지를 발급하며, 누구든지 장애인 보조견을 동반한 장애인의 대중교통·숙박시설·식품접객업소 이용을 정당한 사유 없이 거부하여서는 안 된다.

(7) 장애아동복지지원법

2011년에 제정된 법으로 장애아동의 특별한 욕구에 적합한 지원을 통합적으로 제공하여 장애아동이 안정된 가정생활 속에서 건강하게 성장하고, 또 장애아동가족의 부담을 줄이기 위한 목적을 가지고 있으며, 장애아동에 대한 의료비 지원, 학습과 일상생활 활동에 필요한 보조기구 지원, 보육지원, 가족지원, 돌봄 및 일시적 휴식지원 서비스 등 다양한 지원내용을 담고 있다. 또한 4년 이상, 장애인단체 및 장애인부모님들의 오랜 노력 끝에 제정된 법이기도 하며, 최근 2021년 8월에는 법률 제18416호로 일부개정되어 보호대상장애아동에 해당하는 장애아동의 가정위탁이 활성화 될 수 있도록 보호를 강화하였다.

【장애인복지지원법 주요 내용】

- 제1조 : 법의 목적은 국가와 지방자치단체가 장애아동의 특별한 복지적 욕구에 적합한 지원을 통합적으로 제공함으로써 장애아동이 안정된 가정생활 속에서 건강하게 성장하고 사회에 활발하게 참여할 수 있도록 하며, 장애아동가족의 부담을 줄이는 데 이바지함을 목적으로 한다.
- 제3조 : 기본 이념을 살펴보면 다음과 같이 최우선적으로 고려하고 최대한 보장받아야 한다. 장애아동을 위한 모든 활동에 있어서 장애아동의 이익이 최우선적으로 고려되어야 한다. 장애아동은 자신에게 영향을 미치는 모든 활동에 대하여 자신의 견해를 자유로이 표현할 권리를 최대한 보장받아야 한다.
- 제5조 : 다른 법률과의 관계에서는 장애아동의 복지지원에 관하여는 다른 법률에 우선하여 이 법을 적용한다.

장애아동복지지원법에서 정의하는 장애아동이란 '18세 미만의 등록 장애인' 뿐만 아니라, 6세 미만의 아동으로서 장애가 있다고 보건복지부장관이 별도로 인정하는 사람'을 포함하며 제공받을 수 있는 복지지원은 다음과 같다.

① 의료비 지원

장애아동의 의료적 욕구에 따라 적절한 의료비 지원

② 보조기구 지원

장애아동의 학습과 일상생활에 필요한 보조기구를 교부・대여 또는 수리하거나 구입 또는 수리에 필요한 비용 지급

③ 발달재활서비스 지원

장애아동의 인지, 의사소통, 적응행동, 감각・운동 등의 기능 향상과 행동발달을 위하여 적절한 발달재활서비스 지원

④ 보육지원

어린이집 이용대상이 되는 장애아동에게 보육료 등을 지원, 유치원을 이용하지 않는 장애영유아에게 양육수당 지급

⑤ 가족지원

가족상담, 교육 등 제공 및 가족의 양육부담 감소를 위한 돌봄 및 일시적 휴식지원서비스 제공

⑥ 문화・예술 등 복지지원

문화・예술・스포츠・교육・주거 등의 영역에서 장애아동에게 필요한 서비스가 지원되도록 최대한 노력

이상으로 장애아동의 건전한 성장을 위하여 발달재활서비스와 더불어 의료, 보육, 문화예술 등에 대해서도 공적 서비스 체계를 구축하였으며, 가족지원서비스를 포함하여 장애아동을 양육하고 있다. 특히 장애아동 양육에 대한 '가족의 돌봄 및 일시적 휴식지원' 서비스를 지원함으로써 양육부담을 감소시키고 가족의 기능을 회복시키고 강화할 수 있도록 하였다(니콜라울림마당, 대한성공회서울교구사회선교국).

(8) 청소년 기본법

최근까지 청소년을 대표한다고 볼 수 있는 법률은 청소년 기본법, 청소년 보호법이었다. 1987년에 제정된 청소년육성법을 이어서 청소년 기본법이 1991년 12월 31일 법률 제4477호로 제정이 되었고 이후 내용이 일부 또는 전면 개정되어 왔다. 또한 2004년 2월 9일 국회에

서는 청소년복지지원법, 청소년활동진흥법이 제정되고, 청소년 기본법이 대폭 개정되었다. 이는 청소년 기본법을 기본법으로서 제 역할을 다할 수 있게 하고, 청소년활동의 활성화와 청소년복지에 대한 지원을 위한 특별한 법률을 만들자는 요구가 반영된 것이라 할 수 있다.

2017년 11월 24일 청소년 기본법 일부 개정법률안이 국회 본회의에서 통과되었다. 이는 국가와 지방자치단체의 청소년과 관련한 정책 심의 · 협의 · 조정 등에 청소년이 직접 참여할 수 있는 기회가 많이 주어진다는 의미를 포함하고 있다. 더불어 청소년참여위원회의 법적 근거도 청소년 참여권 확대를 위해 마련된다(Mimint뉴스, 박종진 기자, 2017년 11월 26일자, www.mimint.co.kr/article). 2022년 12월 청소년 기본법 15조의 2를 신설하고 효율적인 청소년 정책을 수립하기 위하여 3년마다 실태조사를 실시하고 그 결과를 공표하기로 개정하였다.

【청소년 기본법 주요 내용】

- 제1장 총칙, 제2장 청소년정책의 총괄 · 조정, 제4장 청소년시설, 제5장 청소년지도자, 제6장 청소년단체, 제7장 청소년활동 및 청소년복지 등, 제8장 청소년육성기금, 제9장 보칙, 제10장 벌칙 등 전문 66조와 부칙으로 구성
- 제3조 : 이 법에서 사용하는 '청소년'이란 9세 이상 24세 이하의 자를 말하며, '청소년 육성'이란 청소년 활동을 지원하고 청소년의 복지를 증진하며 근로 청소년을 보호하는 한편, 사회여건과 환경을 청소년에게 유익하도록 개선하고 청소년을 보호하여 청소년에 대한 교육을 보완함으로써 청소년의 균형 있는 성장을 돕는 것을 말한다.
- 제5조, 제6조 : 청소년의 기본적 인권은 청소년활동 · 청소년복지 · 청소년보호 등 청소년 육성의 모든 영역에서 존중되어야 하며(제5조), 가정은 청소년 육성에 관해 1차적 책임이 있음을 인식하고, 따뜻한 사랑과 관심을 통해 청소년이 개성과 자질을 바탕으로 자기발전을 실현하고 국가와 사회의 구성원으로서의 책임을 다하는 다음 세대로 성장할 수 있도록 노력해야 한다(제6조).
- 제9조, 제13조 : 청소년육성정책은 여성가족부장관이 관계 행정기관의 장과 협의하여 총괄 · 조정하며(제9조), 국가는 청소년 육성에 관한 기본 계획을 5년마다 수립해야 한다(제13조).
- 제16조 : 청소년의 능동적이고 자주적인 주인의식을 고취하고 청소년 육성을 위한 국민의 참여 분위기를 조성하기 위해 매년 5월을 청소년의 달로 한다.
- 제28조 : 국가 및 지방자치단체는 청소년단체의 조직과 활동에 필요한 행정적인 지원을 할 수 있으며, 예산의 범위 안에서 그 운영 · 활동 등에 필요한 경비의 일부를 보조할 수 있다.

(9) 청소년 보호법

청소년 보호법은 우리나라의 청소년 관련 법률로, 청보법이라고도 한다. 청소년 보호법은 기존에 존재했던 미성년자보호법을 대신해 1997년 3월부터 제정되었다. 미성년자보호법은 미성년자를 대상으로 건강을 보호하고 그들을 선도 및 건전한 육성을 하기 위하여 1961년 12월에 제정된 법이다. 우리나라에서는 미성년자끽연금지법 및 미성년자음주금지법을 조선에 시행하는 건에 의하여 1938년 3월 일본에서 시행되던 2개의 법률을 우리나라에 적용하다가 이를 폐지하고 1961년 12월 미성년자보호법이 제정되었다가, 1963년 11월과 1979년 12월, 1991년 3월, 1995년 12월에 일부 개정을 거쳐 1999년 2월 5일에 청소년 보호법 제정으로 미성년자보호법이 폐지되고 청소년 보호법으로 대체되었다(법률 제5817호).

청소년 보호법은 청소년을 각종 유해환경으로부터 보호・구제하고 청소년이 건전한 인격체로 성장할 수 있는 여건을 조성하기 위해 음란・폭력성의 유해매체물과 약물 등이 청소년에게로 유통되는 것과 청소년이 유해한 업소에 출입하는 것 등을 규제하는 청소년 보호에 있어서 가장 기본적인 법률이다(청소년 보호법, 한국민족문화대백과사전, 한국학중앙연구원본).

개정된 청소년 보호법은 식품위생법, 미성년자보호법 등 관련 법규상 '청소년 보호연령'이 18~20세 미만으로 각각 상이하여 혼선을 빚었던 점을 보완하기 위해 보호연령을 19세 미만(정확히는 만 19세가 되는 해의 1월 1일이 지나지 아니한 자)으로 통일했고 청소년을 대상으로 한 유해행위에 있어서는 그 처벌이 대폭 강화되었다.

2016년 3월 2일부터 시행된 개정안은 기본적으로 만 13세부터 보호법 대상이 되며 이 연령부터 모든 청소년은 청소년 보호법에 의해 일부 제한 및 금지 처분을 받게 된다. 이를 위반할 경우, 효력기간 동안 처벌을 받게 되는 경우도 있다. 단, 만 19세가 되면 별도의 법률적 절차 없이 청소년 보호법의 보호연령에서 벗어난다.

2021년 12월 개정된 청소년 보호법에는 모바일 게임이 크게 성장하는 등 게임이용 환경이 변화했고, 심야시간대 청소년이 이용할 수 있는 매체가 다양해짐에 따라 제도 개선의 필요성이 제기되어, 청소년과 가족의 자율성을 강화하기 위하여 심야시간대의 청소년 인터넷게임 제공시간 제한 규정을 삭제하고, 게임 중독・과몰입 등으로 어려움을 겪는 청소년과 그 가족에 대한 상담・교육 등 지원을 강화하는 내용으로 개정되었다.

【전면금지 및 심야시간 금지】

- 경마장 마권, 복권 구입 및 환전 행위
- 농약, 부탄가스, 접착제 및 유화용제, 독극물 등 독성성분이 첨가된 모든 약성물질
- 성인용 도서, 영상물 등 : 이 작품들의 경우 반드시 "19(18)세 이상 관람가", "19세 미만 구독 불가"라는 표기를 해야 한다. 이를 어기고 청소년에게 판매 또는 대여를 허용하였거나 방조했을 경우 해당자는 법에 의해 처벌을 받게 된다.
- 성인용 게임(게임물관리위원회에 의해 청소년이용불가로 판정된 모든 게임물) 및 각종 디지털 콘텐츠
- 성인전용 오락실, 카지노, 성인전용 노래방, 나이트클럽 등 성인 전문 유흥업소
- 주류(소주, 맥주, 막걸리, 와인, 무알콜 맥주 등), 담배류 등 : 병 표면 등 눈에 잘 띄는 표면에 "19세 미만 청소년 판매금지"라는 문구를 붙여야 한다.
- 청소년이 관람할 수 없는 모든 영화, 공연, 행사 등 : 고등학교 이하의 교육기관에 재학해 있는 경우 별도로 초중등교육법에 의해 금지된다. 고등학교 이하 학력인정 평생교육시설의 경우 평생교육법을 적용받으나 만 19세 미만 재학생은 이 법에 의해 금지된다.
- 레이저포인터 구입 : 장난으로 눈에 비추는 등의 행위로 치명적 망막 손상을 가져올 수 있으므로, 이를 잘 모르는 청소년에 대한 유통을 금지한다.
- 청소년통행금지구역 통행 : 단, 보호자나 교사를 동반하면 통행 가능

※ 특정 시간 동안 제한되는 행위 및 장소(단, 법적보호자를 동반한 경우는 제외)

- 오락실, 노래방, PC방 등 : 밤 10시~아침 9시
  ※ 이들 업소 중에서도 성인전용업소는 전면 금지에 들어간다. 법이 개정되면서 게임업소 전체에 청소년 심야시간 제한이 생기게 되었다.
- 목욕탕 및 찜질방 : 밤 10시~새벽 5시
  ※ 탈선 및 가출 청소년 문제로 인해 부득이 지정하게 되었다. 하지만 보호자의 동의서를 지참했을 경우에는 출입이 가능하다.
- 모든 온라인 게임 : 밤 12시~새벽 6시
  ※ 2011년 시행된 셧다운제로 인하여 지정되었다.
  청소년 이용이 금지된 청소년이용불가게임은 적용되지 않는다.
- 각종 학원 : 밤 10시(단 일부 야간자율학습 시행 지역은 12시)~아침 9시
- 청소년통행제한구역 : 저녁 7시~새벽 6시

출처 : 나무위키(2017. 12. 26).

우리나라의 청소년 보호에 관한 법률은 가정과 학교, 지역사회, 그리고 정부 등의 주체들이 함께 참여하는 종합적 대책이 필요하다. 정부기관만이 청소년 보호를 담당한다면, 그 효과는 당연히 한계가 있기 마련이다. 즉, 정부와 비정부기관, 그리고 지역주민이 모두 참여하게 될 때 비로소 그 경계가 없어지고 체계적인 방안을 위한 전략을 세울 수 있다(청소년 보호법, 한국민족문화대백과사전, 한국학중앙연구원본).

(10) 아동 · 청소년의 성보호에 관한 법률

「청소년의 성보호에 관한 법률」은 2000년 7월 1일부터 시행되었고, 이후 2009년 6월 9일 법률명이 「아동 · 청소년의 성보호에 관한 법률」로 변경되어 전면 개정되었다. 이 법은 1997년 미국에서 제정된 메건법(Megan's law)[2]에서 유래되었으며, 2000년 7월 시행 당시 청소년보호위원회 인터넷 홈페이지에서 성범죄자의 신상정보를 공개하였다. 하지만 성범죄자의 상세한 정보를 제공하지는 못하였다. 그래서 이후 이 법은 2010년 4월 15일 여성가족부 인터넷 홈페이지에서 누구나 성인인증을 거치게 되면 성범죄자의 상세한 신상정보(사진, 신체 특징, 주소 등)를 볼 수 있도록 개정되었다(아동 · 청소년의 성보호에 관한 법률, 한국민족문화대백과사전, 한국학중앙연구원본). 이 법은 아동 · 청소년의 성을 사거나 이를 알선하는 행위, 아동 · 청소년을 이용하여 음란물을 제작 · 배포하는 행위 및 아동 · 청소년에 대한 성폭력 행위 등으로부터 아동 · 청소년을 보호 · 구제하여 청소년의 인권을 보장하고 건전한 사회구성원으로 성장할 수 있도록 함을 목적으로 하는 법률이다.

---

2 메건법(Megan's law) : 미국에서 성범죄자의 이름, 나이, 주소 등을 공개하는 법으로 1994년 뉴저지주에 살았던 7세의 메건 니콜 칸카라는 소녀가 이웃에 사는 상습 성범죄자에게 강간, 살해되어 희생당한 사건을 계기로 제정되었다. 정식명칭은 성범죄자 석방 공고법이다. 메건법에 의해 주민들은 인터넷과 전화로 누구나 성범죄자의 정보를 제공받을 수 있으며, 성범죄자는 아동의 집으로부터 10km 이내의 접근을 금지하고 거주지를 옮길 경우 신고해야 한다. 이 법은 1996년 연방 법률로 제정되어 미국 전역에서 적용되고 있다.

【아동 · 청소년 성보호에 관한 법률 개정 주요 내용】

- 제2조 제6호 및 제7호 : 대상아동 · 청소년을 삭제하고, 피해아동 · 청소년에 성을 사는 행위의 피해자가 된 성매매 피해아동 · 청소년을 포함하도록 함
- 제13조 제3항 : 장애 아동 · 청소년을 대상 성범죄에 대하여 정한 형의 2분의 1까지 가중처벌할 수 있도록 함
- 제20조 제3항 제1호 : 형법 제305조에 따른 미성년자에 대한 간음 · 추행의 죄에 대하여 공소시효를 배제함
- 제38조 : 검사 또는 사법경찰관은 성매매 피해아동 · 청소년을 발견한 경우 신속하게 사건을 수사한 후 여성가족부장관 및 성매매 피해아동지원센터를 관할하는 시 · 도지사에 통지하도록 하고, 통지를 받은 여성가족부장관은 해당 성매매 피해아동 · 청소년에 대하여 교육 프로그램 이수 등의 조치를 하도록 함
- 제39조 및 제40조 : 대상아동 · 청소년에 대한 소년법의 적용 조항을 삭제함
- 제47조의2 : 국가와 지방자치단체는 성매매 피해아동 · 청소년의 보호 및 지원을 위하여 성매매 피해아동 · 청소년 지원센터를 설치 · 운영할 수 있도록 함
- 제49조 제1항 제1호 및 제50조 제1항 제1호 : 등록정보의 공개 및 고지 대상을 아동 · 청소년대상 성범죄를 저지른 자로 확대함

최근 발생한 텔레그램 n번방 사건과 같이 아동 · 청소년대상 '온라인 그루밍'의 경우 성착취물의 제작 및 유포에 따른 파급효과가 극심하고 피해의 회복이 어려우므로 이를 범죄행위로 규정하여 처벌하는 한편, 아동청소년대상 디지털 성범죄를 사전에 예방하고 증거능력 있는 자료를 확보하기 위하여 사법경찰관리가 신분을 위장하여 수사할 수 있도록 수사 특례 규정을 마련하기 위하여, 일부 내용을 개정하였는데, 법정형을 상향하고, 성적 착취 목적의 대화 및 행위 처벌 규정과 형사소송법상 공소시효를 적용하지 않는다는 조항을 신설하였다(청소년성보호법, 2021년 3월 23일자).

(11) 성폭력범죄의 처벌 등에 관한 특례법

2004년 밀양 여중생 집단 성폭행, 2008년 조두순 사건, 2011년 광주 인화학교 사건 등이 세상에 알려지면서 위치추적 전자감독제도, 중범죄에 대한 공소시효 연장 및 공소시효제도폐지, 재범자 및 성범죄에 대한 가중 처벌, 음주감경 배제 등에 대한 목소리를 내게 되었다. 흉악한 가해행위와 피해자의 상황이 그대로 언론 및 SNS에 공개되고 영화제작 등을 통해 이들에 대한 분노가 2010년 「성폭력범죄의 처벌 등에 관한 특례법」이라는 결과물을 가져오게 되었다.

「성폭력범죄의 처벌 등에 관한 특례법」이란 형법에서도 규정하고 있는 성범죄를 별도 특례법으로 규정하여 더욱더 강력한 처벌을 받도록 새롭게 만들어진 법 조항이다. 시간이 거듭될수록 수단과 방법이 상상을 초월하며, 불특정 다수를 향해 일어나는 것이 성범죄인 만큼 상습범의 재범을 억제하기 위해 위치추적 전자장치와 20년 동안 신상공개 명령 등 많은 제도를 신설함으로써 국가적 차원에서도 범죄자에 대해 보안처분을 하게 했다.

2017년도에는 「성폭력범죄의 처벌 등에 관한 특례법 일부 개정법률안」으로 13세 이상의 아동・청소년에 대한 강간 등 중대 성범죄의 경우에도 공소시효 적용을 배제하도록 하고, 아동・청소년 및 신체적인 또는 정신적인 장애가 있는 사람을 대상으로 한 중대한 성범죄로서 공소시효 적용이 배제되는 범죄에 「아동・청소년의 성보호에 관한 법률」 제7조를 추가하는 내용을 포함하고 있다(의회신문, 천경은 기자, 2017년 11월 23일자).

최근 2021년 9월 성폭력처벌법이 일부 개정되었는데, 그 내용은 군 검사가 구속영장을 청구할 때 부대의 장의 승인을 받는 제도를 폐지하는 등 군 장병의 재판받을 권리와 군조직의 특수성이 조화된 사법체계를 확립하는 동시에 현행 제도의 운영상 나타난 일부 미비점을 개선・보완한다는 것이다.

【성폭력범죄의 처벌 등에 관한 특례법 개정 주요 내용】

- 제1장 총칙, 제2장 성폭력범죄의 처벌 및 절차에 관한 특례, 제3장 신상정보 등록 및 등록정보의 공개 등, 제4장 벌칙의 4장으로 나누어진 전문 52조와 부칙으로 구성(법률 제17264호 일부개정, 2020. 5. 19)
- 제3조 제1항, 제4조 제1항 · 제2항, 제7조 제3항 및 제11조 : 특수강도강간 등, 특수강간 등, 13세 미만에 대한 강제추행 및 공중 밀집장소에서의 추행의 죄의 법정형을 상향함
- 제6조 제3항, 제12조 및 제13조 : 장애인에 대한 강제추행, 성적 목적을 위한 다중이용장소 침입행위 및 통신매체를 이용한 음란행위의 죄의 벌금형을 징역 1년당 벌금 1천만 원의 비율에 맞추어 상향함
- 제14조 제1항부터 제3항까지 : 카메라 등을 이용한 촬영, 그 촬영물 또는 복제물의 반포 등의 죄의 법정형을 상향하고, 자신의 신체를 직접 촬영한 경우에도 그 촬영물을 촬영대상자의 의사에 반하여 반포 등을 한 사람은 처벌된다는 점을 명확히 규정함
- 제14조 제4항 신설 : 불법 성적 촬영물 등을 소지 · 구입 · 저장 또는 시청한 자는 3년 이하의 징역 또는 3천만 원 이하의 벌금에 처하도록 함
- 제14조의3 신설 : 성적 욕망 또는 수치심을 유발할 수 있는 촬영물 등을 이용하여 사람을 협박 또는 강요한 자는 각각 1년 이상, 3년 이상의 징역에 처하도록 함
- 제15조의2 신설 : 특수강도강간 등의 죄를 범할 목적으로 예비 · 음모한 사람은 3년 이하의 징역에 처함

생각해 보기

- 우리나라 아동복지정책의 문제점에 대해 생각해 봅시다.
- 아동과 가족을 함께 생각해야 하는 이유를 생각해 봅시다.
- 아동복지의 관련법이 발생한 사회적 배경을 찾아봅시다.

CHAPTER

07 보육아동 아동복지서비스

1. 보육아동의 이해
2. 보육아동의 현황
3. 보육아동 아동복지서비스의 구체적 내용
4. 보육의 개선방안

CHAPTER 07

보육아동 아동복지서비스

학습목표

- 보육의 개념과 필요성 및 보육서비스 기능에 대하여 설명할 수 있다.
- 보육대상, 어린이집 유형, 보육현황을 설명할 수 있다.
- 보육의 주요 보육정책 및 보육에 대한 개선방안을 설명할 수 있다.

이 장에서는 먼저 우리나라 보육대상아동의 현황을 살펴보고, 이들을 위한 대표적인 어린이집의 유형 및 보육현황, 주요 보육정책, 보육서비스에 대하여 다루고자 한다.

1. 보육아동의 이해

1) 보육의 개념

보육의 개념은 사회변화와 함께 변화되어 왔다. 영유아보육법이 제정되기 이전에는 보육(childhood care and education)을 탁아라는 용어로 사용하였으나, 영유아보육법(1991)이 제정되면서 보호하고 돌보아 준다는 종전의 보육(care)개념에 교육(education)의 기능까지 통합하여 보육은 보호하고 돌보아 줌과 동시에 전인적인 발달을 도모하기 위한 교육의 개념을 포함하는 것(educare)으로, 동법에서는 영유아의 보호와 교육을 동시에 충족하여 기존의 탁아라는 용어를 보육으로 대신하였다. 보육의 일반적인 사전적 의미는 영유아를 보살펴 기르는 것으로, 정상적인 발달과 양육을 내포하고 있다.

오늘날 사용되고 있는 보육서비스의 개념은 과거의 탁아서비스의 개념이 사회발전이나 생활수준의 향상으로 접근방법도 변화하고 있다. 시대상황에 따라 초기에는 주로 영세민이나 보호능력이 없는 부모의 자녀 보호에 중점을 둔 자선적 의미였으나, 최근에는 전문적인 사회복지서비스로서 보육과 교육이 통합된 개념으로 보고 있다. 또한 보육서비스의 대상에서도 변화를 가져왔다. 예전에는 부모의 근로시간 동안 사회・경제적 위치가 낮은 가정을 대신하여 급・간식을 제공하고, 편히 쉴 수 있는 환경을 제공하여 가정을 대신하는 보충적인 역할을 하였다. 최근에는 모든 영유아를 대상으로 보육과 교육을 제공하는 보편적인 보육사업으로 변화하였다. 과거의 보육개념은 저소득층의 자녀, 요보호아동 등을 대상으로 하는 소극적 의미에서의 복지사업이라는 의미가 강했다. 그러나 저출산, 초고령화, 산업화에 따른 가족구조와 기능의 변화, 경제활동을 하는 여성의 인구가 증가하고 전반적 사회적 여건 등의 변화로 인해 보육의 문제는 요보호 상태의 아동에 대한 보호뿐만 아니라, 모든 영유아의 건전한 육성을 위해 사회나 국가에서 다루어져야 한다는 인식의 변화로 보편적인 복지 실현이 현실적으로 이루어지고 있다. 이는 종전의 소극적 의미에서의 보육의 개념이 적극적・포괄적 의미의 개념 변화를 가져왔다는 것을 의미한다.

영유아는 보육과 교육을 받을 권리를 지닌 주체로서 가정의 경제・사회적 지위에 상관없이 자신의 개성과 잠재능력을 계발시키고 장차 자아실현을 할 수 있는 기반을 닦을 수 있도록 평등하게 보호받고 교육받을 기회를 누려야 한다. 보육의 여러 정의를 종합하면 보육사업은 부모의 취업 유무, 계층에 상관없이 단순한 보호 차원을 벗어나 보육과 교육하는 차원에서 영유아의 교육, 영양, 건강, 안전 등 영유아가 최선의 발달을 할 수 있도록 서비스를 제공하는 것이라 볼 수 있다.

영유아를 대상으로 하는 서비스에서 가장 대표적인 개념은 보육과 교육이다. 보육과 교육이 별개의 것으로 인식되던 때와는 달리 오늘날에 와서는 이 두 개념이 서로 분리될 수 없음이 인식되는 상황이다. 영유아의 기본 생활습관, 학습, 태도를 모르고 영유아를 보호할 수 없고, 아동을 돌보는 시간을 갖지 않고서는 교육이 이루어질 수 없다. 보육과 교육을 분리하는 것은 영유아의 성장과 발달에 지장을 초래할 수 있으며, 최근 보육과 교육을 통합하는 추세에 있다.

종전의 보육(care)개념은 보호하고 돌보아 준다는 보육의 개념에서 교육(education)의 기능까지 통합하게 되었다. 보육은 보호와 돌봄이 동시에 이루어지면서 전인적인 발달과 성장을 도모하기 위한 교육의 개념을 포함하는 것(educare)으로 변화하게 되었으며 보육시설의 명칭도 어린이집으로 변경되었다. 영유아보육법의 목적은 제1조에 의하면 영유아의 심신을 보호하고 건전하게 교육하여 건강한 사회구성원으로 육성함과 아울러 보호자의 경제적・사회적 활동이 원활하게 이루어지도록 함으로써 영유아 및 가정의 복지 증진에 이바지하는 것이다. 영유아보육법의 제2조에 의하면 '영유아'란 6세 미만의 취학 전 아동을 말하고, '보육'이란 영유아를 건강하고 안전하게 보호・양육하고 영유아의 발달 특성에 적합한 교육을 제공하는 어린이집 및 가정양육 지원에 관한 사회복지서비스를 말한다. '어린이집'이란 보호자의 위탁을 받아 영유아를 보육하는 기관을 말하고, '보호자'란 친권자・후견인, 그 밖의 자로서 영유아를 사실상 보호하고 있는 자를 말하며, '보육교직원'이란 어린이집 영유아의 보육, 건강관리 및 보호자와의 상담, 그 밖에 어린이집의 관리・운영 등의 업무를 담당하는 자로서 어린이집의 원장 및 보육교사와 그 밖의 직원을 말한다. 영유아보육법의 제3조에 제시된 보육이념은 다음과 같다. 첫째, 보육은 영유아의 이익을 최우선적으로 고려하여 제공되어야 한다. 둘째, 보육은 영유아가 안전하고 쾌적한 환경에서 건강하게 성장할 수 있도록 하여야 한다. 셋째, 영유아는 자신이나 보호자의 성, 연령, 종교, 사회적 신분, 재산, 장애, 인종 및 출생지역 등에 따른 어떠한 종류의 차별도 받지 아니하고 보육되어야 한다.

영유아들이 건강하게 자랄 수 있도록 국가는 책임을 다하고, 이를 통해 보육의 의미로는 아이는 누구나 행복하게 자라고 부모는 아이를 안심하고 맡기고 양육하며 교사는 자긍심을 가지고 일하는 여건이 조성되어 모두 아우를 수 있도록 한다.

윌슨(Willson, 1989)이 제시한 보육에 대한 과거의 인식과 오늘날의 인식의 변화를 비교해 보면 〈표 7-1〉과 같다.

〈표 7-1〉 보육에 대한 인식 변화

과거의 인식	오늘날의 인식
보육은 서비스다.	대중사회의 공익사업이다.
보육은 국가의 책임이다.	부모의 공적·사적 지원 체계의 공동 책임이다.
보육은 저소득층 가정을 대상으로 한다.	필요로 하는 모든 계층의 가정을 대상으로 한다.
어린이집을 이용하는 사람은 수령인이거나 수혜자이다.	소비자인 동시에 후원자이다.
어린이집은 공공기금으로 이루어진다.	공공기금으로 이루어지는 서비스만은 아니다.
어린이집 허가제도는 아동을 위한 국가의 법적 규제 장치이다.	부모가 좀 더 나은 어린이집을 선택하는 데 도움을 주기 위해 만들어진 소비자 보호제도이다.
보육 프로그램을 통한 빈곤가정에서 요구하는 모든 서비스를 전달한다.	빈곤가정의 요구뿐만 아니라 사회계층과 무관하게 부모의 요구에 해당하는 서비스를 제공한다.
가족의 문제와 무능은 어린이집을 이용하는 사람들의 주요 특징이다.	기본적인 가정 기능의 원활한 수행에 도움이 될 뿐 아니라 치료적 역할을 한다.
어린이집은 가정의 문제가 있을 때 요구되는 '필요악'이다. 어린이집보다는 하루 종일 일하지 않는 부모가 아동을 돌보는 것이 이상적이다.	부모의 취업 유무와 상관없이 아동에게 유익하기 때문에 어린이집을 이용한다.
어린이집은 학교나 사회적 서비스 체계 안에 있어야 한다.	모든 가정이 이용할 수 있는 보육제도는 공영 또는 사립기관에 의해 운영되는 가정탁아, 어린이집, 종일반, 맞춤반 등 다양한 종류의 보육형태를 포함한다.

2) 보육사업의 필요성

여성들의 경제활동 참여 확대, 핵가족 중심의 가족구조 변화, 저출산, 취업모의 증가, 결손가정의 증가로 인한 다양한 가족형태, 자녀교육에 대한 인식 변화 등으로 보육사업의 필요성이 점점 높아진다. 특히 결정적 시기인 영유아기에 대한 중요성과 영유아가 국가 경쟁력의 기반이 되는 미래 인적자원이라는 인식을 하게 되면서 우리나라뿐만 아니라, 세계 여러 나라에서도 영유아의 건강한 성장에 대해 활발하게 관심을 기울이고 재정투자를 하고 있다(보건복지부, 2017). 1980년대 이후 우리나라는 경제발전과 더불어 여성의 지위와 역할의 변화, 취업여성의 증가로 인하여 영유아의 보육과 양육문제가 사회적인 문제로 대두되었고 영유아의 보육에 대한 요구가 급속하게 증가하였다. 이에 정부는 1991년 영유아보육법을 제정하였고, 1995년부터 어린이집 확충계획을 추진하여 어린이집은 양적 측면에서 매우 급속하게 늘어나는 추세였으며, 부모의 학력과 소득, 가족의 형태 등에 관계없이 보편적인 보육사업으로 공공성이 확대되고 있다. 이러한 급속한 어린이집 양적 확충의 결과는 영유아에게 바람직한 보육서비스가 제공 및 부모의 요구가 충족되고 있었는가에 대해 심각한 우려와 의문을 제기하게 하였다. 저출산 문제가 심각한 우리나라는 최근 부모의 경제활동과 사회참여가 영유아 양육과 양립할 수 있는 적극적인 지원방안을 필요로 하고 있다. 최근 우리나라에서는 출산율을 높이기 위한 방편으로 국가적 차원에서 보육사업에 우선적으로 대응하고 있으며, 영유아의 건전한 성장과 발달을 위해 사회복지 분야에서 주요 정책으로 보육사업이 이루어지고 있다.

보육의 필요성으로는 첫째, 저출산, 둘째, 여성의 경제활동 증가, 셋째, 가치관의 변화, 넷째, 가족구조의 변화를 들 수 있다.

(1) 저출산

최근 국가적 차원의 가장 많은 관심을 불러일으키는 저출산은 정부 차원에서의 보육에 대한 개입의 필요성을 더욱 강조하고 있다. 저출산의 지속으로 전체 영유아 수는 감소추세에 있다. 앞으로 다가오는 저출산 사회의 문제를 예방하기 위해서 정부의 보육에 대한 관심이 날로 증가하고 있다. 2022년 우리나라 합계 출산율은 0.78명으로 초저출산의 경계선에 걸친 것으로 나타나 심각한 사회문제로 대두되고 있다. 자녀를 갖지 않는 이유를 보면 경제적 이유, 자녀양육 및 교육에 많은 비용이 든다는 것이 저출산에 가장 큰 비중을 차지한다. 정부에서는 막대한 예산을 쏟아부으며 출산율을 높이려고 애를 썼지만, 육아휴직의 어려움, 양육비 및 사교육비에 대한 부담감, 믿고 맡길 수 있는 어린이집의 미비 등 저출산을 막기 위한 성과는 미흡한 실정이다. 따라서 마음 놓고 자녀를 맡길 수 있는 국공립어린이집의 확충이 시급하며, 저출산에 대한 개선으로 임신 및 출산과 육아를 사회가 함께 책임지는 근본적인 대책이 필요하다.

(2) 여성의 경제활동 증가

여성의 경제활동의 증가로 인한 출산과 육아에 대한 부담은 보육의 필요성을 강조하는 가장 큰 원인으로 작용한다. 여성의 경제활동참가율은 2012년 50.1%에서 2018년에는 52.9%으로 증가하였다. 여성의 경제활동참가율이 매년 증가하는 것은 일시적인 경제활동이 아닌 지속적인 사회생활의 참여로 인해 기혼여성의 취업률이 증가하고 있는 추세임을 보여준다.

여성의 경제활동 인구의 증가의 원인은 다음과 같다.

첫째, 산업화에 따른 분업화와 전문화로 노동력의 수요가 증가하면서 여성에 대한 다양한 직업이 개발되었기 때문이다.

둘째, 여성의 교육수준의 향상에 따라 의식과 인식의 변화로 자기개발 및 경제적 자립의 욕구가 팽배해졌다.

셋째, 가족구성원의 변화와 가족구조의 변화로 자녀 수가 감소하고 가사일을 편리하게 해줄 가전제품 및 생활용품으로 여가시간이 늘어났기 때문이다.

여성의 경제활동참가율이 증대되면서 취업모도 증가하였다. 취업모의 증가는 직업적인 역할과 가정에서의 가사부담감과 아이를 양육을 해야 하는 이중적 부담으로 가정의 보호 및 교육의 기능을 급격히 약화시키고 있다.

특히 취업여성에 대한 실태조사 결과를 보면 미취학 자녀를 둔 취업여성의 경우 자녀의 양육 및 교육의 문제가 가장 어려운 것으로 나타났다. 취업여성이 가장 힘들어 하는 자녀

양육 문제는 경제구조의 변화로 야기된 보편적인 문제로서 개인적으로 해결해야 될 것이 아니라, 사회와 국가적 차원에서 다루어야 할 과제이다.

(3) 가치관의 변화

현대사회는 아동의 권리 및 아동발달과 사회화의 측면에서 영유아기에 대한 중요성이 대두되고 있다. 또한 여성의 가정과 일에 대한 의식의 변화, 자녀의 양육방식에 대한 변화는 부모와 자녀 역할에 대한 사회적 인식과 가치관의 변화를 가져왔다. 현대의 부부역할은 가부장적인 역할관에서 벗어나 맞벌이 부부관으로 변화하고 있으며 과거에는 조부모에 의한 가족양육을 선호하였으나, 요즈음은 기관양육을 선호함으로써 어린이집에 대한 양질의 보육서비스의 요구는 더욱 확대되고 있다.

(4) 가족구조의 변화

산업이 고도화되고 주거형태가 도시화되는 현대사회에서 삶의 양식과 함께 가족구조에서도 변화가 왔다. 급속한 경제발전과 가족 구조 및 기능의 변화, 핵가족화, 가족해체의 증가 및 대안가족 등 다양한 형태의 가족의 변화양상이 나타나고 있다. 가정환경의 변화는 가족의 기능을 저하시키는 요인으로 작용하고 있다. 전통적 대가족제도하에는 부모나 형제, 자매를 통한 아동양육의 지원이 가능하였으나, 핵가족화된 현 가족현상에서는 아동양육에 대한 지원을 사회에서 찾아야 하는 현실에 이르렀다. 이에 젊은 부부는 전적으로 아동양육을 책임져야 하지만 적절한 양육의 형태나 양육모델, 양육지원을 받을 수 없는 상황이다. 그러므로 아동을 양육하는 부모에 대한 부모교육 및 역량을 강화하는 보육서비스의 제공이 절실하며 한부모가족, 조부모가족, 다문화가족 등 다양한 가족형태를 지원하는 보육서비스 또한 매우 필요한 실정이다. 가족구조의 변화는 가치관의 변화나 삶의 양식 변화 등과 맞물려 가정 이외의 장소에서 아동을 보호하고 교육하는 국가적 차원의 보육사업을 필요로 하게 된다.

3) 보육서비스의 기능

(1) 예방적 기능

보육서비스는 생존권, 보호권, 발달권, 참여권에서의 건강한 가정에서의 성장할 권리, 교육 및 의료 혜택을 받을 권리, 학대의 위험에서 벗어나 보호받을 권리, 아동의 최우선의 이익 및 노동력 착취 금지의 권리 등 아동의 기본적인 권리에 있어서 가정과 사회와 국가가 공동으로 책임지는 보육서비스 기능이다. 보육서비스는 표준보육과정과 누리과정에서 제시하고 있는 영역별 지표에 의거한 양질의 보육서비스 제공 및 인성 함양을 위한 사회적·심리적·경제적·정서적 기타 환경적인 위험으로부터의 보호와 어린이집에서의 기회 제공을 통한 아동에 대한 문제에 대해 예방적 기능을 할 수 있다.

(2) 보호적 기능

가정에서 제공되는 기본적인 안정감과 애착 형성이 이루어지고 건강, 영양에 대한 관리, 성장관리에 대한 환경이 제공 등이 이루어져야 한다. 또한 결손가정의 자녀, 보호자의 보호기능 상실, 질병, 장애, 정신적 병리현상을 포함한 보호가 필요한 아동을 위한 안전한 보호 제공 및 다양한 발달적 경험기회 제공으로써 보호서비스를 제공한다.

(3) 교육적 기능

아동의 정서적·신체적·인지적 발달에 필요한 바람직한 환경이나 경험을 제공하며, 보호중심에서 벗어나 표준보육과정과 누리과정에 의거한 교육서비스를 통한 보육 프로그램을 운영함으로써 교육적 기능을 수행한다. 모든 아동에게 양질의 보육과 교육의 서비스 제공뿐만 아니라 한부모가정, 다문화가정, 빈곤가정 등 특별한 요구를 가진 아동에게 양질의 보육서비스 제공, 교육기회 제공을 통한 박탈된 환경에 대한 보육과 교육의 서비스를 제공한다.

(4) 가족지원 기능

아동의 부모에게 육아정보를 제공하고, 아동발달 상황에 대한 관찰 및 상담을 실시하여 지역사회와 가정의 연계와 협력을 통하여 정보를 공유하도록 한다. 가정에서는 지역사회와의 연계망을 적절히 이용함으로써 가족지원 기능을 제공하며 건전한 가정환경을 조성할 수 있도록 지원한다.

2. 보육아동의 현황

1) 보육대상

어린이집의 이용대상은 보육이 필요한 영유아를 원칙으로 한다. 다만, 필요한 경우 어린이집의 원장은 만 12세까지 연장하여 보육할 수 있다(영유아보육법 제27조).

영유아보육법 제28조에 의하면, 보육의 우선 제공은 국가나 지방자치단체, 사회복지, 그 밖의 비영리법인이 설치한 어린이집과 대통령령으로 정하는 어린이집의 원장은 다음 각 호의 어느 하나에 해당하는 자가 우선적으로 어린이집을 이용할 수 있도록 하여야 한다. 다만, 고용정책기본법 제40조 제2항에 따라 고용촉진시설의 설치·운영을 위탁받은 공공단체 또는 비영리법인이 설치·운영하는 어린이집의 원장은 근로자의 자녀가 우선적으로 어린이집을 이용하게 할 수 있다.

국민기초생활보장법에 따른 수급자(법정)

- 한부모가족지원법 제5조에 따른 보호대상자의 자녀
- 국민기초생활보장법 제24조에 따른 차상위계층(중위 50% 이하)의 자녀
- 장애인복지법 제2조에 따른 장애인 중 보건복지부령으로 정하는 장애 정도 이상에 해당하는 자(장애부모)의 자녀

- 아동복지시설에서 생활 중인 영유아
- 부모가 모두 취업 중이거나 취업을 준비 중인 영유아
- 다문화가족지원법 제2조 제1호에 따른 다문화가족의 자녀
- 「국가유공자 등 예우 및 지원에 관한 법률」 제4조 제1항에 따른 국가유공자 중 전몰자, 순직자, 상이자로서 보건복지부령으로 정하는 자의 자녀
- 자녀가 3명 이상인 가구 또는 영유아인 자녀가 2명 이상인 가구의 영유아
- 제1형 당뇨를 가진 경우로서 의학적 조치가 용이하고 일상생활이 가능하여 보육에 지장 이 없는 영유아
- 산업단지 입주기업체 및 지원기관 근로자의 자녀로서 산업단지에 설치된 어린이집을 이용하는 영유아
- 북한이탈주민의 보호 및 정착지원에 관한 법률에 따른 북한이탈주민 및 그 자녀인 영유아

2) 어린이집 유형

우리나라 어린이집의 유형은 다양한 보육수요에 따라 보육서비스를 공급하는 주체와 설립주체에 따라 구분할 수 있다. 우리나라 영유아보육법에 의한 어린이집의 종류는 국공립어린이집, 사회복지법인어린이집, 법인·단체 등 어린이집, 직장어린이집, 가정어린이집, 협동어린이집, 민간어린이집이 있다.

(1) 국공립어린이집

국공립어린이집은 국가나 지방자치단체가 설치·운영(위탁운영 포함)하는 어린이집(직장어린이집 제외)을 말한다. 규모는 상시 영유아 11인 이상을 보육할 수 있는 시설로 영유아보육법령상의 설치기준을 모두 갖추어야 한다. 설치절차는 국가 및 지방자치단체의 장이 인가절차 없이 직접 설치하되, 어린이집 수급계획 등을 포함한 보육계획을 사전에 수립

하여야 한다. 지방자치단체의 경우 설치 시 지방보육정책위원회의 심의를 거쳐야 한다. 배치기준은 저소득층 밀집지역 및 농어촌지역 등 취약지역, 「산업입지 및 개발에 관한 법률」 제2조 제8호에 따른 산업단지 지역에 우선적으로 설치하는 등 지역별로 균형 있게 배치한다(영유아보육법 제12조).

(2) 사회복지법인어린이집

사회복지법인어린이집은 사회복지사업법에 의한 사회복지법인이 설치·운영하는 어린이집으로 상시 영유아 21인 이상을 보육할 수 있는 시설을 갖추어야 한다. 설치절차는 관할 시장, 군수 또는 구청장에게 사전에 인가를 신청하고 지역보육 수요와 어린이집의 공급현황 등을 감안하여 지역별로 균형 있게 배치되도록 한다.

(3) 법인·단체 등 어린이집

각종 법인(사회복지법인을 제외한 비영리법인)이나 단체 등이 설치·운영하는 어린이집으로서 대통령령으로 정하는 어린이집을 말한다. 유아교육법, 초·중등교육법 및 고등교육법에 따른 법인 또는 학교법인이 설치·운영하는 어린이집, 종교단체가 설치·운영하는 어린이집, 산업재해보상보험법에 따른 근로복지공단이 설치·운영하는 어린이집, 교육훈련시설이 설치·운영하는 어린이집, 제1호부터 4호까지에서 규정한 어린이집에 준하는 어린이집으로서 보건복지부장관이 정하는 어린이집이 있다.

(4) 직장어린이집

직장어린이집은 사업주가 사업장의 근로자를 위해서 설치·운영하는 어린이집(국가 또는 지방자치단체의 장이 소속 공무원을 위하여 설치·운영하는 어린이집 포함)으로 상시 영유아 5인 이상을 보육할 수 있다. 상시 여성근로자 300명 이상 또는 근로자 500명 이상을 고용하고 있는 사업장의 사업주는 직장어린이집을 설치하여야 하고 의무사업장의 사업주가 직장어린이집을 단독으로 설치하기 어려운 경우에는 사업주 공동으로 직장어린이집을 설치·운영하거나 지역의 어린이집과 위탁계약을 체결하여 근로자 자녀의 보육을 지원하여야 한다. 이때 사업주는 직장어린이집의 운영 및 수탁 보육 중인 영유아의 보육에 필요한 비용의 100분의 50 이상을 보조하여야 한다.

(5) 가정어린이집

개인이 가정이나 그에 준하는 곳에 설치·운영하는 어린이집으로서 영유아 5인 이상 20인 이하를 보육할 수 있다. 가정어린이집은 원장이 보육교사를 겸직 가능하다.

(6) 협동어린이집

보육아동을 둔 보호자 또는 보호자와 보육교직원 11인 이상이 상호 출자하여 공동으로 어린이집을 설치·운영하는 것으로, 상시 영유아 11인 이상을 보육할 수 있는 어린이집으로 상시 20인 이하를 보육하는 협동어린이집은 가정어린이집을 설치할 수 있다. 조합의 업무집행자는 조합 계약 또는 조합원의 2/3 이상의 찬성으로 선임한다. 어린이집의 운영에 관한 통상 사무는 원장이 전담하고 주요 사항은 조합원 과반수 이상의 찬성으로 결정한다. 조합원은 최대한 보육과정 및 의사결정에 참여하여 소기의 설립목적을 달성하도록 노력해야 한다.

(7) 민간어린이집

민간어린이집은 이상의 여섯 가지 어린이집이 아닌 어린이집을 말한다. 영유아 21인 이상을 보육할 수 있으며 국가 또는 지방자치단체 외의 사람이 설립하여 운영하는 어린이집이다.

(8) 특수성에 따른 어린이집

〈표 7-2〉 특수어린이집 유형

유 형	내 용
영아전담어린이집	만 3세 미만의 영아만을 20인 이상 보육하는 어린이집, 2004년 이전 영아전담어린이집으로 지정받았거나 국고보조금으로 영아전담신축비를 지원받은 어린이집
장애아전문 어린이집	장애아동복지지원법 제32조에 따라 요건을 갖추고 상시 12명 이상의 장애아 (단, 미취학 장애아 9명 이상 포함)를 보육하는 어린이집
장애아통합 어린이집	정원의 20% 내에서 장애아종일반을 편성·운영하거나 장애아종일반을 별도로 편성하지 않은 채 미취학장애아를 3명이상 통합 보육하고 있는 어린이집
야간연장 어린이집	기준보육시간(07:30~19:30)을 경과하여 최대 24:00까지 시간을 연장하여 보육하는 어린이집
24시간 어린이집	24시간 동안(07:30~익일 07:30) 보육서비스를 제공하는 어린이집
휴일 어린이집	일요일 및 공휴일에 보육하는 어린이집
방과 후 어린이집	초등학생을 대상으로 방과 후 보육서비스를 제공하는 어린이집

출처 : 보건복지부. 2020년 보육사업안내.

(9) 공공형어린이집

공공형어린이집은 우수한 어린이집을 선정하여 운영비를 지원하고 보다 강화된 운영기준을 적용하여 양질의 보육을 영유아에게 제공하는 우수 보육인프라로 기능할 수 있도록 하는 어린이집으로 정부인건비 지원 어린이집과 직장어린이집은 제외된다. 공공형어린이집은 정부에서 운영비를 지원하는 정부지원시설로서 해당 지자체의 예산 범위내에서 공공형어린이집으로 선정된 어린이집에 대하여 운영비, 보육교직원 인건비, 환경개선비 등을 우선적으로 지원할 수 있다.

(10) 열린어린이집

열린어린이집의 목적은 물리적 구조・프로그램 운영에서 개방적이고 부모의 일상적 참여가 이루어지는 열린어린이집을 지정・확산하여 부모에게 개방성이 높은 열린어린이집을 발굴・확산하며, 우수한 부모참여 프로그램을 현장에 전파하고, 어린이집을 이용하는 부모들이 믿고 맡길 수 있는 보육환경을 조성하는 것이다. 우수한 부모참여 프로그램을 운영하고 개방성이 높은 어린이집을 열린어린이집으로 매년 1회 선정하며, 연속적으로 선정 가능하다. 지정기간은 신규지정 이후 연속하여 재지정 시 지정일로부터 2년으로 하고, 2회 이상 연속하여 재정 시 지정일로부터 3년으로 한다. 열린어린이집 지정 시 어린이집의 자율적인 운영보장과 보육사업 지원 등 인센티브 제공으로 공립어린이집의 재위탁 및 공공형어린이집 선정 시 배점 부여, 보조교사 지원요건에 해당하는 경우 우선 지원, 보육사업유공자 포상, 지방자치단체 보육사업 평가 등에 반영 등의 혜택을 받을 수 있다(최미희 외, 2017). 자율적인 운영 보장을 위해 부모모니터링, 각종 실태 점검 조사(하절기 어린이 급식위생 및 안전점검, 동절기 어린이집 안전점검, CCTV 관리운영 및 아동 안전 실태점검, 지방자치단체 자체 시행 차량 급식 시설 안전점검 등)에서 제외한다.(열린어린이집 운영실태 정기점검으로 갈음함)

3) 어린이집 운영

우리나라는 영유아보육법상 국공립어린이집, 법인어린이집, 법인・단체 등 어린이집, 민간어린이집, 직장어린이집, 가정어린이집, 협동어린이집의 설치 및 운영에 관한 사항을 보육사업으로 명시하며 안내하고 있고 설치기준에 따라 인가되어 다양한 어린이집에서의 보육서비스를 제공하고 있다.

모든 어린이집은 아동 및 보호자의 보육수요를 조사한 후 조사 결과를 반영하여 어린이집 운영계획을 수립하고 안내하여야 한다, 어린이집 운영계획은 어린이집 유형, 영・유아반 또는 기본보육・연장보육 운영 여부를 모든 어린이집에서 수립해야 한다,

어린이집 운영계획을 수립하기 위해 희망 등・하원 시간을 포함하여 이용신청서 작성을 통해 서면 수요조사를 실시해야하고 어린이집 이용신청서를 보관해야 한다.

수요조사 결과를 반영하여 시간대별 교사 배치, 하원 시간별 아동 현황, 시간대별 보육프로그램, 차량 운행 계획 등이 포함된 어린이집 운영계획을 수립해야 한다, 서면조사 및 어린이집 운영계획은 신학기 시작 시 실시하는 것을 원칙으로 한다.

모든 어린이집에서는 보육통합정보시스템을 통해 어린이집 안전공제회 회원 및 공제회 영유아 생명・신체 피해 공제에 가입하고 영유아 등 입소 아동의 생명・신체 피해보상을 위한 공제료를 납부해야 한다, 공제료 부담은 어린이집 부담의 원칙으로 한다.

모든 어린이집은 의무적으로 화재보험에 가입해야 하고 차량을 운행하는 어린이집에서는 자동차보험에 가입해야 하며 어린이집 부담 원칙으로 한다.

4) 보육교직원

보육교직원은 어린이집에서 영유아의 보육, 건강관리, 보호자와의 상담, 그 밖에 어린이집의 관리・운영 등의 업무를 담당하는 자로서 어린이집 원장 및 보육교사와 그 밖의 직원을 말한다. 영유아보육법에 의거하여 어린이집 원장 및 보육교사의 자격기준은 보건복지부장관이 검정 수여하는 국가자격증을 받은 자이어야 한다. 어린이집 원장 및 보육교사의 자격검정과 자격증 발급・재발급에 관한 업무는 한국보육진흥원에서 수행하고 있다. 보육교직원은 영유아들의 보육을 직접 담당하는 보육교직원과 사무원, 간호사, 영양사, 조리사, 위생사, 관리인, 운전기사 등 사무 및 관리 업무를 담당하는 보육교직원으로 구분된다. 보육교직원을 위한 질 제고 및 보육교직원에 대한 처우 개선도 시급하게 이루어져야 할 부분이 있다. 민간어린이집은 보육교직원에 대한 비중이 크기 때문에 국가에서 인건비에 대한 직접적인 도움이 없는 현실에서 운영할 수 있는 방안이 마련되어야 한다.

어린이집 원장의 일반기준을 살펴보면 다음과 같다.

- 보육교사 1급 자격을 취득한 후 3년 이상의 보육 등 아동복지업무 경력이 있는 사람
- 「유아교육법」에 따른 유치원 정교사 1급 자격 또는 같은 법에 따른 특수학교(유치원

과정을 말한다)의 정교사 자격을 취득한 후 3년 이상의 보육 등 아동복지업무 경력이 있는 사람

- 유치원 원장의 자격을 가진 사람
- 「초 · 중등교육법」에 따른 초등학교 정교사 자격 또는 같은 법에 따른 특수학교(초등학교 과정을 말한다)의 정교사 자격을 취득한 후 5년 이상의 보육 등 아동복지업무 경력이 있는 사람
- 「사회복지사업법」에 따른 사회복지사 1급 자격을 취득한 후 5년 이상의 보육 등 아동복지업무 경력이 있는 사람, 「의료법」에 따른 간호사 면허를 취득한 후 7년 이상의 보육 등 아동복지업무 경력이 있는 사람
- 국가 또는 지방자치단체에서 7급 이상의 공무원으로 보육 등 아동복지업무에 5년 이상 근무한 경력이 있는 사람

〈표 7-3〉 보육교사 자격 기준

등 급	자격 기준
보육교사 1급	1. 보육교사 2급 자격을 취득한 후 3년 이상의 보육업무 경력이 있는 사람으로서 보건복지부장관이 정하는 승급교육을 받은 사람
	2. 보육교사 2급 자격을 취득한 후 보육관련 대학원에서 석사 학위 이상을 취득하고 1년 이상의 보육업무 경력이 있는 사람으로서 보건복지부장관이 정하는 승급교육을 받은 사람
보육교사 2급	1. 전문대학 또는 이와 같은 수준 이상의 학교에서 보건복지부령으로 정하는 보육관련 교과목 및 학점을 이수하고 졸업한 사람
	2. 보육교사 3급 자격을 취득한 후 2년 이상의 보육업무 경력이 있는 사람으로서 보건복지부장관이 정하는 승급교육을 받은 사람
보육교사 3급	고등학교 또는 이와 같은 수준 이상의 학교를 졸업한 사람으로서 보건복지부령으로 정하는 교육 훈련시설에서 정해진 교육과정을 수료한 사람

출처 : 2023 보육사업안내.

5) 평가제 현황

평가제는 국가 차원의 주기적인 평가를 통해 모든 어린이집의 상시적인 보육서비스의 질을 확보하고, 보육 양육에 대한 사회적 책임 강화 실현 및 안심 보육환경을 조성하고자 한다. 보건복지부장관은 보육서비스의 질 향상을 위하여 어린이집의 보육환경, 보육과정 운영, 보육인력의 전문성 및 이용자 만족도 등에 대하여 정기적으로 평가를 실시하고, 평가 업무는 한국보육진흥원에 위탁하여 실시한다(2023. 어린이집평가매뉴얼).

2018년 12월 11일 영유아보육법 개정안이 공포됨에 따라 2019년 6월 12일부터 어린이집 평가제가 시행되었다. 평가제 시행은 지금까지 평가인증을 신청한 어린이집에 한하여 추진되어 온 어린이집 평가인증제도가 전국 모든 어린이집에 대해 의무적으로 실시하게 된다는 점에서 큰 의의를 둔다.

2005년부터 시행되어 온 어린이집 평가인증제도는 어린이집이 지향해야 하는 바람직한 보육서비스의 실제를 제시하고 질적 수준을 공정하게 평가하며, 수요자인 부모의 합리적인 어린이집 선택 기준을 제공하여 정부의 효율적인 지원 및 관리 체계를 위한 보육서비스의 질 관리 기제로 삼았다. 제1차 평가인증(2006~2009), 2차 지표와 3차 시범지표를 적용한 제2차 평가인증(2010~2017), 통합지표를 적용한 제3차 평가인증(2017. 11.~ 2019. 6. 11), 평가제(2019. 6. 12.~)순으로 실시되어 보육서비스의 질적 수준 향상 및 유지를 위해 제도 운영과정을 합리적으로 개선하고 변화하는 현장의 수준을 반영하여 지표를 개정하여 어린이집에서 지향해야 할 바람직한 보육서비스의 실제를 지속적으로 제시해 왔다.

국가 차원의 주기적인 평가를 통해 모든 어린이집의 상시적인 보육서비스 질을 확보하고, 보육・양육에 대한 사회적 책임 강화를 실현하며 안심 보육환경을 조성하도록 하는 것을 목적으로 한다. 영유아보육법 제30조에서는 어린이집 평가에 대하여 '보건복지부장관은 보육서비스의 질 향상을 위하여 어린이집에 대하여 정기적으로 평가를 실시하여야 한다'고 하였다. 평가업무는 한국보육진흥원에서 위탁하여 실시한다.

평가인증제도 도입 후 저출산 및 양육부담에 대한 사회적 책임 강화로 보육서비스에 대한 부모의 관심과 국가에서 투입되는 재정 규모가 크게 증가하였고, 영유아 시기의 중요성이 대두되고 있으며, 아동의 권리에 대한 부모와 사회의 인식이 높아져 왔다.

반면 평가인증은 어린이집의 자발적 신청에 따라 운영되어 미인증 어린이집으로 인한 보육의 사각지대가 존재하였으며 아동권리 보호, 아동학대 예방 등 아동 인권 및 안전 관리 강화에 대한 사회적 요구 증가로 보육・양육에 대한 사회적 책임강화 실현과 영유아의 건강한 성장 및 발달을 위하여 전체 어린이집의 평가 참여 필요성이 제기되어 왔다.

평가제 시행은 전체 어린이집 질 관리를 위하여 단순한 제도 변화로서의 평가 자체에 목적을 두기보다, 평가를 통해 어린이집이 보육의 질적 수준을 향상시키고 유지하게 함으로써 영유아의 안전과 건강, 조화로운 성장과 발달을 도모하여 부모가 믿고 맡길 수 있는 안심 보육환경 조성에 기여하고자 한다.

평가제 주요 평가지표 내용을 보면 다음과 같다.

첫째, 기존 지표 간 항목 수 차이로 나타났던 등급산정의 불합리성을 해소하고자, 지표를 21지표에서 18지표로, 79항목에서 59항목으로 축소하였고 지표별 평가항목 수를 평균 3~4개로 균형 배치하였다.

둘째 '영유아 안전권리 존중', '놀이' 가치 강조를 통해 영유아 중심의 안심 보육 환경을 조성하고자, 영유아 권리 존중(1-1) 지표를 필수지표로 지정하여 그 의미를 강조하고 놀이 중심의 보육과정 운영을 강화하였다.

셋째, 보육교직원의 근무여건 개선과 보육에 집중할 수 있는 보육환경 마련을 위하여 보육교직원의 처우, 스트레스 관리 관련 지표를 강조하고 직무역량 제고를 위한 항목을 강화하였다.

〈표 7-4〉 평가인증제 및 평가제 특징 비교

구 분	평가인증제	평가제
평가대상	• 평가인증 신청 어린이집	• 전체 어린이집
참여방식	• 참여수수료 어린이집 납부	• 참여수수료 전액 국가 부담
평가주기	•(유효기간)3년(A등급 1년 연장 가능)	• A, B등급 3년/ C, D등급 2년
평가절차	• 신청(어린이집) → 기본 사항 확인(지자체), 자체점검보고서제출(어린이집) → 현장평가(현장평가자) → 종합평가, 결과통보(종합평가위원회) • 소위원회와 종합평가위원회에서 등급결정, 평가 관련 주요 사항 심의·결정	• 평가대상 통보(한국보육진흥원)→ (어린이집 기본 사항 확인, 자체점검보고서제출(지자체, 어린이집) → 현장평가(현장평가자) → 종합평가, 결과통보(종합평가위원회)
	• 기본 사항 : 필수항목 항목 9개, 기본 항목 – 필수 항목 미준수는 참여 제외, 기본 항목 미준수는 차하위 등급부여	• 기본 사항 : 사전점검사항 5개, 위반이력사항 – 사전점검사항 미준수는 D등급 부여, 위반 이력사항 발생 시 차하위 등급 부여
	• 소위원회와 종합평가위원회에서 심의, 등급 결정	• 소위원회와 조합평가위원회에서 심의 등급 결정 • 필수지표 및 요소 미충족 시 A등급 불가
	• 재참여, 재평가 과정 운영	• 재참여, 재평가 과정 폐지
평가결과	• 4등급(A, B, C, D), D등급 불인증	• 4등급(A, B, C, D)
결과공표	• 평가 받은 어린이집의 결과 공시 – 평가인증 결과, 인증이력 등 공개	• 전체 어린이집의 결과 공시 – 평가결과, 평가이력 등 공개
사후관리 및 등급조정	• 인증 어린이집 사후관리 – 연차별 자체점검보고서 제출 – 확인점검(무작위, 월 단위 시기 안내) – 확인방문(배우자 및 직계존비속 또는 1년 이상 재직교사로 대표자 변경, 주소 변경) – 인증유효기간 종료 • 법 위반 및 행정처분 발생 시 인증 취소	• 평가등급별 사후관리 – 연차별 자체점검보고서 제출 – 사후방문지원(C, D등급 의무 실시) – 확인점검(평가 관련 민원 발생, 법 위반 및 행정처분, 정보공시 부실어린이집 등에 대하여 불시점검) • 평가등급 조정 및 관리 – 법 위반 및 행정처분 발생 시 최하위 등급 조정
결과활용	• 인증어린이집에 대한 행·재정적 지원	• 평가 등급별 행·재정적 지원 등 • 지도점검 연계(2회 연속 D등급 어린이집)

출처 : 한국보육진흥원. 2023 어린이집 평가 매뉴얼.

3. 보육아동 아동복지서비스의 구체적 내용

1) 어린이집의 운영

어린이집의 운영시간은 주 6일 이상 연중 계속 운영하는 것을 원칙으로 하고, 다만 지역 및 시설 여건 등을 고려하여 어린이집 운영위원회의 결정에 따라 토요일 휴무로 정할 수 있다. 월~금요일까지 12시간으로 07:30~19:30, 토요일은 8시간으로 07:30~15:30으로 규정하고 있다. 또한, 근로자의 날(5.1.)은 사전 보육수요조사를 통해 보육에 지장을 주지 않는 범위 내에서 교사 배치를 조정하여 운영하되, 근로자의 날 근무자에 대하여 관련법에 따라 휴일 근로수당을 지급해야 한다. 어린이집 운영시간 중 아동 외출 시 아동 안전을 고려하여 부모와 협의하에 지정된 보호자에게 인계해야 한다. 어린이집 하원 이후에는 재등원이 불가하나, 영유아의 의료기관 진료와 같이 불가피한 경우에는 재등원이 가능하다. 하원 시에는 아동 보호자가 원내로 들어와서 인계받는 것이 원칙이다. 기본보육시간은 09:00~16:00(7시간), 연장보육시간은 16:00~19:30으로 운영된다. 그 밖의 연장보육으로 야간연장보육 19:30~24:00, 야간12시간보육은 19:30~익일 07:30, 24시간 보육은 07:30~익일 07:30, 휴일 보육은 일요일, 공휴일 07:30~19:30으로 보육시간을 보장한다. 0~2세 영유아는 장시간 돌봄이 필요하다고 인정되는 자격을 충족하는 부모의 영아 중 연장보육 이용을 사전에 신청한 영아와 연장보육 이용을 사전에 신청한 유아로 별도의 자격이 필요 없으므로 원장 상담 후 어린이집에 신청 하면 된다. 어린이집 보육시간(과정)을 모든 영유아에게 적용되는 '기본보육'과 추가적 돌봄이 필요한 영유아에게 적용되는 '연장보육'으로 구분하여 연장보육이 안정적으로 제공되도록 연장보육료와 전담 교사 인건비를 지원하게 된다. 연령별・반편성 기준은 동년도 출생아(동년도 1.1~동년도 12.31 출생아)를 함께 편성하는 것을 원칙으로 한다. 어린이집은 가능한 한 만 2세 미만 영아반, 만 2세 영아반과 만 3세 이상의 유아반을 동시에 운영하여야 한다. 다만, 장애아가 있는 경우에는 장애아만으로 구성된 반을 운영할 수 있다(영유아보육법 시행규칙 제23조 별표 8의 규정). 어린이집의 원장은 조직,

인사, 급여, 회계, 물품, 기타 시설의 운영관리에 관하여 필요한 규정을 제정・시행하여야 한다.

2) 표준보육과정(누리과정 포함)

어린이집 표준보육과정(이하 '표준보육과정'이라 함)은 어린이집의 만 0~5세 영유아들에게 국가수준에서 제공하는 보편적이고 공통적인 보육의 목표와 내용을 제시한 것이다. 어린이집 표준보육과정은 만 0~1세 보육과정, 만 2세 보육과정, 만 3~5세 보육과정(누리과정 포함)으로 구성한다. 영역, 내용범주, 내용, 세부내용으로 구분되며, 만 0~1세, 만 2세 보육과정은 기본생활, 신체운동, 의사소통, 사회관계, 예술경험, 자연탐구의 총 6개 영역으로, 만 3~5세 보육과정은 신체・운동건강, 의사소통, 사회관계, 예술경험, 자연탐구의 5개 영역으로 구분된다.

국가수준의 어린이집 표준보육과정을 시행함으로써 영유아의 전인적 발달과 우리 문화에 적합한 내용을 일관성 있고 연계적으로 실천하며, 궁극적으로 사회가 추구하는 인간상을 구현하고 전국 어린이집의 질적 수준을 높이는 데 기여하고자 한다(보건복지부, 2017).

2019년 개정 누리과정을 살펴보면 국가수준의 교육과정으로 우리나라 3~5세 유아가 다니는 유치원과 어린이집에서 교육과정을 운영할 때 필요한 공통적이고 일반적인 기준을 국가수준에서 제시하고 있다. 누리과정의 성격을 보면, 국가수준의 공통성과 지역, 기관 및 개인 수준의 다양성을 동시에 추구하며, 유아의 전인적 발달과 행복을 추구한다. 또한 유아 중심 및 놀이 중심을 추구하고, 유아의 자율성과 창의성 신장을 추구하며, 유아, 교사, 원장(감), 학부모 및 지역사회가 함께 실현해 가는 것을 추구한다.

누리과정의 목적은 유아가 놀이를 통해 심신의 건강과 조화로운 발달을 이루고 바른 인성과 민주시민의 기초를 형성하는 데에 있다. 5개 영역의 내용은 신체운동・건강, 의사소통, 사회관계, 예술경험, 자연탐구로 구성되어 있으며 유아의 경험에서 자연스럽게 나타나는 내용, 교사가 가르치지 않아도 유아가 놀이하며 배울 수 있고 실행이 먼저 일어나는 교육과정이 가능하도록 한다.

〈표 7-5〉 만 0~1세, 만 2세 보육과정의 목표

만 0~1세 보육과정	관련영역	만 2세 보육과정
건강하고 안전한 일상생활을 경험한다.	기본생활 영역	건강하고 안전한 생활습관의 기초를 형성한다.
감각으로 탐색하고 신체활동을 즐긴다.	신체운동 영역	감각을 활용하고 신체활동을 즐긴다.
의사소통 능력의 기초를 형성한다.	의사소통 영역	의사소통 능력과 상상력의 기초를 기른다.
나를 인식하고, 친숙한 사람과 관계를 맺는다.	사회관계 영역	나를 알고, 다른 사람과 더불어 생활하는 경험을 한다.
아름다움을 느끼고 경험한다.	예술경험 영역	아름다움을 느끼고 즐긴다.
주변 환경과 자연에 관심을 가진다.	자연탐구 영역	주변 환경과 자연을 탐색하는 과정을 즐긴다.

출처 : 보건복지부(2020). 제4차 어린이집 표준보육과정.

〈표 7-6〉 누리과정에서 추구하는 인간상과 목표

추구하는 인간상	만 3~5세 누리과정의 목표
건강한 사람	자신의 소중함을 알고 건강하고 안전한 생활습관을 기른다.
자주적인 사람	자신의 일을 스스로 해결하는 기초 능력을 기른다.
창의적인 사람	호기심과 탐구심을 가지고 상상력과 창의력을 기른다.
감성이 풍부한 사람	일상에서 아름다움을 느끼고 문화적 감수성을 기른다.
더불어 사는 사람	사람과 자연을 존중하고 배려하며 소통하는 태도를 기른다.

출처 : 보건복지부(2019). 2019 개정 누리과정 어린이집 관리자 교육.

3) 어린이집운영위원회

어린이집운영위원회(영유아보육법 제25조, 시행령 제21조의2, 시행규칙 제26조)에 의하여 어린이집의 장은 어린이집 운영의 자율성과 투명성을 높이고 지역사회와의 연계를 강화하여 지역 실정과 특성에 맞는 보육을 실시할 수 있도록 하기 위하여 협동어린이집을 제외한 모든 어린이집에서는 어린이집운영위원회를 설치·운영하여야 한다. 어린이집운영위원회는 당해 어린이집의 장, 보육교사 대표, 학부모 대표 및 지역사회 인사를 포함하여

5인 이상 10인 이내로 구성하되, 학부모 대표가 2분의 1 이상이 되어야 한다. 운영의 회수는 분기별 1회 이상 개최하고 전체 학부모를 대상으로 공개를 원칙으로 하며, 회의록을 작성하여 보관한다. 사회복지법인 및 사회복지시설 재무 회계규칙에 따른 예・결산 보고 등은 반드시 실시해야 한다.

4) 보호자의 어린이집 참관 및 부모모니터링단

보호자의 어린이집 참관(영유아보육법 제25조의3, 시행규칙 제27조의2)은 보호자가 보육환경, 보육내용 등의 확인을 위해 원하는 경우 직접 어린이집을 참관하도록 하여 어린이집 운영의 투명성을 제고하고 어린이집과 부모의 이해 증진을 강화하고 있다. 참관자격은 해당 어린이집에 재원 중인 영유아의 보호자이며 참관에 관한 사항을 정하는 경우 어린이집 원장은 보호자와 보육교사의 의견을 충분히 들어야 한다. 어린이집 원장은 참관 내용에 따른 참관방법, 참관일시 등에 관한 사항을 어린이집 운영위원회 심의를 거쳐 정할 수 있다. 다만, 어린이집을 이용하는 영유아의 보호자가 영유아의 위치 및 상태 등을 확인하기 위한 단순 관찰, 면담을 요구하는 경우에는 영유아의 보호자와 어린이집 원장 및 보육교사가 협의하여 수시로 진행 가능하다.

부모모니터링단은 부모와 보육・보건전문가가 직접 어린이집의 급식, 위생, 건강 및 안전관리 등 운영상황을 모니터링하여 수요자인 부모의 어린이집 운영 참여를 도모하고, 어린이집에 대해서는 컨설팅을 제공하여 보육서비스의 질을 향상함으로써 부모가 믿고 맡길 수 있는 보육환경을 조성한다. 주요모니터링 분야는 건강관리는 영유아 예방접종, 응급체계, 건강검진 등, 급식관리는 식단 및 영양 조리, 식재료 관리 등, 위생관리는 급식위생, 조리실 청결, 시설・비품 위생 관리 등, 안전관리는 환경안전, 차량안전, 아동학대 예방 등이 포함된다.

모든 어린이집은 재원아 부모(1인이상)와 함께 부모모니터링을 연 1회 이상 자체적으로 실시하고, 지자체는 전문가 단원을 파견하여 컨설팅을 실시한다. 보육전문가는 보육교사

1급 자격 소지자로서 보육현장 근무경력 3년 이상인 자, 전직 육아종합지원센터 보육전문요원 또는 컨설턴트로서 경력 1년 이상인자, 영유아보육 관련학과 대학(교) 전임강사 이상 등이고, 보건전문가는 근무경력 3년 이상인 영양사(임상영양사 포함), 간호사,의사(한의사, 치과의사 포함), 보건관련학과 대학(교) 전임강사 이상으로 선정 요건을 갖추어야 하며 현재 어린이집을 이용하는 영유아를 둔 부모가 지원 대상이 된다.

4. 보육의 개선방안

1) 보육교사의 전문성 강화

국가가 아이 낳기 좋은 환경을 만들기 위해서는 아이를 잘 보육할 수 있는 보육교사에 대한 전문성 강화는 필수사항이라고 본다. 영유아기는 보육교사를 통해 기본생활습관・사회성・인성・정서가 형성되는 시기이므로, 긍정적이고 영유아와 의사소통이 잘 이루어지며 영유아를 배려할 줄 아는 보육교사가 보육현장에 있어야 한다. 보육교사의 자격은 보육교사 3급, 보육교사 2급, 보육교사 1급으로 구분되어 있다. 다양한 방법으로 보육교사 자격증을 취득하고 있지만, 보육교사의 인성과 자질을 향상시켜 전문성을 높이고 보육서비스의 질적 수준 향상을 위해 보육교사의 자격기준이 더욱 더 강화되어야 한다. 사이버 교육만으로 보육교사 자격을 취득하는 데 따른 부작용을 해소하고 보육교사의 전문성을 높일 수 있도록 대면교육 및 현장실습이 강화되고 있다. 우리나라의 유아교육기관은 교육부에 속한 유치원과 보건복지부에 속한 어린이집으로 나뉘는데, 각각 교육과 보육을 목적으로 설립취지, 교육과정, 교육시간과 일수, 교사양성과정과 명칭, 시설기준, 재정지원 등이 각각의 법과 예산으로 이원화되어 관리・운영되고 있다. 이로 인한 문제점을 해결하기 위해 어린이집과 유치원의 공통 보육・교육과정인 누리과정을 도입・시행하면서 통합을 실현하려고 한다. 영유아보육법 제2조 제5항에 따르면 보육교사는 영유아의 보육, 건강관리 및 보호자의 상담, 그 밖에 어린이집의 관리운영 등의 업무를 담당하는 전문가로서 영유아에 관한 확고한 보육 철학을 갖고, 영유아의 건강관리 및 정서, 인지, 언어, 사회성 발달 등 다양한 영역이 균형 있게 발달할 수 있도록 책임지고 있다. 하지만 보육교사는 전문가의 개념보다 근로자의 개념이 있다. 매년 발행되는 보육사업안내지침을 보면 보육교사는 근로자의 날(5월 1일)에 휴일이며, 사전보육수요 조사를 통해 보육에 지장을 주지 않는 범위 내에서 보육교사를 배치 조정하여 운영하되, 근로자에 대한 관련법에 따라 휴일근로수당을 지급하여야 한다. 보육교사는 전문가로서 사회 전반적인 인식의 변화가 선행되어야 하며 사명감을 가지고 영유아의 권리를 존중하며 전인적인 발달에 도움을 주는 전문가이어야 한다.

〈표 7-7〉 어린이집과 유치원의 교사 자격 비교

구 분	어린이집 보육교사	유치원 교사
자격구분	• 보육교사 1, 2, 3급	• 유치원교사 1, 2급, 준교사
자격방식	• 학점단위의 개방형 관련과목 학점 이수 시 자격부여 (최소 고졸) • 2급 총 51학점(성적제한 없음)	• 학과단위의 목적형 최소 전문대 이상의 관련 학과 졸업 시 자격부여(교직 이수) • 2급 총 72학점 이수 (성적기준 있음)
양성기관	• 일반대학, 전문대학 • 방송통신대 • 학점은행, 기타 보육교사 교육원	• 일반대학, 전문대학 • 방송통신대

출처 : 보건복지부(2017). 제3차 중장기 보육 기본계획(2018~2022).

2) 질 높은 국공립, 직장, 공공형어린이집 확충

믿고 맡길 수 있는 어린이집 환경 조성을 위해 국공립어린이집, 직장어린이집, 공공형어린이집을 확충한다. '제3차 저출산 고령사회 기본계획'에서는 공공보육 이용률을 2016년 30%에서 2017년 32%까지 확충하고, 2025년까지는 45% 달성 목표를 가지고 있다고 밝히고 있다. 국공립어린이집은 리모델링・민간매입・기부채납 등의 다양한 방식을 통하여 확충하고 공공형어린이집은 우수한 민간어린이집과 가정어린이집에서 추가적으로 선정할 계획을 가지고 있다. 무분별한 국공립어린이집, 직장어린이집, 공공형어린이집 확충만을 제시하지 말고 양적인 팽창보다는 질적인 팽창이 이루어져 질 높은 보육서비스를 받을 수 있도록 국가가 배려해야 한다.

3) 보육교직원의 근무여건과 처우개선에 관한 대책

2019년 보육사업안내에서 나타내는 어린이집 보육시간은 평일 오전 7시 30분부터 오후 7시 30분으로 12시간을 원칙으로 하고, 토요일 오전 7시 30분부터 오후 3시 30분으로 8시간이다.

보육교사의 근로기준법에 의한 근무시간은 8시간으로 주당 40시간이다. 근로기준법 개정(2011년 시행)에 따라 2011년 7월 1일부터 어린이집 보육교직원 '근무 도중' 휴게시간을 보장해야 하는 법적 근거에 의거하여 실질적인 휴게보장을 실시하고 있으나, 어린이집의 특수성을 감안해 보면 영유아를 보육하고 교육하는 측면에서 보육교사가 영유아를 주시하지 않으면 안전으로부터 위험할 수 있다. 교사 휴게시간에 대한 부모의 불안감, 부모의 여러 가지 요구 및 민원, 여러 가지 서류, 평가인증, 부모 모니터링 등에 따라 보육교사는 실제적인 휴게시간 보장에 대한 어려움을 호소하고 있다. 보육교사의 휴게시간 보장은 어린이집마다 다양한 양상을 보이고 있다. 갈수록 부모들은 아동의 양육을 어린이집에 의존하는 경향이 늘어나고 있다. 보육교직원들은 근로기준법에 의한 근로시간 이상의 과중한 업무와 저임금, 휴식시간 부족 등으로 신체적・심리적 소진을 느끼며, 직무 스트레스가 아동학대에 직접적인 영향을 미친다고 본다. 보육시간과 근로시간 차이에 따른 지원으로 초과 근무시간에 대한 처우개선뿐만 아니라, 유형에 관계없이 모든 어린이집에 보조교사 또는 보조업무 지원제도가 현실화되어야 한다. 보육교직원의 결혼, 특별휴가 및 연차휴가를 무상으로 지원하여 재충전의 기회를 갖도록 독려하도록 하며 보육교직원의 근무여건과 처우를 개선하기 위한 제도 마련이 시급하다.

4) 저출산 극복을 위한 대응체제 구축

제2차 중장기보육 기본계획(2013~2017)은 무상보육 도입과 수요자 맞춤지원 중점으로 저출산 극복을 위한 대응체제를 마련하였으나, 통계청이 조사한 우리나라 합계 출산율은 2019년 기준 0.92명으로 세계 최하위 수준으로 2017년 기준 OECD 평균 1.65명보다 낮게 나타났다. 2023년에는 합계 출산율이 0.78명으로 나타났다. 경제협력개발기구(OECD) 36개 회원국 중 합계 출산율이 1명에 미치지 못하는 나라는 한국이 유일하다. 여성의 경제활동은 증가하나 출산・육아로 인한 부담은 여전하다. 자녀 출산과 육아로 인한 여성의 경력단절 문제를 극복하기 위한 영유아의 시설이용 비율은 무상보육이 도입되면서 36%로 급증하였으며 시설 이용에 대한 거부감 약화로 영아가 어린이집을 이용하기 시작하는 시기도 빨라지는 경향을 보였다. 제3차 중장기보육 기본계획(2018~2022)을 보면, 영유아의 행복한 성장을 위해 함께하는 사회를 비전으로 보육의 공공성 강화, 효과적 보육서비스 제공을 위한 보육체계 개편, 보육서비스의 품질 향상, 부모 양육지원 확대를 4대 목표로 제시하고 있다.

보육・양육에 대한 사회적 책임 확대는 우수한 보육서비스 제공 어린이집의 공공성과 신뢰 증진을 도모하며 부모의 역량 강화로 이어지는 결과가 이루어지도록 한다.

생각해 보기

- 저출산을 극복하기 위한 활성화 방안들에 대해 생각해 봅시다.
- 어린이집 유형을 살펴보고 어린이집이 앞으로 나아갈 방향을 생각해 봅시다.
- 보육의 질을 높이는 보육서비스의 개선방안에 대해 생각해 봅시다.

CHAPTER

08 학대아동 아동복지서비스

1. 아동학대의 이해
2. 아동학대 현황
3. CCTV(영상정보처리기기)
4. 아동학대신고의무자
5. 아동학대 예방 개선방안

CHAPTER 08

학대아동 아동복지서비스

학습목표

- 아동학대에 대한 이해와 아동학대 현황을 설명할 수 있다.
- CCTV와 아동학대신고의무자를 설명할 수 있다.
- 아동학대 예방을 위한 개선방안에 대하여 설명할 수 있다.

최근 아동학대의 예방 및 근절을 위하여 아동학대 신고의무자의 역할을 충분히 수행하고, 사회적・제도적 차원에서 아동학대 예방 대책을 수립하고 시행하는 것에 대한 중요성이 높아지고 있다. 부모의 출산과 양육에 대한 정책지원이라는 점에서 국가와 함께 아동학대 예방이 적극적으로 필요하다고 본다. 이 장에서는 먼저 우리나라 아동학대 현황을 살펴보고, 대표적인 아동학대의 유형 및 아동학대 현황, CCTV, 아동학대신고의무자, 아동학대예방을 위한 개선방안에 대하여 다루고자 한다.

1. 아동학대의 이해

1) 아동학대의 개념

아동학대는 아동복지법 제3조에 의하면 "보호자를 포함한 성인이 아동의 건강・복지를 해치거나 정상적인 발달을 저해할 수 있는 신체적・정신적・성적 폭력 또는 가혹행위 및 아동의 보호자에 의하여 이루어지는 유기와 방임을 말한다"고 정의하고 있다. 보호자란

'친권자, 후견인, 아동을 보호 · 양육 · 교육하거나 그러한 의무가 있는 자 또는 업무 · 고용 등의 관계로 사실상 아동을 보호 · 감독하는 자'를 말한다(아동복지법 제3조 제3호). 영유아가 어린이집에서 보육을 받는 시간 동안 당해 영유아를 담당하는 보육교직원은 보호자에 해당된다. '하지 말아야 할 것을 의도적이고 지속적으로 하거나(신체적 · 정신적 · 성적폭력이나 가혹행위를 하는)', '해야 함에도 불구하고 아동을 돌보지 않아(유기하거나 방임하는)' 아동의 복지를 훼손하는 경우 모두 아동학대로 볼 수 있다. 아동학대의 정의는 시대와 사회에 따라 다양하며 협의의 정의는 학대의 범위를 신체적 학대로 제한한다. 이에 반해 광의의 정의는 아동 발달상에 필요한 모든 욕구들을 만족시키지 못하는 환경을 학대로 보고 방임까지 정의에 포함한다. 방임은 고의적 · 반복적으로 아동 양육 및 보호를 소홀히 하여 아동의 건강과 복지를 해치거나 정상적인 발달을 저해할 수 있는 모든 행위이다. 고의적 · 반복적으로 아동에게 의식주를 제공하지 않거나, 장기간(2일 이상) 아동을 위험한 상태에 방치하는 물리적인 방임 및 유기, 아동의 무단결석을 허용하는 등 교육적 방임, 예방접종을 제때에 하지 않거나 필요한 치료를 소홀히 하는 등 의료적 방임, 아동과의 약속에 무신경하거나 아동의 마음에 상처를 입히는 정서적 방임으로 정의한다(보건복지부, 2005).

〈표 8-1〉 아동학대에 대한 법적 정의

구분	내용
아동학대	아동복지법 제3조 제7호 아동학대란 보화를 포함한 성인이 아동의 건강 복지를 해치거나 정서적 발달을 저해할 수 있는 신체적 정신적 성적 폭력이나 가혹행위를 하는 것과 아동의 보호자가 아동을 유기하거나 방임하는 것을 말한다.
아동학대 범죄	아동학대처벌법 제2조 제4호 보호자에 의한 아동학대로서 아동학대처벌법 제2조 제4호에 열거된 각목의 어느 하나에 해당하는 죄를 말한다. • 형법상 범죄 : 아동학대처벌법 제2조 제4조 가목–카목 • 아동복지법상 범죄 : 아동학대처벌법 제2호 제4호 타목 • 다른 법률에 의해 가중 처벌되는 죄 : 아동학대처벌법 제2조 제4호 타목 • 아동학대처벌법에 규정된 범죄 : 아동학대처벌법 제2조 제4호 하목
아동학대 관련범죄	아동복지법 제 3조 제7호의2 다음 각목의 어느 하나에 해당되는 죄를 말한다. • 아동학대처벌법 제2조 제4호에서 규정하는 아동학대범죄 • 아동에 대한 형법 제2편 제24장 살인의 죄 중 제250조부터 제255조까지

출처 : 한국보육진흥원 어린이집보육교직원 아동학대예방교육.

2) 아동학대의 유형

아동학대의 유형은 크게 신체학대, 정서학대, 성학대, 방임 및 유기로 구분되며 그 유형을 살펴보면 다음과 같다.

(1) 신체학대

신체학대(physical abuse)는 아동의 보호자나 주 양육자, 성인이 아동에게 우연적인 사고가 아닌 상황에서 의도적으로 신체에 손상을 입히거나 또는 신체에 손상을 입도록 한 모든 행위를 말한다. 신체학대의 구체적 행위의 예는 직접적으로 신체에 가해지는 행위, 손, 발 등으로 때림, 뺨을 때리는 행위, 꼬집거나 물어뜯는 행위, 조르고 비트는 행위, 할퀴는 행위 등으로 도구를 사용하여 신체를 가해하는 행위(벨트 등 도구를 사용하여 때림, 흉기 및 뾰족한 도구로 찌름 등), 완력을 사용하여 신체를 위협하는 행위로 강하게 흔들거나, 신체부위를 묶고 벽에 밀어붙임, 떠밀고 잡음, 아동 던짐, 거꾸로 매담, 물에 빠트림 등, 신체에 유해한 물질로 신체에 가해지는 행위(화학물질 혹은 약물 등으로 신체에 상해를 입히는 행위, 화상을 입힘 등) 등이 있다.

우리나라 부모의 대부분은 훈육을 목적으로 체벌을 사용하는 것으로 알려져 있다. 영유아와 같은 어린 나이의 아동은 고의적이지 않은 우발적인 사고나 행위로 상처를 입을 수 있다. 이때 학대인지 아닌지를 구별하기 위해서는 가해자나 피해자의 설명 이외에 아동의 나이나 사고의 전후 맥락을 철저히 살피는 것이 필요하다.

(2) 정서학대

정서학대(emotional abuse)는 보호자를 포함한 성인이 아동에게 행하는 언어적·정서적·심리적 학대이며 모욕, 정서적 위협이나 감금이나 억제, 기타 가학적인 행위를 말한다. 정서학대의 구체적 행위의 예는 원망적, 거부적, 적대적 또는 경멸적인 언어폭력 등, 잠을 재우지 않는 것, 벌거벗겨 내쫓는 행위, 형제나 친구 등과 비교, 차별, 편애하는 행위, 가족

내에서 왕따시키는 행위, 아동이 가정폭력을 목격하도록 하는 행위, 아동을 시설 등에 버리겠다고 위협하거나 짐을 싸서 쫓아내는 행위, 미성년자 출입금지업소에 아동을 데리고 다니는 행위, 아동의 정서 발달 및 연령상 감당하기 어려운 것을 강요하는 행위(감금, 약취 및 유인, 아동 노동 착취), 다른 아동을 학대하도록 강요하는 행위 등이 있다.

정서학대는 아동의 자아존중감과 정서를 손상시키는 행위로서 직접적인 학대와 간접적인 학대가 있다. 직접적인 학대는 아동에게 폭언, 아동을 거부하는 행위를 말하며, 간접적인 학대는 아동에게 직접적이지 않지만 가족 간에 불화에 의한 폭언 등으로 아동에게 정서적인 손상을 가하는 행위를 의미한다. 정서학대에 해당하는 행위로는 아동의 인격이나 감정을 심하게 무시·모욕하는 행위, 아동에게 욕설을 퍼붓는 행위, 좁은 공간에 장시간 혼자 가두어 놓는 행위, 집 밖으로 내쫓겠다고 협박하거나 원망적·거부적·적대적·경멸적 언어를 사용하는 행위 등이 해당된다.

정서학대는 부모가 아동을 훈육하는 과정에서 나타날 수 있는 행동과 구분이 명확하지 않아서 부모가 아동에게 훈육을 한 것인지, 의도적으로 학대를 한 것인지가 불분명하다. 이러한 경우 의도적인 것인가, 반복적인 것인가가 학대를 판단하는 기준이 된다. 정서학대는 아동에게 외견상 심각한 손상을 가하지 않을지라도 아동의 정서적 자극이 결핍되면 아동의 발달지체를 초래함으로써 사회성에 장애를 불러일으키게 된다.

(3) 성학대

성학대(sexual abuse)는 성인이 성적 충족을 목적으로 아동에게 신체접촉을 가하는 모든 성적 행위를 말한다. 성적 행위에는 강압에 의해 이루어지는 성적 접촉과 어른의 성적 만족을 위하여 아동을 이용하거나 돈을 벌기 위한 수단으로 아동을 성행위에 참여시키는 것도 포함된다. 성적 학대의 구체적인 행위는 성인이 아동에게 자신의 성기나 신체를 접촉하거나 아동의 성기를 만지는 행위, 아동 앞에서 옷을 벗으며 자신의 성기를 만지는 행위, 아동의 옷을 강제로 벗기거나 키스를 하는 행위, 포르노비디오를 아동에게 보여주거나 판매하는 행위, 아동 매춘이나 매매를 하는 행위를 말한다. 아동 성학대 유형은 접촉성 행위와 비접촉성 행위로 나누어 볼 수 있는데, 접촉성 성학대 행위로는 아동의 신체를 만지는 행위, 아동에게 성인의 신체를 만지도록 강요하는 행위가 있고, 비접촉성 성학대는 아동에게 성적인 말을 하는 행위, 아동에게 성기를 노출하는 행위, 자위하는 것을 보여 주는 행위가 있다.

성학대의 특정은 성에 대한 언급을 금기시하는 사회 분위기와, 피해 아동과 가족들이 이를 숨기려고 하는 경향 때문에 겉으로 잘 드러나지 않을 뿐만 아니라, 조기에 발견되기 어려우며 아는 사람에 의한 피해가 많은 편으로 가족, 친인척에 의해서 지속성을 가지고 이루어지며 피해기간이 장기간인 경우가 많다.

성학대는 아동에게 심각한 심리적·성적·신체적·사회적 후유증을 남긴다. 심리적 후유증은 공포, 불안, 강박 행동, 분노와 우울증, 특정 인물 및 장소와 물건에 대한 공포와 회피, 악몽과 불면, 남성에 대한 혐오감, 자기학대 등이 있다. 신체적 후유증은 질과 회음부의 손상, 성병, 감염, 두통이나 복통, 골반 동통, 임신과 낙태, 불임 등이 있다. 사회적 후유증으로는 낮은 자존감, 사회활동 기피, 사회성 결여 등이 있다.

(4) 방임

방임(neglect) 및 유기는 자신의 보호·감독을 받는 아동을 유기하거나 의식주를 포함한 기본적 보호·양육 및 치료를 소홀히 하는 행위(아동복지법 제17조 제6호)로서 적절한 음식, 의복, 의료적인 보호와 같은 아동의 필수적인 욕구를 충족시키지 않는 것을 말한다. 즉, 방임은 보호자가 아동에게 위험한 환경에 처하게 하거나 아동에게 필요한 의식주, 의무교육, 의료적 조치 등을 제공하지 않는 행위를 말하며, 유기한 보호자가 아동을 보호하지 않고 버리는 행위를 포함한다.

학대는 아동을 계획적으로 해치려고 하는 보호자의 적대적이고, 계획적으로 해치려고 하는 행동인 데 반해 방임은 아동의 욕구에 반응하지 않거나 잘 보살펴 주지 않으며, 아동복지에 관심 없어 하는 소극적인 행동이다. 아동학대는 아동에게 행하지 말아야 할 것을 하는 가해행위이며, 방임은 해야 하는 것을 안 해주는 태만 및 비폭력 행위라 할 수 있다. 즉, 음식을 제대로 먹지 못하거나 위험하고 불결한 주거환경에 그대로 아동이 방치된 '물리적 방임'과 아동이 아픔을 호소해도 적절한 조치를 받지 못하는 '의료적 방임', 아동에게 말을 걸지 않고 지속적으로 무시를 하고, 쓰다듬고 안아주지 않는 정서적 · 신체적 접촉이 결핍된 '정서적 방임', 아동의 교육에 필요한 교육적 · 물질적 자원이 제대로 제공되지 못하는 '교육적 방임', 그리고 성적인 교육을 전혀 받지 못하거나 불건전한 성관계를 다룬 매체의 자극에 그대로 노출된 '성적 방임' 등을 모두 포함하고 있다.

아동방임 역시 가학적이거나 공격적으로 나타나지 않기 때문에 아동 부당취급의 여러 형태 가운데 가장 흔히 발생하고 있다.

방임의 유형에는 정서적 방임, 교육적 방임, 의료적 방임, 물리적 방임 등이 있다.

① 정서적 방임

아동이 양육자나 주위 환경으로부터 적절한 정서적 관계나 사랑을 받지 못하는 상태로 부모나 주 양육자와 대화나 피부접촉이 거의 단절된 상태를 말한다. 아동에게 말을 걸지도 않고 아동이 말해도 들어주지 않거나 쓰다듬어 주지 않는 것이 해당하는데, 정서적 방임을 당하는 아동은 불안정하고 무기력하며 자신감이 결여되어 있고, 낮은 자아정체감을 형성한다.

② 교육적 방임

양육자가 아동의 교육에서 요구되는 적절한 정신적 · 경제적 지원을 하지 못하는 상태로 양육자가 아동을 학교에 보내지 않거나 학교 준비물을 챙겨주지 않는 행위를 포함한다. 이런 아동은 학습에 대한 의욕이 부족하고 낮은 학습성취도를 보이며, 불량한 행동을 많이 보인다.

③ 의료적 방임

아동의 건강 유지에 필수적인 의료서비스를 제공하지 않는 상태를 말하며 정기적인 신체검사 혹은 진료를 받지 못하게 하거나 아픔을 호소해도 적절한 조치를 제공하지 않고, 예방접종이 필요한 아동에게 예방접종을 실시하지 않는 행위를 말한다.

④ 물리적 방임

아동에게 의식주를 제공하지 않거나 아동을 장시간 위험하고 불결한 주거환경에 그대로 방치하는 것을 말한다.

3) 아동학대 발생원인

반복해서 발생하고 있는 아동학대를 예방하기 위해서는 아동학대 발생의 근본적인 원인을 찾아보고 문제를 해결하기 위한 실천이 있어야 한다. 아동학대가 발생되는 아동학대 요인을 크게 부모의 요인, 아동의 요인, 가정적 · 사회적 요인으로 나누는데, 각 요인별로 원인을 살펴보고자 한다.

(1) 부모요인

〈표 8-2〉 부모의 요인

요인	내용
부모의 미성숙	나이가 어리고 안정되지 못한 부모들은 아동의 행동이나 욕구를 이해하지 못하여 아동학대를 쉽게 행하고 건전한 가족관계의 형성에도 어려움을 겪게 된다.
아동양육에 대한 지식 부족	다양한 아동발달에 대한 지식의 부족은 어떻게 아동을 키울 것인가를 잘 모르거나 건전한 가족관계가 어떤 것인지 잘 알지 못하는 경우이다.
지나친 기대	부모들은 종종 자신의 자녀가 가진 능력 이상으로 부모의 기대수준에 맞게 행동해 주기를 원하는데, 이처럼 높은 기대는 아동학대의 가능성을 높이는 원인이 된다.
잦은 가정의 위기	경제적 어려움, 실직, 잦은 병치레, 가정불화 등 가정 내 위기요인으로 인해 아동학대의 원인이 되기도 한다.
정서적 욕구불만	부모들은 자신의 욕구가 충족되지 못하거나 스트레스를 받을 때 아동에게 그 불만을 터뜨리게 한다.
사회적 고립	아동양육의 부담을 도와줄 수 있는 친척이나 친구, 이웃이 주위에 아무도 없는 경우에 아동을 학대하기도 한다.
어릴 적 학대받은 경험	아동을 학대하는 부모들 중 30~60% 정도는 자신들이 어릴 때 부모로부터 학대받은 경험이 있다.
알코올중독 · 약물중독	알코올중독 · 약물중독에 빠진 부모들은 자신을 잘 통제하지 못하고 아동을 학대하기도 한다.
부모의 그릇된 아동관 및 양육관	아동을 소유물로 생각하며, 아동의 권리의식에 대한 이해가 부족하다. 또한 체벌과 훈육을 혼동한다.

부모의 낮은 자아존중감, 부모의 분노, 좌절 혹은 성적 욕구와 같은 감정조절의 무능력, 원하지 않는 아동, 부모의 불안, 우울증, 기타 정신질환도 부모의 요인으로 작용한다.

(2) 아동요인

기본생활습관이 잘 형성되지 않은 아동으로 부모로부터 관심을 받지 못하거나, 지나친 관심과 지나친 보호가 원인이 될 수 있다. 심하게 울거나 떼쓰는 아동, 산만한 아동, 공격성을 지닌 아동, 발달이 늦은 아동, 음식에 까다로움이 있는 아동 등이 해당된다. 요즈음은 유달리 산만하고 집중력이 현저히 떨어지며 공격성을 가진 아동으로 주의력결핍 과잉행동장애(ADHD)를 보이는 아동이 갈수록 증가하고 있다. 자신의 행동을 적절히 통제하지 못하고 충동적인 과잉행동을 보이면서 단체생활에 지장을 초래하는 경우 부모나 주 양육자, 보육교사에 의한 아동학대가 발생할 수 있는 아동의 요인이 될 수 있다.

〈표 8-3〉 아동요인

특 성	• 미숙아, 기형아 • 만성 혹은 급성 질환아 • 신체적 · 정신적 · 기질적으로 특이하거나 장애를 가진 아동 • 운동 및 언어 등 발달이 늦은 아동 • 심하게 보채거나 밤에 잘 자지 않는 아동 • 문제행동을 보이는 아동 • 음식을 먹거나 잠을 자는 데 어려움을 나타내는 아동 • 사회적 반응의 결핍, 고집스러운 울음과 외모 • 수유의 어려움 • 분리불안의 결함 • 자신감 결여, 지나친 경계, 무반응, 겁이 많음 • 적대적 행위, 충동적 특성, 폭력적 행동, 고집이 셈 • 대인관계에 둔감하고 매력이 없음, 운동조절 결함

(3) 가정적 · 사회적 요인

가정적 · 사회적 요인은 가족관계 및 구조의 문제, 사회 전반의 분위기 등이 포함되며, 이 요인은 복합적으로 상호작용하여 발생하게 된다.

〈표 8-4〉 가정적 · 사회적 요인

가족관계의 문제	가족구성원 간의 갈등, 가족관계의 문제
가족구조의 문제	한부모가족, 이혼가족, 재혼가족, 미성년가족 등 가족구조의 특성이 아동학대의 원인, 양육에 대한 지식 부족, 높은 스트레스, 가족 간의 긴밀한 상호작용의 결여
폭력에 대한 가치와 규범	체벌이나 훈육의 의미가 포함된 폭력은 필요하고 정당하다는 관념
사회 · 문화적인 문제	자녀에 대한 소유의식이 강한 사회문화, 아동을 존중하지 않는 사회 체벌과 훈육이 수용되는 사회, 사회적 고립 및 사회적 지지체계가 결여

2. 아동학대 현황

보건복지부의 「2020 아동학대 주요 통계」 및 아동권리보장원의 아동학대 주요 통계에 따르면, 2020년 전체 신고 및 상담 접수 건수는 총 42,251건으로 전년도 대비 약 2.1% 증가하였으며, 이 중 아동학대 의심사례는 총 38,929건으로 나타났다. 아동학대 의심사례 총 38,929건 중 아동학대 사례판단이 이루어진 사례는 30,920건(79.4%)이었고 아동학대 사례 30,905건 중 학대행위자를 대상으로 법적 조치를 진행한 경우는 11,209건(36.2%)이었다. 11,208건 중 고소 · 고발이 진행된 경우는 10,455건(93.3%)이었고, 고소 · 고발은 진행되지 않았으나 아동학대처벌법에 따라 처분이 행해진 경우는 754건(6.7%)이었다. 아동학대사례 30,905건 중 학대유형을 보면, 중복학대가 14,934건(48.3%), 정서학대가 8,732건(28.3%), 신체학대가 3,807건(12.3%), 방임이 2,737건(8.9%), 성학대가 695건(2.2%)으로 나타났다. 피해아동의 연령별을 보면 0~3세 영아 및 걸음마기 유아가 10.1%, 4~6세 취학전 유아가 11.9%에 달한다.

보건복지부 · 중앙장애인권익옹호기관의 2020년 전국 장애인권익옹호기관에 접수된 전체 신고 건수는 총 4,208건이며 그 중 학대의심사례는 2,069건(49.2%), 일반사례는 2,139건(50.8%)로 나타났다. 학대의심사례 2,069건 중 장애인학대로 판정된 사례는 1008건(48.7%)이고 학대의 유형을 보면, 경제적 착취 257건(25.5%), 신체적 학대 227건(22.5%), 중복학대

226건(22.4%), 정서적 학대 141건(14.0%), 성적학대110건(10.9%)로 나타났으며 피해장애인의 연령 분포에서 17세 이하의 아동인 경우는 133건(13.2%)이었다. 2020년 전국 총 71개소의 아동보호전문기관에서 학대 피해 아동 지원업무를 하고 있으며, 전국 76개의 학대피해아동쉼터(학대행위자로부터 피해아동을 분리하여 안전하게 보호하는 곳으로 피해 아동에게 숙식뿐만 아니라 생활지원과 상담 및 치료, 교육 등을 제공)가 설치되어 있다(한국보육진흥원, 어린이집 보육교직원 아동학대 예방교육).

〈표 8-5〉 아동학대 징후 체크리스트

구 분	내 용	체크란	
1	사고로 보기에는 미심쩍은 멍이나 상처가 발생한다.	□ 예	□ 아니오
2	상처 및 상흔에 대한 아동 혹은 보호자의 설명이 불명확하다.	□ 예	□ 아니오
3	보호자가 아동이 매를 맞고 자라야 한다는 생각을 갖고 있거나 체벌을 사용한다.	□ 예	□ 아니오
4	아동이 보호자에게 언어적·정서적 위협을 당한다.	□ 예	□ 아니오
5	아동이 보호자에게 감금, 억제, 기타 가학적인 행위를 당한다.	□ 예	□ 아니오
6	기아, 영양실조, 적절하지 못한 영양섭취를 보인다.	□ 예	□ 아니오
7	계절에 맞지 않는 옷, 청결하지 못한 외모를 보인다.	□ 예	□ 아니오
8	불결한 환경이나 위험한 상태로부터 아동을 보호하지 않고 방치한다.	□ 예	□ 아니오
9	성학대로 의심될만한 질환, 신체적 흔적이 있다.	□ 예	□ 아니오
10	성인의 성적 행동을 모방하는 행동을 나타낸다.	□ 예	□ 아니오
11	자주 결석하거나 결석에 대한 사유가 불명확하다.	□ 예	□ 아니오
12	아동에게 필요한 의료적 처치 혹은 예방접종을 실시하지 않는다.	□ 예	□ 아니오
13	보호자에 대한 거부감과 두려움을 보이고, 집(보호기관)으로 돌아가는 것에 대해 두려워한다.	□ 예	□ 아니오
14	아동이 매우 공격적이거나 위축된 모습 등의 극단적인 행동을 한다.	□ 예	□ 아니오

※ 아동학대 상황이 의심스러울 때, 아동학대 징후 체크리스트를 활용해 보십시오. 1개문항 이상 "예"라고 체크 된 경우, 아동학대를 의심해볼 수 있는 상황입니다.

출처 : 보건복지부(2021). 어린이집 아동학대 예방 미대응 매뉴얼.

각 아동학대 유형별 피해아동의 연령 현황을 |그림 8-2|에서 살펴본 결과, 신체학대와 정서학대의 연령 분포를 보면 전체 피해아동의 연령 현황과 다소 유사하게 나타났다. 신체학대의 경우 학령기인 만 13~15세가 26.1%로 높게 나타났으며, 그 다음은 만 10~12세가 21.8%로 집중되어 있다. 정서학대는 만 13~15세 24.4%와 만 10~12세 21.1%로 나타났다. 성학대는 만 13~15세가 34.8%로 매우 높게 나타나 성학대에 대한 예방으로 학령기 이전에 성교육 실시 및 성학대 예방교육이 필요하다. 방임은 다른 학대 유형에 비해 연령별로 골고루 분포하고 있는 것으로 보이고 있는데, 만 1세 미만이 5.6%, 만 1~3세가 17.2%로 나타났다. 영아를 대상을 발생하는 방임의 경우, 가시적으로 드러나는 상흔은 없으나 낮은 연령으로 인해 자신의 의사를 표현하기에는 한계가 있다. 어릴 때의 방임은 아동의 성장 및 발달에 있어 결정적인 시기이므로 매우 치명적일 수 있다. 또한 아동의 부모와 애착을 형성하는 중요한 시기이기 때문에 부모에 의한 학대가 이루어질 경우 아동의 발달에 매우 부정적인 영향을 미칠 수 있다. 가정에 대한 상시적 양육환경 점검 등 아동학대 조기 발견을 위한 체계가 구축되어야 할 것이다. 또한 예방접종 및 영유아 건강검진 등 발달에 따른 제반사항과 부모의 양육방식에 대한 자가진단 및 확인, 아동학대 예방교육이 지속적으로 이루어져야 할 것이다.

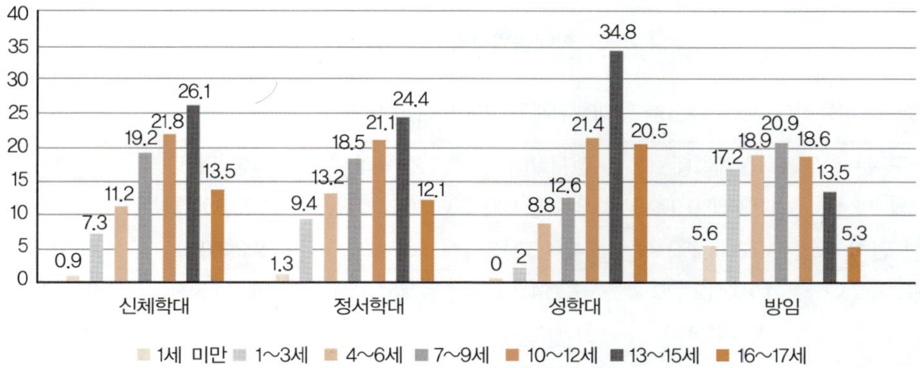

|그림 8-1| 아동학대 사례유형 피해아동 연령

출처 : 중앙아동보호전문기관(2018).

|그림 8-2|를 보면 학대행위자의 76.9%가량이 부모이고, 학대행위자에게 나타나는 두드러지는 특성은 양육태도 및 방법 부족이 35.6%이며, 부모교육과 가족 기능 강화를 위한 적극적 지원이 필요하다.

〈표 8-5〉를 보면 부모에 의하여 나타난 아동학대 유형에서 방임은 85.3%로 가장 높게 나타났으며, 정서학대는 79.6%, 신체학대는 80.9%, 성학대는 24.0% 순으로 나타났다. 부모에 의한 아동학대가 전체의 78.4%로 모든 학대유형에서 가장 높게 나타났으며 뒤를 이어 대리양육자에 의한 아동학대가 14.7%, 친인척에 의한 아동학대가 4.5%로 나타났다. 따라서 부모에 대한 아동학대 예방교육을 의무교육으로 명문화하여 아동학대 예방을 위한 인식 개선 및 아동학대 예방 및 조기 발굴을 위한 체계적인 구축이 필요하다.

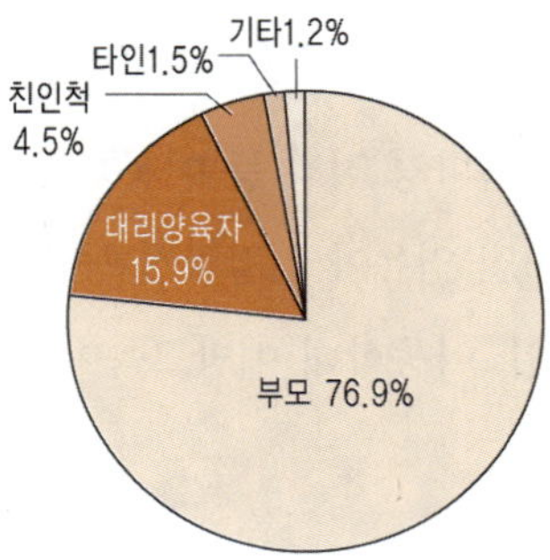

• 학대행위자의 76.9% 가량이 부모
• 학대행위자에게 나타나는 두드러지는 특성 양육태도 및 방법 부족(35.6%)
• 부모 교육과 가족 기능 강화를 위한 적극적 지원이 필요

|그림 8-2| 학대행위자와 피해아동과의 관계

〈표 8-6〉 아동학대 사례 유형별 학대행위자와 피해아동과의 관계

구 분	신체학대	정서학대	성학대	방 임	계
부 모	11,343(80.9%)	13,801(79.6%)	386(24.0%)	3,698(85.3%)	29,228(78.4%)
친인척	725(5.2%)	743(4.3%)	95(5.9%)	132(3.0%)	1,695(4.5%)
대리양육자	1,702(12.1%)	2,473(14.3%)	823(51.1%)	490(11.3%)	5,488(14.7%)
기 타	2,53(1.8%)	317(1.8%)	306(19.0%)	16(0.4%)	892(2.4%)
계	14,023(100%)	17,334(100%)	1,610(100%)	4,336(100%)	37,303(100%)

주 : 중복 포함

출처 : 중앙아동보호전문기관(2018). 아동학대주요통계.

우리나라는 아동을 학대로부터 보호하고 그 권리를 보장하기 위하여 아동복지법 제45조에 의거해 아동보호전문기관을 설치・운영하고 있다. 아동보호전문기관은 중앙아동보호전문기관과 지역아동보호전문기관으로 구분된다. 중앙아동보호전문기관은 학대피해 아동의 발견・보호・치료를 위한 신속한 처리 및 아동학대 예방을 위해 보건복지부 산하에 설치된 전담기관이다. 지역아동보호전문기관은 보건복지부로부터 위탁을 받아 운영하는 비영리법인으로 운영에 소요되는 비용을 국가에서 지원한다. 아동학대처벌법 시행(2014. 9. 29)으로 아동학대 신고전화가 112 통합되고, 아동학대 신고의무가 강화되면서 신고 건수가 증가한 것을 볼 수 있다. 전체 아동학대 신고현황과 아동학대 판정사례는 해마다 지속적으로 증가하고, 아동학대에 대한 사회적 관심으로 아동보호전문기관은 해마다 증가하고 있는 추세이다. 학대아동으로 판정된 후에는 피해아동 및 그 가족과 아동보호전문기관과의 협력이 매우 중요하다. 특히 아동보호전문기관과 아동을 안전하게 보호할 수 있도록 현장조사를 실시하며 아동보호전문기관에 적극적으로 협조해야 한다.

아동학대가 발생하는 장소는 피해아동의 가정에서가 19,365건(78.7%)으로 가장 많았으며, 아동학대 행위자는 부모(76.9%)로 부터 발생하는 경우가 가장 많았다. 아동학대를 가정 내 문제로 간주하던 과거 사회적 인식이 점차 변화하여 아동학대가 심각한 사회문제로 대두되고 있으나 아동학대 예방사업이 시작된 시점부터 현재에 이르기까지 부모에 의한 아동학대가 가장 많은 비중을 차지하고 있다. 학대행위자에 나타나는 두드러지는 특성은 양육태도 및 방법 부족으로 나타났다. 이는 아동학대나 가정 내 폭력을 개인 가정의 일로 간주하거나 체벌이 통용되는 사회적인 분위기 때문일 것이다. 따라서 부모교육과 가족기능 강화를 위한 적극적 지원이 필요하다. 가정 외의 장소에는 학교, 어린이집, 유치원 순으로 아동학대 발생이 일어나고 있다. 가장 많은 보호와 관심을 받아야 할 어린이집 [811건(3.3%)] 아동학대와 교육을 책임지고 있는 유치원[187건(0.8%)]과 학교[2,086건(8.5%)]에서의 아동학대 문제는 보육과 교육을 책임지고 있는 어린이집, 학교, 유치원의 교육기관에 국한되지 않고 부모와 국가가 함께 해결해 나가야 하는 시급한 과제이다.

〈표 8-7〉 아동학대 발생장소

발생장소		건수(비율)
가정 내	아동 가정 내	19,365(78.7%)
	학대행위자 가정 내	383(1.6%)
집 근처 또는 길가		352(1.4%)
친척집		143(0.6%)
이웃집		30(0.1%)
어린이집		811(3.3%)
유치원		187(0.8%)
학 교		2,086(8.5%)
학 원		154(0.6%)
병 원		58(0.2%)
복지시설	아동복지시설	357(1.5%)
	기타 복지시설	60(0.2%)
숙박업소		94(0.4%)
종교시설		31(0.1%)
기 타		493(2.0%)
계		24,604(100%)

출처 : 중앙아동보호기관(2019). 2018 아동학대주요통계.

아동학대 신고 전후 유의할 점은 첫째로 아동학대 유형 및 징후를 확인하는 것이다. 학대를 의심 할 수 있는 상처나 징후가 있을 경우 보호자에게 질문하여 설명을 들어본다. 둘째로 아동학대 상황을 증빙할 수 있는 자료를 확보한다. 증거사진 동영상을 확보하고 성학대의 경우 증거 확보를 위해 씻기거나 옷을 갈아입히지 않는다. 셋째는 피해아동의 안전 및 보호가 최우선되어야 하며 응급상황 시 병원으로 즉시 이송 후 신고한다, 이때 피해아동이 불안에 빠지지 않도록 일상적으로 대하고 정보가 누출되지 않도록 주의해야 하며 치료적 개입이 필요하거나 응급상황 발생 시 병원으로 즉시 이송 후 신고한다. 넷째는 신고자 정보가 누설되지 않도록 요구하고, 본인도 주의한다. 신고인의 인적사항 또는 신고인임을 미루어 알 수 있는 사실을 알린 경우 3년 이하의 징역이나 3천만원 이하의 벌금에 처해진다(아동학대처벌법 제62조 2항).

다섯째로는 영유아의 진술이 오염되지 않도록 하며 수사에 협조한다.

학대에 노출된 아동이 나타내는 징후는 학대나 방임의 특성, 발생 시기, 지속 기간, 강도, 아동 개인의 특성 등에 따라 다양한 편이다. 어떤 아동은 분명하고 심각한 문제를 나타내기도 하지만, 다른 아동은 미세한 행동 변화를 나타내기도 한다. 다음과 같은 특성들은 학대나 방임으로 나타날 수 있는 문제이기도 하고, 학대와 무관한 다른 원인으로 인해 나타날 수도 있다. 그럼에도 불구하고 다음 징후들은 아동과 가족이 지원이나 중재의 도움을 요청하는 신호일 수 있다.

- **발달지연** : 영유아기에 일관되고 풍부한 경험이 부족하면 동작, 언어, 사회, 인지 발달의 지연이 나타날 수 있다.
- **섭식행동문제** : 심각한 방임을 경험한 영유아는 음식을 감추거나 모으는 행동을 보일 수 있다.
- **진정행동** : 어떤 영유아는 머리를 벽에 부딪치거나, 앞뒤로 흔들거나, 긁거나, 상처를 내는 등의 평범하지 않은 진정행동을 보인다.
- **정서문제** : 학대에 노출된 영유아가 나타내는 정서문제의 범위는 매우 넓고, 대개는 우울과 불안을 동반한다. 이외 어떤 영유아는 성인에게 매우 빨리 애착을 형성하기도 하는데 이는 안전에 대한 영유아의 기본 욕구 때문인 것으로 보인다.
- **부적절한 모델링 행동** : 학대하는 성인을 모방한 행동, 성인의 성적인 행동에 대한 모방행동을 나타낸다. 영유아가 이렇게 행동하는 이유는 이것이 타인과 상호작용하는 올바른 방법이라고 배웠기 때문이다.
- **공격성** : 학대에 노출된 영유아는 또래에게 공격적이거나 잔인한 행동을 나타낼 수 있다. 학대나 방임의 결과 이들 영유아는 공감 능력이 부족하고, 충동 조절이 어려우며, 자신의 행동이 타인에게 미치는 영향에 대해 이해하는 능력이 떨어진다.

학대에 노출된 아동이 나타낼 수 있는 행동 징후를 이해하고, 학대신고 전후의 과정에서 자신의 역할을 이해하는 것이 중요하다. 이외 학대 신고가 이루어진 이후에도 가족을 지원하는 다른 전문가들과 협력하여 부모가 바람직한 부모 역할을 수행할 수 있도록 조력자 역할을 할 수 있어야 한다(한국보육진흥원, 어린이집 보육교직원 아동학대 예방교육).

일반적으로 아동은 회복탄력성이 있으며 일부 아동은 학대와 방임의 정도와 무관하게 학대경험과 관련된 상처와 두려움을 극복해낼 역량을 갖고 있다. 성인의 도움으로 학대에 노출되었거나 노출 위험이 있거나, 학대가 있지는 않아도 가정폭력 등과 같은 다른 문제를 겪고 있는 가정의 아동이 스스로의 회복탄력성을 증진시키는 데 도움을 받을 수 있도록 해야 한다.

3. CCTV(영상정보처리기기)

어린이집 영상정보처리기기(이하 CCTV)는 어린이집 내 아동과 보육교직원의 보호, 안전사고의 예방, 시설물의 안전한 관리, 범죄 예방, 증거 확보 등을 위해 설치·운영(영유아보육법 제15조의4)되고 있다. 아동학대와 관련하여 어린이집 원장은 이를 주기적으로 점검하고 이상이 발견되면 즉시 필요한 조치를 취해야 한다. 어린이집 영상정보처리기기 설치·운영 가이드라인에 따르면, 영유아보육법 제15조 내지 제15조의4 및 개인정보보호법 관련 규정에 의해 영유아의 안전 및 보안을 위하여 어린이집(영유아보육법 시행규칙 제9조에 따른 어린이집) 내 영상정보처리기기 설치·운영에 관련된 사항을 규정함을 목적으로 한다. 어린이집 CCTV 설치의무화 법안과 영유아보육법에 의하면, 제15조의4와 시행규칙 제9조에 관련하며 CCTV의 최소 기능으로 130만 화소 이상, 60일 이상 보관하여야 한다. 의무 설치 장소는 각 보육실, 공동놀이실, 놀이터, 식당·강당이며, 단 식당·강당은 별도의 공간으로 마련되어 있는 경우이다.

1) CCTV(영상정보처리기기) 열람

자녀에게서 이상징후를 발견한 경우에 당황해 하거나 염려하지 말고 자녀를 안심시킨 후에 우선 원장 및 담임교사와 사전상담을 한다.

보호자가 자신의 자녀 혹은 보호하고 있는 영유아의 학대 또는 안전사고로 신체・정신적 피해를 입었다고 의심되어 요청하는 경우, 의사소견서 제출, 관계 공무원, 어린이집 운영위원장, 지역 육아종합지원센터장이 동행 시 즉시 열람할 수 있다. 보관기간 경과로 영상 정보 파기, 영유아 안전 업무 수행과 관련이 없는 사항을 요청한 경우를 제외하고는 즉시 열람할 수 있다. 영유아보육법 등 관련법 규정상 열람요청 당일에 CCTV영상정보를 열람할 수 있는 것은 아니며 법에서 정하는 절차에 따라 열람 여부가 결정된 이후 열람할 수 있다. 보호자는 자녀 또는 보호아동의 안전 확인 등을 하고자 할 경우 열람요청서를 작성하여 제출하면 어린이집에서는 관련법 규정에 따라 처리한다.

열람요청서는 구두가 아닌 서면으로 작성하고 열람요청서에는 청구인(보호자)과 정보주체(자녀 또는 보호아동)의 인적사항, 청구영상기록(월, 일, 시간 정확히), 청구영상 CCTV설치 장소(원내장소), 열람의 목적 및 사유를 구체적으로 기입한다.

어린이집에서는 열람요청서를 받은 날로 10일 이내에 열람 또는 열람요청거부를 결정하여 보호자에게 알린다(영유아보육법 제15조의5, 시행규칙 제9조의4). 열람일시는 보호자와 협의하여 열람 여부 회신일로부터 7일 이내에 결정한다. 열람의 범위는 보육에 지장이 없도록 열람목적의 달성에 필요한 최소한 범위에서 협의하여 결정한다.

2) CCTV(영상정보처리기기)의 영상정보 관리 기준

아동학대 방지 등 영유아의 안전과 보안을 위하여 최소한의 영상정보만 적법하고 정당하게 수집하고, 목적 외의 용도로 활용하지 아니하도록 할 것이며 영유아 및 보육교직원 등 정보주체의 권리가 침해받을 가능성과 그 위험 정도를 고려하여 영상정보를 안전하게 관리해야 한다. 또한 영유아 및 보육교직원 등 정보주체의 사생활 침해를 최소화하는 방법으로 영상정보를 처리할 것이며 어린이집을 설치・운영하는 자는 폐쇄회로 텔레비전에 기록된 영상정보를 60일 이상 보관하여야 한다. 영유아보육법 제15조의4 제1항에 따른 폐쇄회로 텔레비전의 설치・관리기준 및 동의 또는 신고의 방법・절차・요건, 제3항에 따른 영상정보의 보관기준 및 보관기간 등에 필요한 사항은 보건복지부령으로 정한다.

CCTV(영상정보처리기기) 영상정보를 수집, 열람, 제공하는 것은 영유아보육법과 개인정보보호법, 그 하위법령 등의 규정 및 어린이집 영상정보처리기기 설치・운영 가이드라인(보건복지부, 2015)이 정하는 바에 따라 이루어진다. 영상정보는 설치, 운영목적에 맞게 최소한의 영상정보만을 수집, 활용하여야 하며, 영유아 및 보육교직원의권리 침해 위험과 사생활 침해를 최소화하여 관리하고 처리하도록 한다. 영상정보처리기기 영상자료 열람 요청을 거부할 수 있는 사유는 열람사유에 해당하지 않는 경우, 보관기관 경과로 개인 영상정보를 파기한 경우, 어린이집 운영위원장이 제반사항을 고려하여 열람을 거부하는 것이 영유아에게 더 유익하다고 판단하는 경우이며, 어린이집 원장은 서면으로 거부 사유 및 불복 방법을 열람 요청자에게 10일 이내 통지하여야 한다. 어린이집 영상정보처리기기 영상자료는 개인정보보호법 제15조 제1항에서 정한 목적의 범위 내에서만 이용할 수 있으며, 제18조 제2항에서 정한 사유 외에는 목적 외 용도로 이용하거나 제3자에게 제공해서는 안 된다. 영유아보육법에서는 열람만 규정하였으므로 제공은 개인정보보호법에 따른다.

어린이집을 설치・운영하는 자는 영유아보육법 제15조의4 제1항의 영상정보가 분실・도난・유출・변조 또는 훼손되지 아니하도록 내부 관리 계획의 수립, 접속기록 보관 등 대통령령으로 정하는 바에 따라 안전성 확보에 필요한 기술적・관리적 및 물리적 조치를 하여야 한다. 국가 및 지방자치단체는 어린이집에 설치한 폐쇄회로 텔레비전의 설치・관리와 그 영상정보의 열람으로 영유아 및 보육교직원 등 정보주체의 권리가 침해되지 아니하도록 설치・관리 및 열람 실태를 보건복지부령으로 정하는 바에 따라 매년 1회 이상 조사・점검하여야 한다.

〈표 8-8〉 어린이집 영상정보 열람

열람요청
보호자가 자녀 또는 보호아동의 안전을 확인할 목적일 경우 [CCTV 영상물 열람요청서] 작성하시어 서면으로 요청합니다.

⬇

열람(제공) 결정 통지
어린이집은 요청서를 받은 10일 이내 [CCTV 영상자료 열람 등 요청에 대한 결정 통지서]를 통하여 열람의 승인 또는 거부, 열람 일시 및 장소를 결정하여 열람 요청자에게 통지합니다.

⬇

열람(제공)
결정된 일시와 장소, 열람 형태에 따라 CCTV 영상을 열람합니다. (열람일은 결정통지서 회신일로부터 최장 7일을 넘지 않도록 하여야 하며 사생활 침해 우려가 있는 경우, 개인정보 보호를 위해 노력해야 합니다).

⬇

열람대장 작성 및 관리
어린이집 원장은 열람 요청이 있을 시 그에 대한 조치 사항과 내용을 [영상정보 관리대장]에 기록하고 이를 3년간 보관해야 합니다.

유아교육기관에서는 이렇게 해주세요

- 공개된 장소에 설치된 카메라의 영상자료만 열람 요청이 가능하다.
- 영상자료의 열람은 원칙적으로 보호자(자료 요청자)와 원장이 할 수 있다.
- 열람의 요청자가 정당한 요구권이 있는지 가족관계증명서, 주민등록증, 신분증, 공문서 등으로 확인한 후 열람할 수 있도록 한다.
- 열람의 범위는 보육에 지장이 없도록 열람목적에 필요한 최소한의 범위를 협의하여 결정한다.
- 열람 시 해당 영유아 이외의 사람의 사생활 침해 우려가 있다면 이들의 개인 영상 정보를 알아볼 수 없도록 보호조치하는 노력을 하여야 한다.

  예 영상 요청 이외의 자의 개인 영상 정보를 알아볼 수 없도록 보호조치, 개인 정보에 대한 열람자 준수 서약서 작성 또는 비밀 유지에 대한 서약 등

열람 이외 제공 등에 대한 개인정보보호법의 관련 내용

- 사본이나 서버제공, 제3자 열람 요청 등의 경우에는 다른 특별한 규정이 없는 한 정보주체의별도 동의가 있어야만 가능한다.
- 수사기관 및 법원의 제출요구는 '특별한 규정'에 해당하므로 제출 가능할 것으로 본다.
- 단, 정보주체의 동의가 있으면 열람 이외의 제3자 제공(사본 및 서버 등)이 가능하다는 의미이며 제공할 의무가 있다는 의미는 아니다.

4. 아동학대신고의무자

1) 아동학대신고의무자

아동을 보호하고 교육하는 아동을 가까이에서 접하는 직업군에 있는 사람은 직무상 아동학대 범죄를 알게 되거나 그 의심이 있는 경우에는 즉시 아동보호 전문기관 또는 수사기관에 신고하여야 한다. 아동학대를 조기에 발견하고 적절한 조치를 받을 수 있도록 하는 것은 예방과 함께 매우 중요한 일이다.

아동학대신고의무자는 직무를 수행하면서 아동학대 범죄를 알게 된 경우나 그 의심이 있는 경우에는 112에 즉시 신고하여야 한다(아동학대범죄의 처벌 등에 관한 특례법 제10조 제2항). 신고의무자가 정당한 사유 없이 신고를 하지 않은 경우 500만 원 이하의 과태료 부과(아동학대범죄의 처벌 등에 관한 특례법 제63조 제1항 제2호), 아동학대 신고자 보호를 위해서 아동학대 범죄 신고자 등에 대하여는 「특정범죄신고자 등 보호법」 제7조부터 제13조까지를 준용한다(아동학대범죄의 처벌 등에 관한 특례법 제10조의3). 수사나 재판 과정에서 신고인의 인적 사항을 기재하지 않고 가명으로 조서를 작성할 수 있다. 신고자의 인적 사항 또는 신고자임을 알 수 있는 사실을 다른 사람에게 알려주거나 공개 또는 보도하여서는 안 된다. 신고자가 보복을 당할 우려가 있는 경우 피고인이나 방청인을 퇴정시키거나 공개 법정 외의 장소에서 증인신문을 할 수 있으며, 공판기일의 지정이나 그 밖의 소송

진행에 필요한 사항을 협의할 수 있다. 신고자가 보복을 당할 우려가 있는 경우 시설보호, 신변 경호, 참고인 또는 증인 출석・귀가 시 동행한다.

2) 아동학대 사례신고 및 개입절차

(1) 아동학대 신고 절차

아동학대 신고접수 → 현장조사 → 사례판단 및 조치 → 사법처리 및 행정처분

① 아동학대 신고접수

아동학대 신고전화 112(경찰)를 통해 24시간 신고 접수를 받고 있다. 아동학대의심사례를 접수한 아동보호전문기관 또는 경찰 및 해당 지방자치단체는 상호 간 구두 또는 서면으로 신고접수 내용을 보고하고 현장조사 동행을 요청한다.

② 현장조사

신고 접수 후 경찰이 우선 및 동행 출동하며, 아동보호전문기관에서는 2인 1조로 출동하여 현장조사를 실시한다. 아동학대 증거자료 확보는 현장조사 시 즉각적인 개입을 통해 증거자료(학대사실 확인서, 증거 사진, CCTV 영상, 현장조사 녹화, 녹취 등)를 보존 및 확보한다. 현장조사 과정에 취득한 증거자료는 개인정보보호법 및 아동복지법의 비밀 누설 금지 등에 의거 당사자에 한한 정보 외에는 제공을 금지한다.

③ 사례판단 및 조치

사례판단 및 조치는 아동학대 혐의 사례, 조기 지원 사례, 일반사례로 구분하여 사례를 판정(단)하고 각 사례에 따른 적절한 개입계획을 수립한다. 아동학대 사례는 아동학대 정황이 확증되었을 경우, 학대의 위험 수준에 따라 원가정 보호, 격리보호 등의 조치를 취하게 되며, 아동복지법 금지행위 및 「아동학대 범죄의 처벌 등에 관한 특례

법」에 따라 아동학대 범죄에 속하는 경우 사법처리 지원 등 필요 조치를 진행한다. 조기 지원은 아동학대가 발생하지 않아 아동학대 사례로 판단되지 않았으나 학대 발생 위험성이 높은 경우, 업무상 과실에 의한 아동의 피해가 발생하였을 경우, 아동학대 유형에 포함되지 않는 부적절한 훈육에 해당되는 경우에 해당한다. 사례관리 및 사후관리는 아동학대 사례인 경우, 아동보호전문기관을 통해 사례관리를 받는다. 피해아동은 상담, 의료지원(통원 및 입원), 심리치료, 학습지원, 수사 및 증거지원을 해야 한다. 학대행위자는 보호처분, 임시조치 등의 결과 상담, 교육 프로그램 운영, 심리치료, 의료지원(통원 및 입원), 가정 지원(경제 및 가사 지원) 등이 이루어진다. 가족은 상담, 가족치료, 가정 지원(경제 및 가사 지원), 원가족 복귀를 위한 가족기능 강화 프로그램 등을 실시해야 한다. 사후관리는 지원종결사례에 대한 통합사례관리회의 개최, 사후관리 연계기관결정, 사후관리 서비스 제공 모니터링을 실시해야 한다. 조기 지원 사례 및 일반 사례는 필요하다고 판단되는 경우 지속적인 모니터링 및 학대 예방을 위한 교육 등을 실시해야 한다.

아동보호전문기관 업무처리 진행도

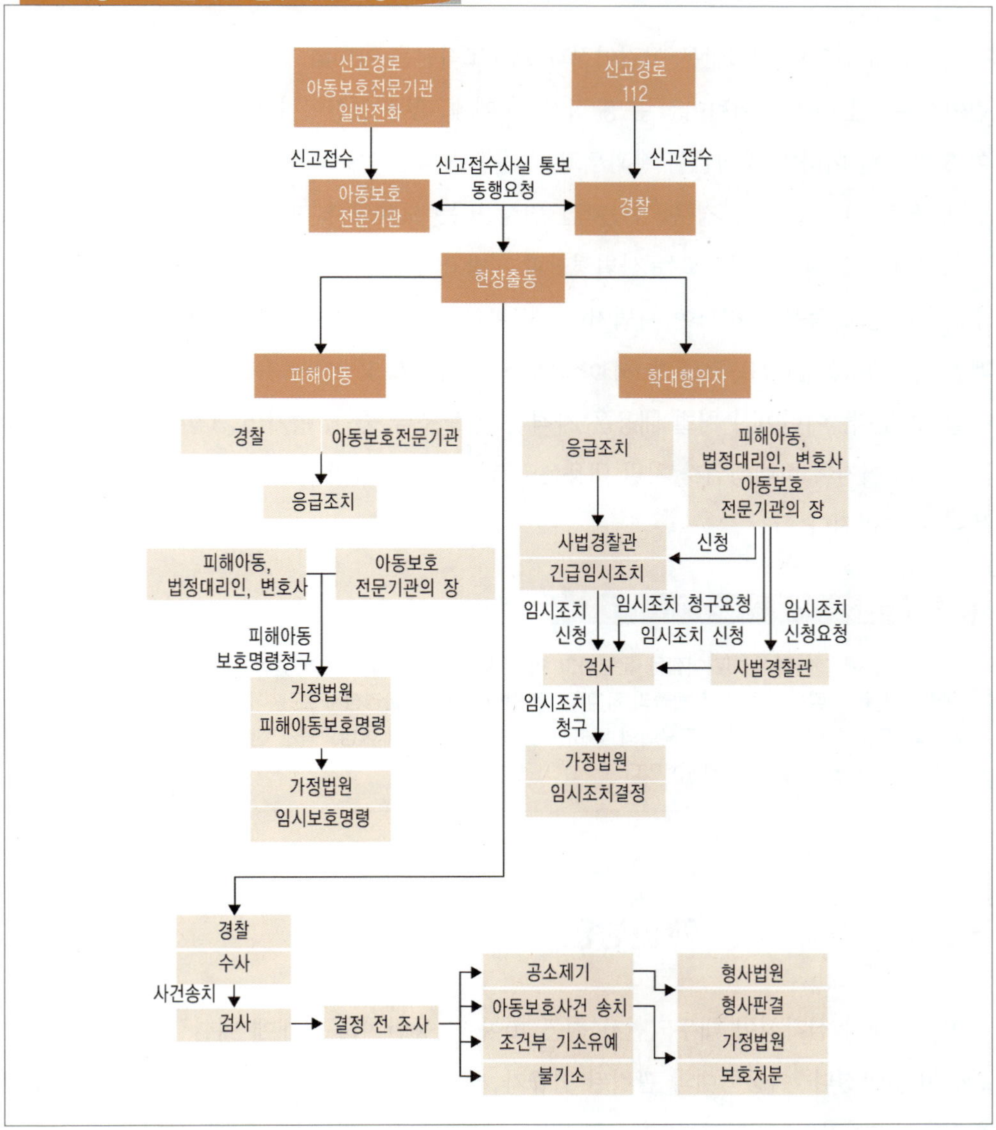

출처 : 중앙아동 보호전문기관 홈페이지(www.korea1391.go.kr).

(2) 아동학대 가해 어린이집 및 보육교직원 조치

아동학대 혐의로 처벌받은 어린이집과 보육교직원은 아래와 같은 처벌을 받게 된다. 어린이집은 1년 이내의 어린이집 운영 정지 및 폐쇄, 혹은 어린이집 운영정지 처분을 갈음하여 3천만 원 이하의 과징금이 부과되고, 보육교직원은 아동복지법에 규정된 아동학대 관련 범죄로 처벌을 받는 경우 어린이집 원장 또는 보육교사 자격이 취소된다.

사법처리 및 행정처분으로는 사법경찰과 지방자치단체는 아동학대 판단 결과, 피해아동수, 피해 정도 등을 고려하여 사법처리(아동복지법 제71조, 아동학대 범죄의 처벌에 관한 특례법) 및 행정처분(영유아보육법 제30조, 제45조, 제48조 및 아동복지법 시행령 제53조)을 결정할 수 있다. 어린이집 처벌 내용은 자격취소, 보조금 중단, 평가인증(참여) 취소, 폐쇄조치가 이루어지며 학대행위자 처벌 내용은 신고의무자 가중처벌, 행위자 처벌, 공범자 처벌 등이 이루어진다.

어린이집에서는 이렇게 해주세요

아동복지법에 의거하여 어린이집을 운영하고 있는 사람이나 설치자가 아동학대 사례가 발생하는 것을 예방하기 위해 감독과 주의를 게을리 하지 않았다면 어린이집 운영정지 또는 어린이집 폐쇄에서 제외될 수 있으므로 어린이집에서는 교사회의 및 교육을 통해 아동학대 예방교육을 진행하고 있음을 면밀하게 기록해 두는 것이 도움이 될 수 있다.

5. 아동학대 예방 개선방안

아동학대의 심각성이 대두되면서 최근 10여 년 동안 아동학대에 대한 사회적 · 학문적 관심이 높아졌다. 아동학대와 관련된 법규가 개정되고, 아동학대를 예방하기 위해 아동보호전문기관이 상당수 증가하였다. 하지만 이러한 양적 · 질적 발전에도 불구하고 우리나라의 아동학대 예방을 위한 '모든 아동을 학대의 위험으로부터 보호한다'라는 정책 목표를 달성하기에는 많은 과제를 지니고 있다.

아동학대에 대한 문제점을 살펴보며 아동학대 예방을 위한 개선방안을 살펴보고자 한다.

첫째, 아동학대 예방과 조기발견 체계 강화 시스템을 구축해야 한다.

아동학대처벌법의 시행 이후 국가 차원의 아동학대에 대한 공공개입이 강화되었다고 평가되기도 하나, 아동학대에 관련하여 다양한 기관에서 업무를 수행하고 있어 한곳에 집중되지 못하여 피해아동 중심의 관리가 어려운 현실이다. 아동학대에 관한 업무는 보건복지부, 지방자치단체, 교육부, 여성가족부, 법무부, 행정자치부, 법원, 경찰서 등에서 이루어지고 있어 원스톱으로 이루어질 수 있는 방안을 마련해야 한다. 아동학대 사건은 범정부 컨트롤 타워 운영으로 아동학대에 처한 아동 및 사각지대 아동 발견을 위해 빅데이터를 활용한 학대 위험 가구 예측・발굴 시스템인 'e-아동행복지원시스템'을 본격적으로 가동하여 예방 및 조기발견 체계를 강화해야 한다.

둘째, 피해아동 등 아동보호 체계 보완이 시급하다.

아동학대 사건이 발생한 경우에 피해아동을 신속하게 분리하고 긴급복지지원 대상으로 선정하여 지원하고 있으며 재학대 방지 및 학대가정이 가족으로서의 기능을 회복할 수 있도록 고용복지센터, 희망복지지원단 등과 함께 종합적인 지원을 해야 한다. 이에 더불어 아동복지시설 퇴소 아동에 대한 관리를 강화하기 위해 퇴소에 대한 심사・판단을 더욱 강화하고, 퇴소 후 6개월 이내에는 아동의 가정을 관계 공무원이 직접 방문하여 점검하도록 한다. 또한 학대 피해아동을 비롯하여 요보호아동에 대한 국가의 보호가 종합적이고 지속적으로 이루어지도록 개선해야 한다. 이를 위해 읍・면・동 복지허브화로 지방자치단체와 민간기관의 업무 표준지침을 마련하는 등 아동보호 체계를 구축해야 한다.

셋째, 아동권리 컨설턴트 제도를 실시해야 한다

아동에 대한 이해 및 아동권리 인식이 부족하고 아동학대 및 아동권리 존중과 실천에 대한 확실한 가이드라인이 없어서 아동학대의 범위를 적용하기가 어려운 현실이다. 가정에서 아동권리 컨설턴트 제도를 이용한다면 부모의 심신 안정을 추구하고 부모로서 겪는 양육의 어려움에 대한 상담까지 이어질 수 있다. 어린이집의 경우를 살펴보면 대부분 아동학대교육은 보육교직원을 대상으로 주로 각 시・도・구에 있는 육아종합지원센터에서 최소 1명 이상의 보육교직원이 신청하여 많은 인원이 한꺼번에 듣는 대면교육 형태로 이루어지고 있다. 교육을 받은 원장이나 교사가 자체 전달 연수를 실시하여 실제적인 교육의 효과는 매우 미흡한 실정이다. 아동권리 컨설턴트의 역할은 가정에서 겪는 양육에 대한 고충 상담 및 아동학대 예방을 위한 관리 실천 프로그램을 실시하고 주기적인 방문을 통하여 지속적으로 이루어질 수 있도록 한다. 또한 아동권리 컨설턴트는 유아교육기관에 직접 방문하여 교육 및 실천 사례, 의사소통 기술, 상호작용, 기관에서 아동을 교육과 보육하면서 생기는 갈등 및 어려운 점 등에 대하여 맞춤형 아동학대 예방 컨설팅을 진행하여 아동학대에 대한 인식의 변화와 실천의 변화가 이루어지도록 해야 한다.

넷째, 아동학대 예방 방지 대책 보완이 이루어져야 한다.

아동학대가 발생할 시 기관의 장은 대처하는 방법과 법적인 대응에 대한 인식 및 지식이 부족하고 두려워서 은폐하려는 경향도 없지 않다. 아동학대 발생 시 대부분은 유아교육기관과 교사에게 초점을 맞춰 잘못이 있다고 낙인하는 경우가 많다. 아동학대가 발생하지 않았어도 징후만 보이는 경우, 누구나 아동학대 의심이 되면 112 수사기관이나 아동보호전문기관으로 신고를 할 수 있다. 현장조사를 통하여 학대 혐의를 판정받고 아동보호 및 행위자 처벌로 종결이 끝나는 과정까지 원장과 교사, 부모의 정신적・심리적 충격과 압박감은 매우 크다. 아동학대 예방교육 및 아동학대 예방을 지원해 주는 기관으로 쉽게 찾아가 상담하고 도움을 요청할 수 있는 상담 역할과 예방의 역할을 할 수 있는 대한 방안을 모색해야 한다. 부모에 대한 아동학대 예방 상담 및 정보 제공이 지속적으로 이루어지도록 해야 한다. 아동학대 예방에 대한 대책을 추진하여 믿고 맡길 수 있는 환경을 조성해야 한다.

다섯째, 부모에 대한 아동학대 예방교육 의무화가 필수과제이다.

아동학대는 주로 가정에서 아동을 양육하는 부모에 의해 발생되므로 부모에 대한 아동학대 교육의 필요성이 대두된다. 어린 시절 학대를 받은 경험은 성인이 되었을 때 자신의 자녀나, 아동을 학대하는 악순환의 고리가 되며 아동학대는 대를 이어 전수되는 경우가 많다. 심한 경우 아동학대를 당한 아동이 싸늘한 주검으로 나타날수도 있기 때문에, 아동학대 행위는 범죄행위로 인식되어야 한다. 부모에 대한 안전교육은 어린이집의 장이 영유아의 건강, 위생, 아동학대, 안전, CCTV 열람 등과 관련된 내용을 포함하여 부모와 충분히 협의 고지해야 하며, 안전, 아동학대 예방 등 관련 교육에 부모가 참여할 수 있도록 2018년 보육사업안내에서 명시하고 있다. 보육료 지원을 받는 부모 및 가정에서 양육수당을 지원받는 부모뿐만 아니라 사각지대의 부모, 즉, 모든 아동의 부모를 대상으로 아동학대 예방교육은 부모가 되기 위한 필수과제이다. 부모에 대한 아동학대 예방교육의 의무화는 시급하다.

여섯째, 아동학대신고의무자 교육 및 교직원에 대한 안전교육을 강화해야 한다.

아동학대 예방교육으로 아동학대, 성폭력, 실종 예방 및 사후관리 등으로 교육이 강화되었다. 보수교육과 연계하여 교직원은 아동학대 예방 및 안전관리 교육을 강화해야 한다. 정부는 현재까지 아동학대 근절 시스템을 구축을 목표로 다양한 정책을 추진했고 그 결과 아동학대 관련 인식과 사건 처리는 크게 개선된 모습을 보였다. 이러한 성과에도 불구하고, 지방자치단체 관리가 닿지 않은 사각지대에서 학대를 받다가 사망한 아동도 발견되었으며 어린이집이나 의료기관 등에서 학대 정황을 미처 발견하지 못해 신고가 늦어지는 경우 등 학대 방지 체계의 허점이 발견되었다. 이러한 점을 감안해 볼 때 아동학대신고의무자의 역할은 매우 중요하고, 아동학대신고의무자의 신고율을 높이기 위한 방안을 모색해야 한다. 특히 아동은 특성상 학대 사실을 본인 스스로 신고하는 데 어려움이 있기 때문에 아동학대를 발견하기 쉬운 직종에 종사하는 신고의무자들의 역할 인식 개선이 이루어져야 한다. 아동학대신고의무자 및 이웃 신고 활성화 제도와 교육을 구체적으로 마련하여 추진하여야 한다.

생각해 보기

- 아동학대는 주로 가정에서 부모에 의해 학대가 일어나는데, 부모에 의한 아동학대 예방 방안에 대해 생각해 봅시다.
- 어린이집 CCTV의 설치가 아동의 인권과 보육교사의 인권을 보장하는지 생각해 봅시다.
- 아동학대 예방을 위한 부모교육 및 신고의무자에 대한 교육에 대해 생각해 봅시다.

CHAPTER

09 대리가정 아동복지서비스

1. 가정위탁 아동복지서비스
2. 입양 아동복지서비스
3. 시설보호 아동복지서비스

CHAPTER 09

대리가정 아동복지서비스

학습목표

- 가정위탁 아동복지서비스의 개념, 현황, 지원정책 및 개선방안을 설명할 수 있다.
- 입양 아동복지서비스의 개념, 현황, 지원정책 및 개선방안을 설명할 수 있다.
- 시설보호 아동복지서비스의 개념, 현황, 지원정책 및 개선방안을 설명할 수 있다.

이 장에서는 먼저 우리나라 보호대상아동의 현황을 살펴보고, 이들을 위한 대표적인 대리적 아동보호 유형인 가정위탁보호, 입양 및 시설보호 아동복지서비스에 관해 다루고자 한다.

아동은 자기가 태어난 가정에서 성장·발달하여야 한다. 그러나 가정 내 여러 사정으로 정상적인 부모-자녀관계를 유지하기가 어려운 경우에는 대리가정으로 하여금 가정의 역할을 제공하여야 할 때가 있다. 이처럼 우리나라에서 보호대상아동이 발견되거나 보호자의 의뢰를 받아 아동의 친가정 외 보호가 필요할 때에는 아동복지법에 근거하여 공적인 보호조치를 실시한다. 보호대상아동이란 보호자가 없거나 보호자로부터 이탈된 아동 또는 보호자가 아동을 학대하는 경우 등 그 보호자가 아동을 양육하기에 적당하지 않거나 양육할 능력이 없는 경우의 아동을 말한다(아동복지법 제3조 제4호).

보건복지부(2021)의 「보호대상아동 현황보고」에 의하면, 보호대상아동 발생원인을 학대·부모빈곤·실직, 비행·가출, 미혼부모 혼외자, 유기, 미아로 분류하고 있으며, 2021년 신규 보호대상아동의 발생수는 3,437명으로, 2020년 4,120명에 비해 683명이 감소하였는데,

보호조치를 받는 아동은 전체아동의 약 0.05%를 차지하는 것으로 나타났다. 최근 5년간 발생원인으로 학대 비율은 계속 증가 추세이고, 유기, 미혼부모 혼외자 비율은 감소하고 있는 것으로 나타났다.

〈표 9-1〉 **발생유형별 보호대상아동 발생원인**

구 분	2021년	2020년	2019년	2018년	2017년
발생유형계	3,437	4,120	4,047	3,918	4,125
학대	1,660	1,736	1,484	1,415	1,442
부모이혼	356	539	736	737	747
부모교정시설입소	99	166	–	–	–
부모질병	101	75	83	92	87
부모사망	275	279	297	284	279
부모빈곤,실직	170	181	265	18	223
비행, 가출, 부랑	293	468	473	231	227
미혼부모 혼외자	366	466	464	623	847
유기	117	169	237	320	261
미아	–	1[illegible]	8	18	12

출처 : 보건복지부(2021). 2021년도 보호대상아동 현황보고 통계(21.12월말 기준).

보호대상아동의 경우 아동의 복지를 위해 공적인 개입이 이루어지며, 시설보호와 가정보호로 구분된다. 보건복지부(2021)의 「브호대상아동 현황보고」에 의하면, 보호대상아동에 대한 보호조치 유형으로는 시설입소가 2,183명(63.5%)이고, 가정보호는 1, 254명(36.5%)이었다. 정부는 시설보호 위주에서 가정중심의 보호정책으로 정책을 전환하고 있으며, 가정보호 아동 수는 가정위탁이 가장 많고, 입양 전 위탁, 입양 순으로 나타났다.

〈표 9-2〉 보호조치 유형별 보호대상아동 현황

구 분		2021년	2020년	2019년	2018년	2017년
보호유형계		3,437	4,120	4,047	3,918	4,125
시설보호		2,183	2,727	2,739	2,449	2,421
가정보호	소계	1,254	1,393	1,308	1,469	1,704
	입양	75	88	104	174	285
	가정위탁	1,028	1,068	174	938	996
	입양전위탁	151	237	285	357	423

출처 : 보건복지부(2021). 2021년도 보호대상아동 현황보고 통계(21.12월말 기준).

아동은 대부분 원가정 안에서 성장할 때 아동의 이익이 가장 잘 충족될 수 있으므로 원가정 보전을 위해 최대한 노력하여야 하며, 아동을 가족의 보호로부터 분리할 때는 가능하다면 일시적이고 최소한의 기간에 한해야 한다. 아동에 대한 분리 보호시에도 해당 아동이 최대한 조속이 원가정에 복귀할 수 있도록 원가정에 대한 지원은 지속적으로 실시하여야 한다. 어떤 이유에서든 불행하게도 친부모가 아동을 양육할 수 없을 때, 부모양육을 일시적 또는 영구적으로 대리하는 보호의 장이 필요하며, 이때 제공되는 서비스를 대리적 서비스라고 한다. 대리적 아동복지서비스는 가정위탁보호, 입양과 시설보호가 해당된다. 아동을 원가정으로부터 불가피하게 분리 보호하는 경우에는 아동의 개별 특성과 상황을 고려하여 아동의 권리와 자유를 최소한으로 제한하는 순서로 대리양육 유형을 결정하여야 한다. 즉 아동이 가정과 유사한 환경에서 성장할 수 있도록 입양과 가정위탁을 우선 고려하여야 하며, 시설형 보호가 필요한 경우에는 공동생활가정을 우선 고려하여야 한다(보건복지부, 2023).

※ 원가정 보호 원칙과 가정형 보호 우선 원칙

원가정 보호를 최우선으로 하되, 원가정 분리가 불가피한 경우, 다음 순으로 조치 고려

☞ 국내 입양(부모가 없는 경우 등) → 가정위탁 → 공동생활가정 → 아동양육시설 등 보호조치 실시

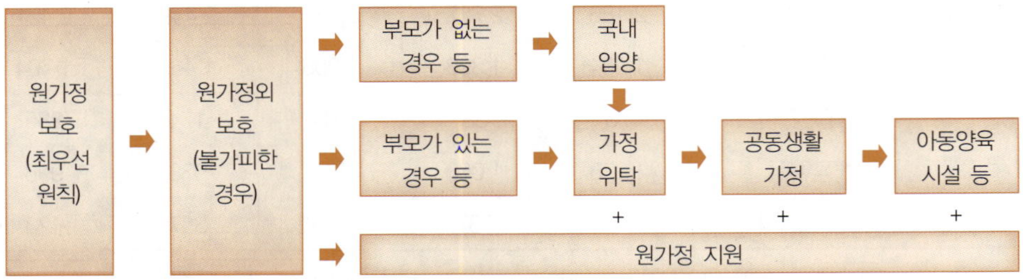

출처 : 보건복지부(2023). 2023년 아동분야사업안내.

보호아동 발생 시 아동보호서비스의 절차는 ① 상담 · 조사 · 사정 → ② 보호계획 및 결정 → ③ 보호조치 → ④ 종결 → ⑤ 사후관리 순으로 이루어진다.

보호아동 발생 시 업무처리 흐름도는 다음과 같다.

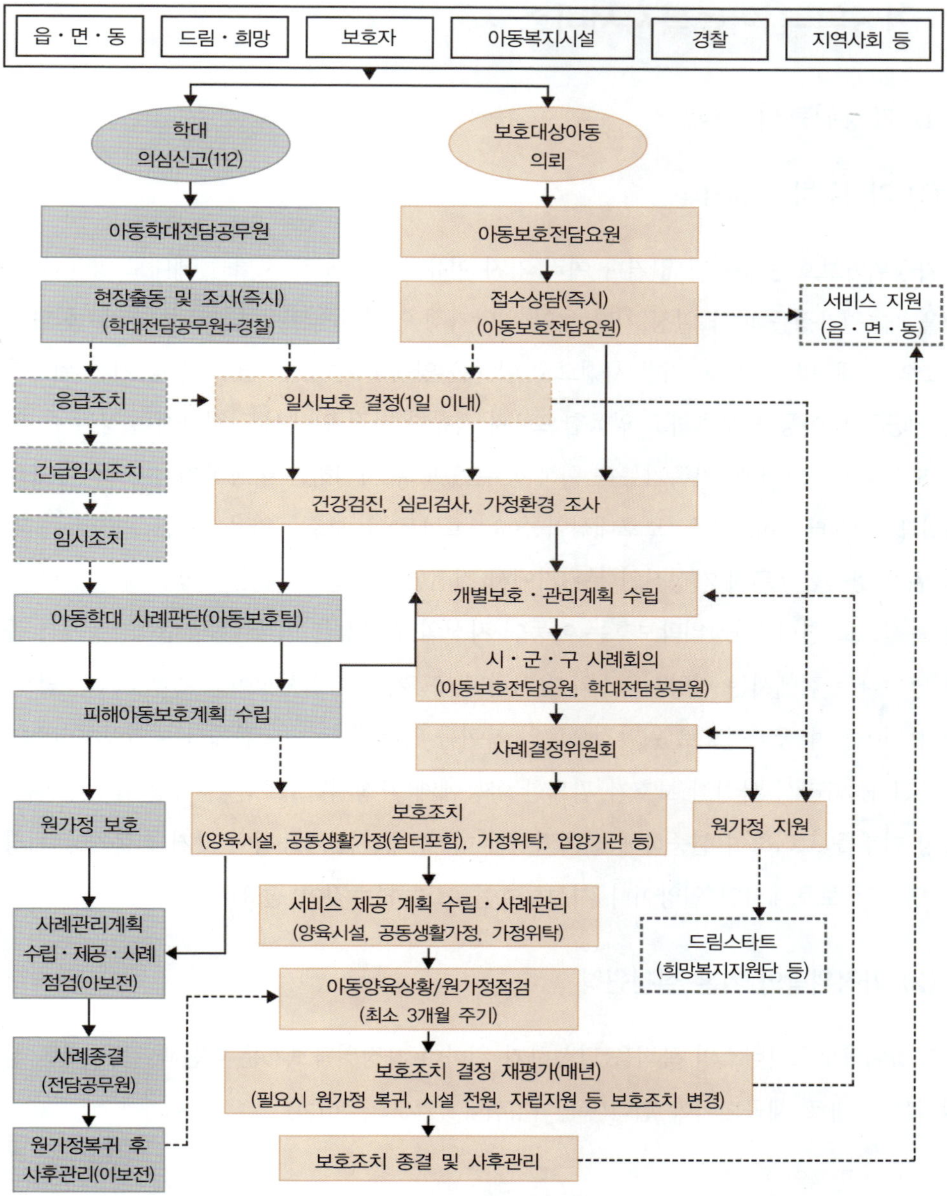

|그림 9-1| 아동보호 업무 흐름도

출처 : 보건복지부(2023). 아동분야사업안내.

1. 가정위탁 아동복지서비스

1) 가정위탁의 이해

(1) 가정위탁의 개념

가정위탁보호는 부모가 없거나 여러 가지 이유로 친부모가 자녀를 제대로 양육하기 어려울 때, 원가정을 떠나 일정 기간 동안 위탁가정 안에서 돌봄을 받는 것을 의미한다. 즉, 부모의 학대, 방임, 질병, 기타 사정으로 아동을 양육할 수 없는 경우, 일정 기간 위탁가정을 제공하여 아동을 보호하고 양육함으로써 적합한 가정 안에서 건전하게 성장할 수 있도록 도와주며 친가정이 가족기능을 회복할 수 있도록 지원하는 아동복지서비스이다(중앙가정위탁지원센터, 2016). 즉, 보호대상아동(요보호아동)을 보호·양육하기를 희망하는 가정에 위탁 양육함으로써 가정적인 분위기에서 건전한 성인으로 자랄 수 있도록 지원하는 것을 목적으로 한다. 가정위탁보호는 아동이 자신의 원가정을 떠나 다른 대리가정에서 돌봄을 받는다는 점에서는 입양서비스와 유사하나, 그 기간이 일시적이고 친부모와의 법적 관계가 지속되며 궁극적으로 원가정으로의 복귀를 염두에 둔다는 점에서는 입양서비스와는 구분된다. 따라서 사회적 보호가 필요한 아동에게 가정위탁보호는 원가정과의 재결합 가능성 여부를 고려하여 신중하게 선택되어야 하며, 재결합 가능성이 낮거나 불가능한 경우는 영구적 보호계획인 입양이나 시설보호를 고려하는 것이 필요하다.

(2) 가정위탁의 기본 실천원칙

가정위탁보호서비스의 목적을 달성하기 위하여 가정위탁보호는 다음과 같은 기본 실천원칙을 토대로 제공되어야 한다(중앙가정위탁지원센터, 2017).

① 아동중심의 원칙

아동의 건전한 인격형성을 최우선으로 고려

② 원가정 보존의 원칙

친가정의 가족기능을 회복시켜 아동이 친가정으로 복귀하는 것을 돕고, 친가정 유지가 어려운 경우에는 대리가정을 발굴하여 건강한 위탁가정을 유지

③ 친인척가정 우선배치의 원칙

친인척가정에 특별한 결격사유가 없는 한 아동의 문화적·정서적 충격을 최소화하고자 아동 본인의 의사를 고려하여 친인척가정에 우선 배치

④ 적절성의 원칙

아동의 건강한 성장과 친가정의 가족기능 회복을 위해 지역사회 협력기관과 네트워크 체계를 구축하여 맞춤서비스 제공

⑤ 연계성의 원칙

아동 및 위탁가정의 특성이 고려된 적합한 위탁가정에 아동을 배치하고 사례 개입에 요구되는 적절한 서비스 제공

⑥ 전문성의 원칙

위탁보호 과정에서 발생되는 다양한 문제에 효과적으로 대처하기 위해 각 분야별 전문적인 서비스를 제공하고 지속적인 교육을 통한 전문성 향상

(3) 가정위탁의 유형

가정위탁보호는 위탁가정과 위탁아동의 혈연관계, 친족관계 여부에 따라 일반가정위탁, 전문가정위탁, 일시가정위탁으로 분류한다.

① 일반가정위탁

전문가정위탁보호에 해당하지 않는 보호대상아동을 보호·양육하는 것을 목적으로 하는 가정위탁보호

② 전문가정위탁

피해아동, 2세 이하 아동 등으로 특별한 보호가 필요한 보호대상아동*을 전문적으로 보호・양육하는 것을 목적으로 하는 가정위탁보호

* 학대피해아동, 2세 이하(36개월 미만) 아동, 장애아동, 경계선지능아동(종합심리검사 결과 경계선지능으로 진단받은 아동) 등

③ 일시가정위탁

보호대상아동을 일시 위탁하여 보호・양육하는 것을 목적으로 하는 가정위탁보호

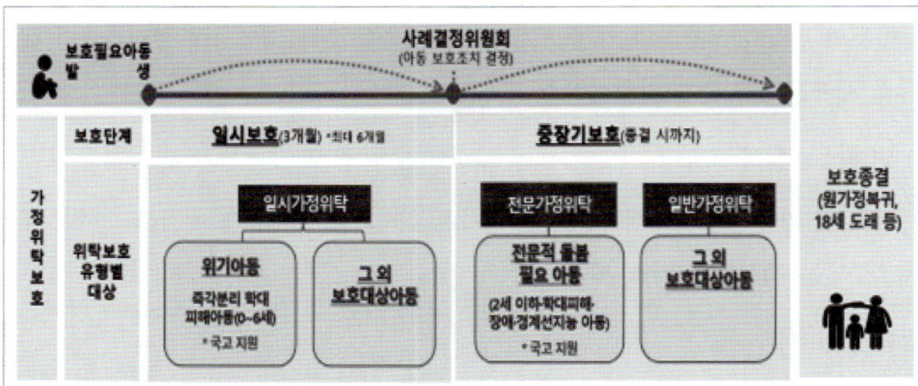

|그림 9-2| 가정위탁 유형

출처 : 보건복지부(2023). 아동분야사업안내.

(4) 가정위탁의 구성요소와 법률상의 제반 요건

① 가정위탁의 구성요소

가정위탁보호는 위탁아동, 원가정(친부모), 위탁가정(위탁부모), 가정위탁지원센터의 4주체가 협력하여 참여하고 있다.

<table>
<tr><td>위탁아동</td><td>• 가정위탁 보호대상아동(아동복지법 제3조)
만 18세 미만의 아동(만 18세 이상인 경우에도 고등학교 재학 중인 아동은 포함)
– 보호자가 없거나 보호자로부터 이탈된 아동
– 아동을 학대하는 등 그 보호자가 아동을 양육하기에 적당하지 아니하거나 양육능력이 없는 경우(아동학대, 이혼, 중독, 수감, 질병 등)의 아동
※ 만 2세 미만 보호필요아동은 가정위탁 우선배치
• 가정위탁 보호연장 가능 아동(아동복지법 제16조의 3)
– 만 18세에 달한 보호대상아동이 보호조치를 연장할 의사가 있는 경우 25세에 달할 때까지 연장(만 25세 이후 기타 사유로 추가 연장 가능)</td></tr>
<tr><td>원가정 혹은 친부모</td><td>위탁아동의 친부모로서 여러 가지 이유로 아동의 정상적이고 바람직한 양육이 불가능할 때 자신의 자녀를 위탁보호 요청함. 가족기능이 정상화되고 위탁기간이 끝난 후에는 다시 원가정에서 자녀를 보호하고 양육해야 함</td></tr>
<tr><td>위탁가정 혹은 위탁부모</td><td>위탁가정 선정기준(아동복지법 시행규칙 제2조)
[일반가정위탁(공통기준)]
• 위탁아동을 양육하기에 적합한 수준의 소득이 있을 것
• 위탁아동에 대해 종교의 자유를 인정하고 건전한 사회구성원으로 자랄 수 있도록 양육과 교육을 할 수 있을 것
• 위탁부모의 연령이 각각 25세 이상으로 위탁아동과의 나이 차이가 60세 미만일 것
• 자녀가 없거나 18세 미만의 자녀가 위탁아동을 포함하여 4명 이내일 것
• 위탁부모 및 위탁가정에 거주하는 사람 중 성범죄, 가정폭력, 아동학대, 마약, 알코올, 약물중독, 정신질환 등의 전력이 있는 사람이 없을 것

위탁가정 선정 시 추가 검토사항
• 위탁아동을 친자녀처럼 양육하기에 필요한 성품 · 경험 · 지식을 갖춘 자를 위탁부모로 선정
– 혼인관계를 유지하고 자신의 아이를 키워본 경험이 있는 자를 우선하되, 시장 · 군수 · 구청장, 가정위탁지원센터의 장이 위탁아동을 건강하게 양육하기에 적합하다고 인정하는 경우에는 혼인을 하지 않았거나 양육경험이 없는 자도 선정 가능
• 가정이 화목하고 정신적 · 신체적으로 위탁아동을 양육함에 현저한 장애가 없을 것
• 위탁아동과 동거할 것(위탁부모의 주소지에서 동거할 것)
• 위탁아동을 건강하게 부양하기에 어려움이 없을 정도의 재산이 있을 것</td></tr>
</table>

– 경제적인 목적이 아닌 선의의 동기로 위탁아동 양육을 결정한 것에 대한 확인이 필요함
– 기초생활보장수급자(생계급여 · 의료급여수급자)는 적합한 수준의 소득이 있다고 볼 수 없음

• 위탁가정으로 적합한지 여부를 가정조사 시 이웃 등을 통해 확인
  – 드림스타트 등 지역사회복지기관 또는 이웃주민의 추천 등
• 위탁부모가 될 자가 대한민국 국민이 아닌 경우, 아동복지법 시행규칙 제2조(위탁가정의 선정기준)에 따라 위탁부모가 될 자격이 있을 것

[전문가정위탁(추가 선정 기준)]

• 일반가정위탁(공통 기준) 각 기준을 충족하여야 함
• 다음 요건 중 어느 하나의 기준을 충족하여야 함
  – 가정위탁보호자 경험이 3년 이상일 것
  – 다음의 어느 하나에 해당하는 자격을 갖출 것
    * 「사회복지사업법 시행령」 제2조제1항에 따른 사회복지사
    * 「영유아보육법」 제21조제2항에 따른 보육교사
    * 「유아교육법」 제22조제2항에 따른 교사
    * 「초·중등교육법」 제21조제2항에 따른 교사
    * 「의료법」 제2조제1항에 따른 의료인
    * 「청소년 기본법」 제22조제1항에 따른 청소년상담사
    * 「고등교육법」 제2조에 따른 학교 또는 「평생교육법」 제32조제1항 · 제33조제3항에 따라 교육부장관의 인가를 받아 전문대학 · 대학졸업자와 동등한 학력 · 학위가 인정되는 평생교육시설에서 심리 관련 학과를 졸업한 사람으로서 해당 분야의 경력이 3년 이상인 사람
• 위탁부모 중 1인 이상이 전문가정위탁 부모교육을 이수하여야 함
• 그 밖에 보건복지부장관이 필요하다고 인정하는 기준을 충족하여야 함

[일시가정위탁]

• 일반가정위탁(공통 기준) 각 기준을 충족하고, 시장 · 군수 · 구청장의 일시위탁부모 선정 결과 통보일이 일시가정위탁 의뢰일로부터 1년 이내일 것

	위탁가정 교육 • 일반 / 일시가정위탁 – 가정위탁을 희망하는 사람(위탁부모 중 1명 이상)은 반드시 기본 5시간 이상 위탁부모 양성교육 이수 필요 ※ 선 책정 후 양성교육 이수토록 하는 편의적 가정위탁보호 책정 금지 – 가정위탁을 하고 있는 위탁부모(1명 이상)는 반드시 매년 5시간 이상의 보수교육 이수 필요 – 위탁양육에 대한 이해, 위탁아동의 특성, 좋은 부모의 역할 등을 교육 – 집합교육을 원칙으로 하되, 재해 등 집합교육 실시가 불가능한 경우에는 온라인 교육 또는 직접 가정을 방문하여 교육 가능 • 전문가정위탁 – 전문가정위탁을 희망하는 사람(위탁부모 중 1명 이상)은 반드시 20시간 이상 전문위탁부모 양성교육 이수 필요(배우자가 있는 경우 배우자는 최소 5시간 이상 교육 이수 필요) – 전문위탁부모는 반드시 매년 5시간 이상의 전문가정위탁 보수교육 이수 필요 – 집합교육을 원칙으로 함
가정위탁 지원센터	• (중앙) 아동권리보장원(2019.7월 출범) 가정위탁지원센터에 대한 지원, 효과적인 가정위탁사업을 위한 연계체계 구축, 가정위탁사업과 관련된 연구 및 프로그램 개발과 평가, 가정위탁사업을 위한 정보기반 구축 및 정보 제공 등 가정위탁사업 활성화 담당 • (지역) 가정위탁지원센터 위탁가정 발굴, 가정위탁 희망 가정에 대한 조사 및 가정위탁 대상 아동 상담, 위탁가정의 사례관리, 친부모 가정으로의 복귀 지원 , 각종 후원 장려 및 연계 등 담당

② 가정위탁의 절차

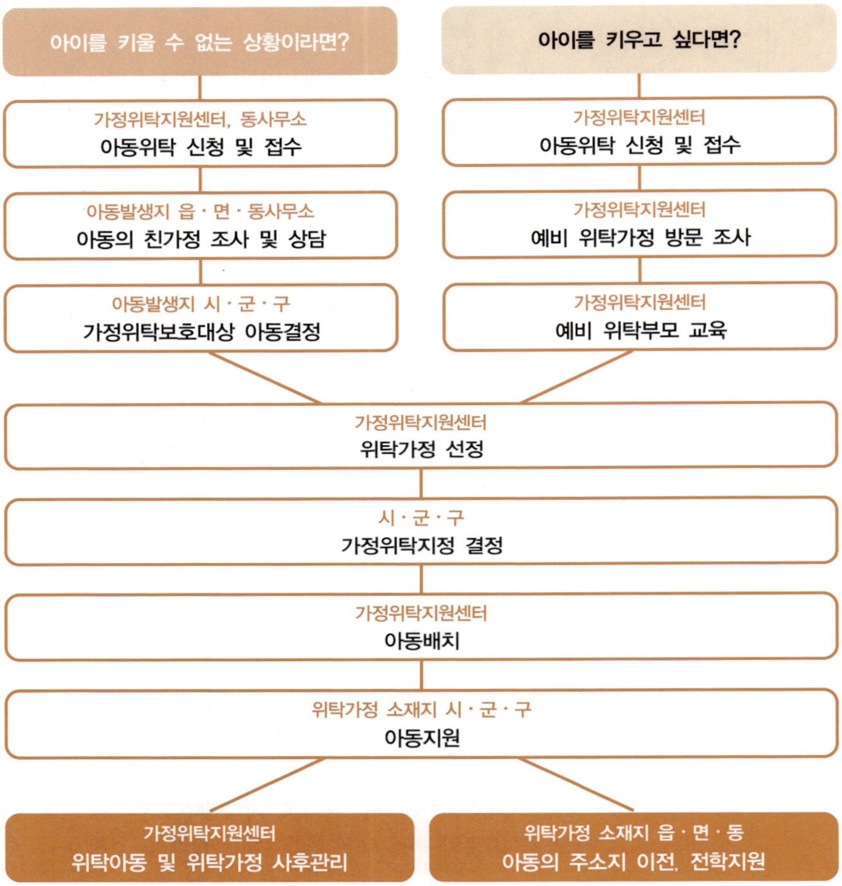

출처 : 대구가정위탁지원센터(2023). 위탁사업절차.

2) 가정위탁아동의 현황

우리나라에서는 보호대상아동이 발생하면 아동양육시설로 배치하였고 일부 부모가 없는 아동에 대해 성인보호자 없이 미성년 아동이나 청소년만으로 세대를 구성하여 독립적인 생활을 하도록 하며, 정부가 생활보호 차원에서 각종 지원을 제공하는 소년소녀가정제도를 적용해 왔다. 그러나 1990년대 후반에 들어와서 유엔의 아동권리위원회에서 우리나라 소년소녀가정제도와 시설보호 중심의 요보호아동 보호방법에 대한 수차례의 권고를 계기로 정부는 2001년부터 소년소녀가정에게는 위탁가정을 발굴하여 소년소녀가정을 가정위탁보호로 전환하도록 하고 있다.

〈표 9-3〉 가정위탁 유형별 위탁아동 현황(연도별)

연 도	계		대리양육위탁		친인척위탁		일반위탁	
	세대 수	아동 수	세대 수	아동 수	세대 수	아동 수	세대 수	아동 수
2020	8,001	9,923	5,155	6,542	2,069	2,447	777	934
2019	8,359	10,384	5,442	6,905	2,167	2,572	750	907
2018	8,955	11,141	5,831	7,426	2,357	2,801	767	914

출처 : 통계청(2022). 가정위탁보호아동 현황.

위탁유형별로 보면, 가정위탁아동은 2018년 11,141명, 2019년 10,384명, 2020년 9,923명인 것으로 나타났다.

위의 현황을 통해서 알 수 있듯이 우리나라의 가정위탁은 대리양육과 친인척위탁양육이 차지하는 비율이 높고 일반위탁이 차지하는 비율이 낮은 것을 알 수 있다. 이는 우리나라 가정위탁보호가 여전히 혈연관계에 치중되어 있음을 보여준다. 과거에 비해 가정위탁에 대한 일반인의 인식이 변화되고 있기는 하나 일반가정위탁을 확대하기 위해 더 적극적으로 추진되어야 할 것이다.

3) 가정위탁보호 아동복지서비스의 구체적 내용

현재 우리 정부와 지방자치단체가 위탁아동과 가정에 대해 제공하고 있는 지원 내용을 살펴보면 다음과 같다(2023 아동분야사업안내).

(1) 양육보조금 및 국민기초생활보장법에 의한 생계비 지원 등 지원

2023년 기준 위탁아동 1인당 월 30~50만 원 이상 차등지원을 권고하고 있으며, 이 제도는 지방이양사업으로 지방자치단체에 따라 지원내용에 차이가 있다. 정부는 2007년부터 보호를 필요로 하는 아동이 발생하면 가정위탁보호아동으로 결정함과 동시에 국민기초생활보장법에 의하여 기초생활수급자로 책정하고 생계급여, 의료급여, 교육급여를 제공하고 있으며, 만 18세 이상이지만 고등학교에 재학 중인 가정위탁보호아동 및 연장보호아동도 지원이 가능하다.

(2) 위탁가정 전세주택(국토교통부)

양육자가 무주택세대구성원으로서 해당 가구의 월평균소득이 전년도 도시근로자 가구당 월평균소득 이하인 소년소녀가정・위탁가정, 가정위탁 보호조치가 종료된 지 5년 이내(군복무기간 제외)인 무주택자 아동이 대상이다. 주택대출 대상 주택은 임차전용면적 85㎡ 이하이며, 일반주택 전세자금 대출 및 공공임대주택 임대보증금을 지원한다.

(3) 가정위탁아동 상해보험 가입 및 심리검사・치료비 지원

아동의 안전과 위탁가정의 심리적・경제적 부담을 덜어 주기 위해 위탁아동 및 부양자 1인의 후유장해, 위탁아동 입・통원 의료비 등(2023년 기준 1인당 68,500원 내외) 상해보험료를 지원해 주고 있다. 또한 위탁아동의 상담치료가 필요한 경우, 심리정서치료비(월 20만 원 이내), 심리검사비(회당 20만 원 이내, 1회), 교통비(월 2만 원 이내)를 지원한다.

(4) 가정위탁보호 종결 아동을 위한 자립지원

18세 이상의 가정위탁 보호종료아동(연장보호종결아동 포함)에게 자립정착금(1인당 최소 1천만 원 이상 권고, 지방이양)과 가정위탁 보호종료 5년 이내 아동에게 자립수당(2023년 기준 매월 40만 원의 현금)을 지급하고 있다.

4) 가정위탁보호 아동복지서비스의 개선방안

우리나라는 2003년 가정위탁지원센터를 설치하기 시작한 이래, 2023년 기준 아동권리보장원 1개소와 지역가정위탁지원센터 중앙가정위탁지원센터 1개소와 지역가정위탁지원센터 18개소가 운영 중이며, 효과적인 가정위탁보호 서비스 체계 확립과 정책적 방향을 제시함으로써 아동의 건전육성과 가족의 재결합 지원에 주력하고 있다. 그리고 보건복지부는 매년 5월 22일을 '가정위탁의 날'로 제정하여 내 아이 · 남의 아이(2아이)를 행복한 가정에서 잘 키우자는 취지에서 가정위탁을 활성화하고 가정위탁제도를 적극적으로 홍보하고 있다.

그럼에도 불구하고 관습적으로 혈통을 중시하는 가족제도와 정부의 미흡한 지원, 전문기관의 부족 등으로 가정위탁보호 아동복지서비스가 활성화되지 못하고 있다. 우리나라 가정위탁보호서비스의 문제점을 살펴보고 이를 위한 개선방안을 제시하면 다음과 같다(한미현 외, 2016; 한성심 외, 2017).

(1) 가정위탁보호의 관련법 개선

과거에는 위탁아동의 친부모라는 이유로 마음대로 찾아와 폭력이나 아동의 안전을 위협하는 행동을 하는 등의 폭력적 행동을 제재할 수 있는 방법이 없었다. 이러한 친권 남용과 공백을 방지하기 위해 2014년 민법 개정을 통해 친권정지(최대 2년)와 친권 내용에 대한 일부 제한이 가능해졌으나, 아동을 보호하고 아동복지를 실현하는 데에 거의 활용이 잘 되지 않았다는 점 등의 문제점이 제기됨에 따라 최근에 아동복지법 제18조 개정을 통해 가정위탁지원센터의 장의 친권 제한 또는 상실 선고 청구 요청에 관한 내용이 추가 개정되었다. 아동복지법의 개정으로 가정위탁에 관한 내용이 보다 구체화되긴 하였으나, 가정위탁보호를 활성화하고 정착화하기 위한 관련법 및 제도의 개선이 지속적으로 이루어져야 한다.

(2) 양육비 지원 현실화

위탁아동에 대한 양육비 지급이 현실화될 필요가 있다. 위탁가정의 헌신과 봉사에만 의존해서는 가정위탁보호서비스를 제대로 발전시킬 수 없다. 따라서 아동의 연령이나 지역, 위탁가정의 유형 등 각각의 특성에 맞게 적정 수준의 금액을 산정하는 것이 필요하며, 위탁가정의 부모들이 재정적인 부담 없이 아동들을 위탁할 수 있도록 해야 한다. 아동양육을 위한 위탁비용의 현실화는 일반가정의 위탁부모를 늘어나게 하고 아동 보호의 질을 높이는 계기가 될 수 있을 것이다.

(3) 친가정 복귀를 위한 지원 강화

가정위탁보호는 아동을 일정 기간 위탁하고 친가정으로 돌려보내는 것을 목적으로 한다. 그러나 앞에서 제시한 가정위탁 종결사유를 보면 친가정 복귀가 미흡한 것으로 나타나 이에 대한 노력이 있어야 할 것이다. 전문가들은 우리나라에서는 가정위탁이 본래 일시보호 기능을 해야 함에도 불구하고 영구적인 일이 되는 경우가 대부분이라고 지적한다. 원가정 복귀, 입양 등의 영구적 보호조치가 마련되기 위해서는 아동의 물리적 보호에 그치는 것이 아니라 위탁가정 및 위탁아동의 욕구를 고려한 서비스와 빠른 시일 내 친가정으로 복귀가 이루어질 수 있도록 친부모의 역량 강화, 친부모와 아동의 재결합을 위한 프로그램 등 친부모를 지원하는 정책이 통합적으로 이루어져야 할 것이다.

(4) 가정위탁 담당기관 인력증원 및 서비스 전문화

지역가정위탁지원센터는 친가정 내 보호가 어려운 아동에게 위탁가정을 제공하여 건강한 성장과 발달을 돕고 위탁부모를 발굴・교육하고 가정위탁보호 아동의 전문적인 관리와 지원을 담당하는 곳이다. 가정위탁지원센터 상담원 1명이 평균적으로 143명의 위탁아동과 112세대의 위탁가정을 담당하는 것으로 나타나(2017년 기준) 보다 양질의 서비스 제공을 위해서는 물리적 거리를 고려하여 지역별 가정위탁지원센터를 추가 설치하고, 아동사례 수에 적절한 상담원 충원이 이루어져야 할 것이다.

(5) 위탁부모 인력풀 확보 및 대중매체를 통한 홍보 강화

일반가정위탁을 활성화함으로 위탁부모 인력풀을 확보할 수 있는 방안이 마련되어야 한다. 이를 위해 현재 활동하고 있는 위탁부모를 중요한 자원으로 고려하여 새롭게 진입하는 위탁부모를 위한 멘토로 활동할 수 있도록 하고, 가정위탁 경험을 바탕으로 자문과 상담을 할 수 있는 구조를 마련할 필요가 있다. 새롭게 유입되는 신규 위탁부모들을 대상으로 위탁아동 매칭 전부터 종료 후 사후관리에 이르기까지 전 과정에서 집중적 사례관리를 진행하고, 세심한 관심을 가지고 맞춤형 지원을 강화해야 할 것이다.

또한 무엇보다 위탁부모 인력풀의 확보는 꾸준한 홍보를 통해 가능하다. 지자체와 가정위탁지원센터는 홍보 강화를 통해 가정위탁에 관심을 보이는 예비위탁부모 만남의 자리를 마련하고 위탁부모에 대한 긍정적 인식 등을 반영한 대국민 공익적 홍보 등을 진행함으로써 새롭게 가정위탁에 참여하는 예비위탁부모들이 불필요한 두려움으로 가정위탁 진입의 어려움을 겪지 않도록 해야 한다(보건복지부. 2020).

2. 입양 아동복지서비스

1) 입양의 이해

(1) 입양의 개념

입양(adoption)이란 부모가 없는 아동에게 혈연관계가 아닌 제3자가 부모가 되어주는 것으로서 생물학적 과정을 통해서가 아니라 법적·제도적 과정을 통해 영구적으로 새로운 가정과 부모를 마련해 주는 것이다. 보호를 필요로 하는 아동의 국내외 입양은 가정법원의 허가로 성립되고, 가정법원의 입양허가를 통해 입양이 성립되면 친생부모에 대한 모든 권리와 의무는 소멸되며, 입양부모에게 입양아동에 대한 모든 권리와 의무가 이양된다.

보건복지부 아동분야 사업안내에 따르면, 입양은 '보호자가 없거나 보호자로부터 이탈된 아동 등의 권익과 복지를 증진하기 위한 가정을 영구적으로 제공하여 신체적·정서적·사회적으로 건강하게 성장할 수 있도록 지원하는 것을 목적으로 한다'고 명시하고 있다.

이를 위해 우리나라 중앙정부에서는 입양에 대한 기본 방향을 다음과 같이 제시하고 있다(보건복지부, 2017).

첫째, 태어난 가정에서 양육하기 어려운 경우 아동의 최상의 이익을 위해 입양이나 가정위탁 등 가정보호를 지원한다.

둘째, 보호가 필요한 아동에 대해 시설보호보다는 가정보호(입양 등) 조치가 우선될 수 있도록 지방자치단체가 협조해야 한다.

셋째, 국내 입양을 우선으로 하며 국외 입양을 차선책으로 추진한다.

넷째, 입양가정 및 아동에 대한 사후관리를 강화한다.

다섯째, 입양가정에 대한 경제적·제도적 지원을 통한 국내 입양을 활성화한다.

여섯째, 혈연중심의 가족문화, 비밀입양 위주 입양문화 개선을 위한 대국민 홍보를 강화한다.

입양에 대한 목적이나 동기는 시대와 함께 변화되어 왔다. 우리나라에서 입양서비스는 오래전 가문의 대를 잇기 위한 목적하에 이루어져 왔으며, 근대 이후에는 고아를 대상으로 한 입양사업이 전개되었으나 근래에는 미혼모 아동이나 시설아동에 대한 입양이 대부분을 차지하고 있다. 과거에는 입양에 대한 특별한 조치가 필요하지 않았다면, 오늘날에는 사회적 도움이 필요한 아동을 대상으로 한 입양이 늘어나면서 관계법의 제정과 정비뿐만 아니라 입양을 알선하고 성립시키는 기관의 활동에 이르기까지 여러 단계의 조치가 필요하게 되어 오늘날 입양의 목적은 보호를 필요로 하는 아동의 권익과 복지를 강화하는 방향으로 변화하고 있다.

(2) 입양의 유형

입양은 입양아동과 입양부모 사이의 가족관계 여부에 따라 친족입양과 비친족입양으로, 입양이 기관을 통해 이루어지는지, 아니면 개인적으로 이루어지는지에 따라 기관입양과 독립입양으로, 입양사실의 공개 여부에 따라 공개입양과 비밀입양으로, 아동이 입양되는 장소에 따라 국내 입양과 국외 입양으로 분류된다. 각 입양 유형의 특징을 살펴보면 다음과 같다.

혈연관계 유무	친족입양	아동이 혈연관계를 가지는 가정에 입양되는 경우 예 계부가 부인의 자녀를 입양하는 경우 등
	비친족입양	아동이 입양가족과 가족관계나 혈연관계를 가지 않는 부모에게 입양되는 경우
입양알선기관 유무	독립입양	기관을 통하지 않고 친부모와 입양부모 간의 협의에 의해 성립되는 경우로 독립입양의 한 형태로 친족입양이 포함됨
	기관입양	국가에서 인가한 입양기관을 통해 입양이 이루어지는 경우
입양 공개 여부	공개입양	입양아동과 주위 사람들에게 자녀 입양사실을 공개하는 형태이며, 공개수준에 따라 반공개입양, 완전공개입양으로 구분한다.
	비밀입양	입양사실을 주위 모든 사람들에게 숨기고 비밀로 하는 경우
입양장소	국내 입양	아동이 태어난 그 국가 내에서 입양을 하는 형태
	국외 입양	아동이 태어난 국가가 아닌 다른 국가로 입양되는 형태

(3) 입양의 구성요소와 법률상의 제반요건

현재 우리나라는 민법에 의한 일반입양과 친양자입양, 입양특례법에 의한 입양이 있다. 특히 사회적으로 보호가 필요한 아동은 입양특례법에 의해 입양이 이루어지므로 이 법에 의한 입양에 대한 내용을 소개하고자 한다.

① 입양의 구성요소

입양은 입양아동, 친부모, 입양부모 등 삼자로 구성이 되며, 가능한 한 이들 삼자의 이익이 균형 있게 고려되어야 한다.

입양아동	• 입양특례법(2012) 제9조에 따른 입양대상아동의 법적 자격 – 보호자로부터 이탈된 자로서 특별시장·광역시장·도지사 및 특별자치도지(이하 시·도지사) 또는 시장·군수·구청장이 부양의무자를 확인할 수 없어 국민기초생활보장법에 따른 보장시설에 보호의뢰한 사람 – 부모(부모가 사망이나 그 밖의 사유로 동의할 수 없는 경우에는 다른 직계존속) 또는 후견인이 입양에 동의하여 보장시설 또는 입양기관에 보호의뢰한 사람 – 법원에 의하여 친권상실의 선고를 받은 사람의 자녀로서 시·도지사 또는 시장·군수·구청장이 보장시설에 보호의뢰한 사람 – 그 밖에 부양의무자를 알 수 없는 경우로서 시·도지사 또는 시·군·구청장이 보장시설에 보호의뢰한 자
입양부모	• 입양특례법(2012) 제10조 양친될 자격 – 양자를 부양함에 충분한 재산이 있을 것 – 양자에 대하여 종교의 자유를 인정하고 사회의 구성원으로서 그에 상응한 양육과 교육을 할 수 있을 것 – 양친이 될 사람이 아동학대·가정폭력·성폭력·마약 등의 범죄나 알코올 등 약물중독의 경력이 없을 것 – 양친이 될 자가 대한민국 국민이 아닌 경우 해당 국가의 법에 의하여 양친이 될 수 있는 자격이 있을 것 – 양자가 될 아동이 복리에 반하는 직업이나 그 밖에 인권침해의 우려가 있는 직업에 종사하지 아니할 것 – 그 밖에 양자로 될 자의 복지를 위하여 다음의 필요한 요건을 갖출 것 – 25세 이상으로서 양자될 자와의 연령 차이가 60세 이내인 자(양친이 될 자가 대한민국 국민이 아닌 경우에는 25세 이상 45세 미만) ※ 다만, 양친될 자의 가정상황에 대한 조사기관(시장·군수·구청장, 입양기관의 장)이 양친이 될 자의 가정환경이 양자를 건전하게 양육하기에 적합하다고 인정하는 경우에는 입양 가능(시행규칙 제4조)
친부모	• 입양특례법(2012) 입양동의 및 철회 – 양자될 자의 친생부모의 동의가 있을 것 – 13세 이상인 자를 양자로 할 경우는 양자될 자의 동의도 필요 ※ 다만, 친생부모가 친권상실의 선고를 받은 경우, 소재불명 등의 사유로 동의를 받을 수 없는 경우에는 후견인의 동의를 받아야 함 – 친부모가 입양을 좀 더 신중하게 결정할 수 있도록 입양숙려제가 도입되어 친생부모의 입양동의는 아동 출생일로부터 1주일이 지난 후에 이루어져야 하며, 숙려기간 동안에는 친생부모가 아동을 보호하는 것을 원칙으로 함

② 입양의 절차

현재 국내 입양 절차는 다음과 같다.

요보호 아동 발생

- 친생부모 : 입양숙려기간(일주일) 준수
  - 양육에 관한 정보, 사회적응서비스, 정부지원정보 제공
  - 기아 : 기아발견신고 및 조서 작성, 부양의무자공고, 후견인지정, 가족관계등록 창설(가정법원 성·본 창설허가재판)

▼

입양동의 전 상담

- (지자체/입양기관) 친생부모 및 양자될 사람(요보호아동)에게 입양의 동의, 입양의 효과 및 파양, 입양정보공개청구 등 충분한 상담 제공
  - 입양기관은 상담내용을 관할 시군구에 보고
  - 보고받은 관할 시군구 아동보호전담요원은 친생부모 추가상담 제공(선택)

▼

입양동의

- (친생부모) 입양결정 후 입양동의서 작성
  * 친생부모가 미성년인 경우, 친생부모의 법정대리인의 동의를 모두 받아야 함 (법정대리인인 친권자가 이혼했을 경우, 법원지정 친권자 1인의 동의를 받아야 함)
  * 아동이 13세 이상인 경우 아동의 입양동의를 받아야 함

▼

아동 인수 및 보호

- (지자체) 입양기관 소재 시·군·구 아동보호전담요원 개별보호·관리계획 작성 → 아동복지심의 위원회를 개별보호·관리계획 확정 및 입양결정 → 입양대상아동 확인서 발급
- (입양기관) 아동배경보고서 및 아동카드 작성, 아동 인수일로부터 2주 이내 입양정보통합관리 시스템에 아동정보 등록

예비양부모 입양신청

- 전화, 내방 등 개별 및 부부상담 진행(입양기관)
- 법 제10조(양친이 될 자격 등) 충족

▼

양친 가정조사

- 양친가정조사신청서 제출
  - 구비서류 : 양친가정조사신청서(별지 제6호 서식), 가족관계증명서, 혼인관계증명서, 주민등록등본
- 가전조사 실시 (입양특례법 제10조, 동법 시행규칙 제8조 제2항)
- 범죄경력 및 아동학대사례 판단이력 조회
- 예비양부모 교육 : 보건복지부령으로 정하는 소정의 교육 이수(별지 제1호 양친교육이수증명서 발급)

▼

양친가정조사서 발급

- 입양특례법 시행규칙 제8조 제2항에 따른 양친가정조사서(별지 7호) 발급

▼ ▼

결연

- 국내입양 우선추진(5개월/ACMS활용)
- 양친될 자와 입양대상아동 결연

〈법원의 추가보정 요청이 있을 시〉
- 구비서류 재정비 및 예비양부모 소환(가사조사관) 등

※ 법 제11조 제1항에 따른 서류 구비

▼

법원허가제

- 양자가 될 사람의 등록기준지 또는 주소지 관할 가정법원에 신청
  - 구비서류 : 입양허가신청서, 입양동의서, 사건본인서류(기본증명서, 가족관계증명서, 주민등록등본), 입양대상아동 확인서, 청구인서류(기본증명서, 혼인관계증명서, 가족관계증명서, 주민등록등본), 양친교육이수증명서, 범죄경력조회 호신서, 양친가정조사서
- 가정법원의 인용심판 확정으로 입양효력 발생
- ACMS 정보 입력 : (입양조치일자) 심판확정문 확정일, 그 외 조치구분에 따른 일자

▼

국내입양

- 친양자입양신고(가정법원의 허가서 첨부)
- ACMS 정보 입력 : (입양신고일) 친양자입양신고서 상 신고일
- 시군구아동복지심의위원회 보호조치 종결심의

▼

사후서비스 제공

- (입양기관) 입양성립 후, 1년 동안 사후관리 제공
  - 가정방문, 아동발달상태 등 관찰, 아동–부모 관계 관찰, 가정환경 확인 등
  - 입양기관 관할 아동보호전담요원은 입양기관의 사후관리 이행상황 모니터링 진행
- 입양정보공개청구 등

출처 : 보건복지부(2023). 2023년 아동분야사업안내.

2) 입양아동의 현황

보건복지부는 보호를 필요로 하는 아동의 원가정 보호를 최우선으로 하되 불가피하게 대리양육을 하게 될 경우에는 국내입양을 우선적으로 고려하도록 한다. 보건복지부가 발표한 2020년 입양 규모는 총 492명으로 국내 입양이 260명, 국외 입양이 232명으로 국내외입양이 몇 년 전보다 많이 감소하였으며, 국내입양이 근소하지만 조금 더 높은 것으로 나타났다.

〈표 9-4〉 연도별 국내 입양아동 발생 유형

연 도	2017년	2018년	2019년	2020년	2021년	2022년
국내입양	465	378	387	260	226	182
국외입양	398	303	317	232	189	142
계	863	681	704	492	415	324

출처 : e-나라지표(2023).

〈표 9-5〉 성별 입양 아동 수

연 도	국내 입양			국외 입양		
	계	남자	여자	계	남자	여자
2017	465	150	315	398	302	96
2018	378	110	268	303	221	82
2019	387	125	262	317	233	84
2020	260	90	170	232	192	40
2021	226	78	148	189	133	56
2022	182	67	115	142	92	50

출처 : e-나라지표(2023).

입양아동의 성별 및 연령 분포를 살펴보면, 국내입양의 경우 입양대상 아동으로 여아를 선호하는 것으로 나타났는데, 이는 한국 사회의 특성상 입양에 대한 사실을 숨기고 싶어 하고, 차후 발생할 수 있는 가계계승과 재산권 등의 문제 때문인 것으로 판단할 수 있다.

3) 입양 아동복지서비스의 구체적 내용

(1) 국내입양가정에 대한 경제적 지원

구 분		지원내용	지원금액
입양 절차 지원	입양 알선	• 입양 시 입양기관에 지급하는 입양비용 지원	• 복지부 허가기관 270만 원 • 시도 허가기관 100만 원
	입양 철회	• 친생부모가 입양의사 철회 시 입양기관이 아동을 보호하는 데 소요된 비용을 기간에 따라 지원	• 최대 73만 원 지원
입양아동 양육수당		• 입양특례법상 허가를 받은 입양기관에 의해 아동을 국내입양한 가정 – 입양아동이 만 18세가 되는 날이 속한 달까지 정기적으로 지급	• 월 20만 원 지급/ 인
입양아동 의료급여		• 입양특례법 의거 국내입양된 만 18세 미만 아동 – 만 20세 생일이 도래하는 날 또는 졸업하는 날 중 더 빠른 날이 속하는 달의 이전 달까지 지원	• 의료급여 1종
입양 장애 아동	장애 아동 양육 보조금	• 입양특례법 의거 허가를 받은 입양기관에 의해, 같은 법의 요건과 절차를 갖춰 장애아동을 국내 입양한 가정 • 입양아동 양육수당과 동시 지급 가능	• 기존 장애등급 1~3급 : 월 62만 7천 원 • 기존 장애등급 4~6급 : 월 55만 1천 원
	의료비	• 본인이 부담한 진료 · 상담 · 재활 및 치료에 소요되는 비용(급여 및 비급여 부분 포함) • 장애인보조기구 대한 의료비 지원	• 연간 260만 원 한도 • 연간 의료비 지원 한도액의 50% 이내
입양축하금		• 입양특례법상 허가를 받은 입양기관에 의해 아동을 국내입양한 가정 중에서 가정법원 입양확정일이 2022년 1월 1일 이후인 가정	• 1회 200만 원 지급
입양아동 심리정서지원		• 입양아동 중 주의력결핍과잉행동장애(ADHD), 정서불안 등으로 인해 상담치료가 필요한 아동	• 지차체 지원 • 월 20만 원 이내(심리검사비, 심리정서치료비)

출처 : 보건복지부(2023). 아동분야사업안내.

(2) 입양숙려 기간 모자지원

미혼, 이혼, 한부모가 선택하는 서비스 이용비용 지원은 다음과 같다.

구 분	지원내용	지원금액
가정 내 보호지원	• 산후지원인력 가정방문 서비스 지원(1주)	• 50만 원/ 1인당 – 산후지원인력 서비스 이용료(40만 원 한도) – 아동 생필품비 포함(10만 원)
	• 가족 또는 친구 등 지인의 도움을 받기 원할 경우(1주)	• 35만 원/ 1인당(아동생필품비 포함)
미혼모자 가족복지시설 내 입소자 지원	• 미혼모자가족시설 입소 시, 산후지원인력 인건비 지원(1주)	• 40만 원/ 1인당(산후지원인력 인건비)
산후조리원 보호 지원	• 산후조리원 이용료 지원(1주)	• 최대 70만 원 한도 내에서 실비 지원/ 1인당

(3) 입양아동 사후서비스 지원

국내 입양 사후서비스는 입양 후 입양기관의 담당자가 양친과 양자의 상호 적응상태에 관하여 관찰하고 필요한 서비스를 제공함으로써 아동이 입양가정에 쉽게 적응하는 것을 목적으로 실시된다. 사후관리는 지속적으로 이루어지되, 1년간은 의무적으로 이행하도록 하고 있으며, 입양기관에서는 입양부모교육, 입양아동 치료 지원, 입양아동 자아성장 지원 서비스, 자조모임, 사례관리, 사후상담 및 사후방문, 친생부모 찾기 및 친생부모 관리 등의 사후서비스 프로그램을 제공하고 있다.

국외 입양 사후서비스는 국외입양인의 적응과 긍정적 자아정체감 형성을 돕기 위해 모국방문사업, 모국어 연수지원, 모국에 관한 자료 제공, 친생부모 찾기 사업과 입양정보 공개제도에 관한 홍보, 국적회복 지원, 국외입양인 상담 등을 지원하고 있다.

또한 입양인이 친생부모를 찾기 위하여 입양 관련 정보의 전부 또는 일부의 공개를 청구하면, 입양정보공개제도 원칙에 따라 가족 찾기 서비스를 제공하고 있다.

(4) 공무원 대상 입양휴가제 실시

정부는 2007년부터 입양아동과 부모의 심리적 적응(안정애착 형성)을 위한 입양휴가제를 공무원부터 우선적으로 실시하여 공무원이 입양할 경우 현재 20일간 유급휴가를 받을 수 있다. 입양휴가제는 출산 못지않게 아동이 처음 새로운 가정에 입양됐을 때에도 새로운 환경에 적응하기까지 충분한 기간이 필요하다는 취지에서 마련된 것이다.

입양휴가 기간은 국내의 경우 2주이나 외국의 경우, 덴마크는 47주, 독일 및 일본은 14주, 벨기에 15주, 미국은 12주에 이르고 있으며, 스웨덴이나 노르웨이 등의 입양 선진국의 경우 출산휴가와 동일한 입양휴가를 주고 있다(한미현 외, 2016). 향후 우리나라에서도 일반기업체를 포함한 전체 근로자로 확대하는 방안과 아동의 입양가정에 적응하는 데 필요한 입양휴가 기간을 늘리는 노력이 이루어져야 할 것이다.

4) 입양 아동복지서비스의 개선방안

(1) 입양제도 개선 및 관련 법규 정비

현행 「입양특례법」은 입양 시 입양아동의 권리를 보호하고 국내입양을 활성화하려는 취지에서 가정법원 허가제로 전환하여 국내외 입양 모두 법원의 허가를 받도록 하고 입양 신청 시 출생신고를 의무화하였으며, 입양숙려제도의 실시로 아동의 출생일로부터 7일이 지나야 입양에 동의할 수 있도록 하였다. 그러나 「입양특례법」 개정의 본래의 취지와 다르게 여러 가지 문제점이 나타나고 있다. 우리나라 입양아동의 대부분은 미혼모의 자녀인데 미혼모들은 친자관계가 기록으로 남는 것을 매우 꺼려하고, 출산 후 7일의 숙려기간 동안 아이를 둘 곳이 없게 된 미혼모가 종종 아이를 유기하는 사례가 증가하고 있다. 또한 현행법상 파양에 따른 아동의 보호에는 법적 조치가 미흡하여 파양 이후의 아동을 대상으로 한 법적 규정도 마련되어 있지 않다.

이러한 문제점들을 보완하고 제도가 안정적으로 정착되도록 법률적 · 제도적 보완이 마련되어야 할 것이다(황해익 외, 2022).

(2) 정부 지원의 확대

현재 입양가정은 공개입양을 통해 입양사실을 밝히지 않는 한 특별한 지원을 받기 어렵다. 또한 현재 입양가정에 대한 경제적 지원은 동일한 금액으로 책정되어 있는데, 입양가정의 소득수준을 고려하여 양육비를 차등 지원하는 방안도 고려할 필요가 있다. 그리고 입양가족을 위한 다양한 지원 프로그램을 확대하고, 입양기관을 통한 입양 후 적응과 문제점이 생겼을 때 해결할 수 있는 방법이나 지원체계도 좀 더 개선되어야 할 것이다.

(3) 입양에 대한 국민의식 개선

국내 입양을 활성화하기 위해서는 입양에 대한 국민의 의식과 태도가 중요하다. 이를 위해 2007년 이후 국내 입양을 우선 추진하고, 매년 5월 11일을 입양의 날로 제정하여 '가정의 달 5월에 한 가정(1)에 한 아이(1)를 입양하여 새로운 가정을 이룬다'는 의미에서 입양에 대한 국가 차원의 홍보활동과 국민의 인식전환을 위한 운동을 전개하는 등 입양에 대한 사회적 편견과 부정적 인식을 바꾸기 위한 다각적인 노력을 하고 있다. 그러나 이러한 노력에도 불구하고 입양에 대한 편견과 부정적인 인식은 여전하므로 다양한 매체를 통해 적극적인 홍보를 실시하고 입양에 대한 인식 변화를 위한 계몽교육의 확대가 필요하다. 더불어 장애아를 기피하고 여아를 선호하는 우리 입양문화를 바꾸기 위한 노력도 함께 이루어져야 할 것이다.

(4) 입양인의 사후관리 강화

입양은 아동을 입양함으로써 끝나는 것이 아니며, 입양이 성공적으로 이루어지기 위해서는 사후관리가 매우 중요하다. 현재의 공급자 중심의 입양가정에 대한 사후서비스 지원을 수요자 중심으로 전환하는 것이 필요하다. 가령 현재 입양기관은 입양 후 1년 동안 6회 이상의 사후관리를 하도록 하고 있는데, 최소한 3회의 가정방문을 필수로 하고, 가정 이외의 장소에서 대면상담, 사후관리 진행 후 10일 이내에 사후관리 보고서를 작성하도록 되어 있어 담당자의 관찰에 의존해야 하는 한계가 있다. 형식적인 사후관리 차원에서 벗어나 입양부모에 대한 교육 기회 확대(대면 · 동영상 등), 위기 입양가정에 대한 치료 · 상담서비스 제공 등을 강화하는 방향으로 입양가정 관리를 위한 보다 구체적이고 효과적인 방안이 마련될 필요가 있다. 또한 입양아동이 성장 후 모국을 방문하고 친부모를 찾는 경우가 늘고 있으나 사후관리 업무에 비해 이를 처리하는 담당인력이 부족한 경우가 많아 이에 대한 정부의 지원이 강화되어야 할 것이다.

(5) 입양대상아동의 발생 예방

보호를 필요로 하는 아동의 이익을 최선으로 하는 입양서비스도 중요하지만 무엇보다도 입양대상아동이 발생하지 않도록 사전에 예방하는 것이 더욱 중요하다. 현재 입양아동 발생 유형에서 알 수 있듯이 미혼모아동의 비율이 가장 높게 나타나고 있다. 미혼모 발생을 예방하고 장애아의 발생을 예방하며, 가족해체를 예방할 수 있는 대책들이 마련되어야 할 것이다. 이를 위해 청소년에 대한 성교육을 강화하고 학교 내 성교육을 담당하는 전문상담교사를 배치하며 학생들에게 준비되지 않은 임신을 지양하도록 함으로써 장기적으로는 우리 사회의 성에 대한 가치관을 확립하고 아동권리 인식을 제고해야 할 것이다.

자녀양육을 희망하는 미혼모에 대한 다양한 생활지원을 통해 경제적인 이유로 아동을 포기하는 일이 없도록 해야 될 것이다. 이러한 차원에서 양육미혼모에 대한 최근의 쉼터 지원은 매우 긍정적인 정책적 접근이라고 할 수 있다. 또한 미혼모에 대한 산전관리 등 장애아 발생을 최소화하는 노력도 함께 이루어질 필요가 있다.

3. 시설보호 아동복지서비스

1) 시설보호서비스의 이해

(1) 시설보호의 개념

시설보호란 양육자가 없는 아동이나 있다 하더라도 여러 가지 이유로 아동을 직접 양육하지 못할 때 24시간 집단보호를 제공하는 대리적 서비스를 말한다. 즉, 시설보호는 입양, 가정위탁서비스와 함께 부모가 자신의 자녀를 양육하고 보호할 능력을 상실하였거나 양육할 의사가 없을 때 시설을 통해서 아동을 일시적 또는 장기적으로 보호하면서 부모역할을 대신하는 것이다.

시설보호사업의 목적은 시대에 따라 변화해 왔는데, 과거에는 사회적 보호가 필요한 아동을 장기적으로 집단수용하는 것이었다면, 현대사회에서는 아동을 일시적으로 보호하면서 아동과 가족에 대한 지원을 제공함으로써 아동을 가족으로 복귀시키는 것이다(Kadushin & Martin, 1988). 즉, 시설보호를 제공하기 전에 원가정에서 아동이 성장할 수 있도록 원가정을 지원해 주는 복지서비스가 우선되어야 하며, 원가정의 보호가 힘든 아동의 경우 우선 일정 기간 다른 가정으로의 위탁서비스를 유도하고, 공동생활가정(그룹홈)에서의 돌봄을 고려하여야 한다. 만약 가족과의 영구적인 분리가 확실한 상황이라면 적절한 가정으로의 입양을 도모하는 것이 바람직하며, 입양이 불가능할 경우 마지막으로 시설에서 보호하도록 배치하여야 한다.

아동을 위한 시설보호서비스의 개념은 다음과 같이 구분할 수 있다(이소희 외, 2003).

- **역할론 개념** : 부모역할을 대신하는 대리보호
- **장소적 개념** : 가정이 아닌 시설이라는 공간에서 이루어지는 시설보호
- **시간적 개념** : 시설에 장기간 거주함으로써 시설보호사업이 이루어짐

- 형태적 개념 : 아동에 대한 보호가 개별적이 아닌 집단적으로 이루어짐
- 제도적 개념 : 아동에 대한 보호주체가 일반 개인이 아닌 사회 전체임을 의미

또한 미국아동복지연맹에서는 아동을 위한 시설보호서비스의 수행과정에서 고려해야 할 몇 가지 원리를 다음과 같이 소개하고 있다(CWLA, 2004, 이상욱 외, 2016 재인용).

첫째, 시설보호서비스는 반드시 아동의 가정 진단 후에 제공한다. 시설보호서비스의 결정에 앞서 가정을 유지하기 위한 충분한 노력이 있어야 하며, 시설보호서비스의 결정은 전문가에 의해 이루어져야 한다.

둘째, 시설보호서비스는 안전하고 양육적, 보호적이며 치료적인 환경에서 제공되어야 한다. 시설에서 아동의 개별화된 욕구, 즉 교육적, 발달적, 의료적, 정서적 욕구가 충족될 수 있어야 한다.

셋째, 아동을 시설에 위탁할 수밖에 없었던 친부모의 문제를 해결하는 데 지원하며, 친부모의 강점을 강화시키는 데 지원한다.

넷째, 가족의 재결합을 위해 아동과 부모관계를 회복시키는 데 지원한다.

다섯째, 아동과 원가족의 재결합이 불가능한 경우에는 대안으로 장기간 시설보호보다는 아동의 입양 등 새로운 가족을 찾도록 노력한다.

여섯째, 연장 아동의 경우 앞으로 자립생활을 할 수 있도록 경제적, 정서적, 사회적 지원을 통해 시설퇴소를 준비하도록 한다.

(2) 시설보호의 유형

우리나라는 아동복지법 제52조 제1항에서 아동복지시설의 유형과 기능에 대해 규정하고 있다. 아동복지시설의 유형과 기능은 다음과 같다.

유 형	목 적
아동양육시설	보호대상아동을 입소시켜 보호, 양육 및 취업훈련, 자립지원서비스 등을 제공하는 것을 목적으로 하는 시설
아동일시보호시설	보호대상아동을 일시보호하고 아동에 대한 향후의 양육대책 수립 및 보호조치를 행하는 것을 목적으로 하는 시설
아동보호치료시설	아동에게 보호 및 치료 서비스를 제공하는 다음 각 목의 시설 가. 불량행위를 하거나 불량행위를 할 우려가 있는 아동으로서 보호자가 없거나 친권자나 후견인이 입소를 신청한 아동 또는 가정법원, 지방법원소년부지원에서 보호위탁된 19세 미만인 사람을 입소시켜 치료와 선도를 통하여 건전한 사회인으로 육성하는 것을 목적으로 하는 시설 나. 정서적・행동적 장애로 인하여 어려움을 겪고 있는 아동 또는 학대로 인하여 부모로부터 일시 격리되어 치료받을 필요가 있는 아동을 보호・치료하는 시설
공동생활가정	보호대상아동에게 가정과 같은 주거여건과 보호, 양육, 자립지원서비스를 제공하는 것을 목적으로 하는 시설
자립지원시설	아동복지시설에서 퇴소한 사람에게 취업준비 기간 또는 취업 후 일정 기간 동안 보호함으로써 자립을 지원하는 것을 목적으로 하는 시설
아동상담소	아동과 그 가족의 문제에 관한 상담, 치료, 예방 및 연구 등을 목적으로 하는 시설
아동전용시설	어린이공원, 어린이놀이터, 아동회관, 체육・연극・영화・과학실험전시시설, 휴게숙박시설, 야영장 등 아동에게 건전한 놀이・오락, 그 밖의 각종 편의를 제공하는 심신의 건강 유지와 복지 증진에 필요한 서비스를 제공하는 것을 목적으로 하는 시설
지역아동센터	지역사회 아동의 보호・교육, 건전한 놀이와 오락의 제공, 보호자와 지역사회의 연계 등 아동의 건전육성을 위하여 종합적인 아동복지서비스를 제공하는 시설

또한 아동복지법 제52조 제3항에서는 아동복지시설의 유형에 따른 고유사업 외에 추가적인 사업을 실시할 수 있도록 규정하고 있는데, 그 내용은 다음과 같다.

유 형	목 적
아동가정지원사업	지역사회 아동의 건전한 발달을 위하여 아동, 가정, 지역주민에게 상담, 조언 및 정보를 제공하여 주는 사업
아동주간보호사업	부득이한 사유로 가정에서 낮 동안 보호를 받을 수 없는 아동을 대상으로 개별적인 보호와 교육을 통하여 아동의 건전한 성장을 도모하는 사업
아동전문상담사업	학교부적응 아동 등을 대상으로 올바른 인격형성을 위한 상담, 치료 및 학교폭력 예방을 실시하는 사업
학대아동보호사업	학대아동의 발견, 보호, 치료 및 아동학대의 예방 등을 전문적으로 실시하는 사업
공동생활가정사업	보호대상아동에게 가정과 같은 주거여건과 보호를 제공하는 것을 목적으로 하는 사업
방과 후 아동지도사업	저소득층 아동을 대상으로 방과 후 개별적인 보호와 교육을 통하여 건전한 인격형성을 목적으로 하는 사업

우리나라는 혈연중심의 가족문화로 인해 사회적 보호가 필요한 아동 발생 시 혈연관계가 없는 아동을 가족구성원으로 받아들여야 하는 가정위탁보호나 입양보다는 시설보호에 배치되는 비율이 상대적으로 높았다. 그러나 최근 들어 시설생활이 아동에게 부정적 영향을 미친다는 인식의 확산으로 가정위탁보호, 입양 등은 증가하고 있으며, 시설보호는 지속적으로 감소하는 추세이다. 최근에는 아동을 가정에서 양육하는 것이 바람직하다는 인식이 높아지면서 아동복지시설 중 시설보호의 대안으로 공동생활가정(그룹홈)이 중요하게 부각되고 있다.

공동생활가정(그룹홈)은 대규모 집단시설 위주의 보호에서 소규모 가정형태 보호로의 전환과 지역사회 중심의 아동보호를 강조하면서 새롭게 나타난 아동보호시설이다. 공동생활가정 운영은 1997년부터 시범사업으로 실시되었고, 2004년에는 아동복지법 개정에 따라 아동복지시설의 종류에 추가되었다. 공동생활가정의 장점은 가정과 같은 주거환경 속에서 아동을 보호함으로써 대규모 시설보호가 지닌 문제점들을 보완 가능하다는 점이다. 즉, 아동에 대한 개별 서비스가 가능하고, 생활 속에서 자연스럽게 인간관계를 맺음으로써 또래관계 및 대인관계 형성에도 도움이 되며, 사회적응력 향상에도 긍정적인 영향을 미친다는 점이다. 또한 가정의 형태로 지역사회에 위치하고 있어 시설보호의 낙인효과도 줄일 수 있다.

공동생활가정의 유형은 남녀분리형과 남녀혼합형이 있으며, 입소대상아동은 5명을 기준으로 하되 7인 이내로 보호하도록 하고 있다. 또한 단독주택, 공동주택 등 일반주택지 내에 위치하도록 하고, 간판이나 표찰을 붙이지 말고 몇 개의 공동생활가정이 가능한 한 한곳에 집결되지 않도록 하여 지역사회 내에 자연스럽게 자리 잡도록 하고 있다.

공동생활가정에서의 운영 프로그램 예시는 다음과 같다.

영 역	프로그램
아동·청소년의 자립능력 향상	• 아동청소년의 발달론적 관점에서의 특성 이해 • 아동의 특성과 능력에 맞는 개별화된 서비스 제공 – 아동의 강점을 이해하고 과제 해결 중심 접근 • 아동의 학령에 맞는 개별적인 연차적 자립 계획 수립 – 매년 아동의 욕구를 점검하여 수정
원가족의 관계 회복	• 가족 방문 또는 전화, 문자, 편지, 카드 등 지속적인 관계 유지 노력 연 1회 이상 • 가족참여 프로그램(가족캠프 등) 연 1회 이상 실시 • 관련기관 및 단체 등과 연계하여 부모교육 등 연 1회 이상 실시
학교와 관계 형성	• 학교교사와 정기적이고 지속적인 상담, 정보공유, 학교행사에 참여 – 분기 1회 이상 아동생활 상황에 대해 교류한 기록 보유
지역 내 자원 활용	• 지역 내 드림스타트를 통한 지역 복지자원 적극 활용 • 지역 내 관공서, 민간자원 등 자원 연계 • 자원봉사 및 후원기관과 관계 형성

출처 : 보건복지부(2023). 아동분야 사업안내.

(3) 시설보호의 구성요소와 법률상의 제반요건

① 시설보호의 구성요소

• **시설보호아동**

우리나라의 보호대상아동은 아동복지법(제3조)에 의하여, 보호자가 없거나 보호자로부터 이탈된 아동 또는 보호자가 아동을 학대하는 경우 등 보호자가 아동을 양육하기에 적당하지 아니하거나 양육할 능력이 없는 경우의 아동으로 규정되어 있다. 즉, 가정위탁, 입양, 시설보호의 대상아동이 동일하나,아동복지법(제15조)에 따른 보호조치는 가정복귀 및 대리양육을 최우선으로 조치하고, 시설입소는 최후 수단으로 조치하도록 규정하고 있다.

- 아동복지시설 입소대상

아동복지법 제15조에 의하여, 시설입소대상은 아동양육시설 및 일시보호시설, 아동보호치료시설, 자립지원시설로 구분된다.

구 분	입소대상아동
아동양육시설 및 일시보호시설	• 보호자가 없거나 보호자로부터 이탈된 아동 • 보호자로부터 학대받은 아동 • 보호자의 학대로 아동보호전문기관에 신고되어 동 기관이 시・도지사 또는 시장・군수・구청장에게 보호조치를 의뢰한 아동 • 시・도지사 또는 시장・군수・구청장이 특별히 보호가 필요하다고 결정한 아동
아동보호 치료시설	• 불량행위를 하거나 불량행위를 할 우려가 있는 아동으로서 보호자가 없거나 친권자나 후견인이 입소를 신청한 아동 • 가정법원, 지방법원소년부지원에서 보호위탁된 19세 미만인 사람을 입소 • 정서적・행동적 장애로 인하여 어려움을 겪고 있는 아동 또는 학대로 인하여 부모로부터 일시 격리되어 치료받을 필요가 있는 아동
자립지원시설	• 보호종료 아동 중 취업(우선), 취업 준비 중, 24세 이하 기초생활보장 수급자

출처 : 보건복지부(2023). 아동분야 사업안내.

- 시설종사자

보건복지부는 2012년도부터 시설종사자 기준을 개정하고, 아동복지법 시행령(별표 15)에서는 아동복지시설 종사자 자격을 다음과 같이 제시하고 있다.

<table>
<tr><th rowspan="2">구 분</th><th rowspan="2">개정 전</th><th rowspan="2">개정 후</th><th colspan="2">적용시기</th></tr>
<tr><th>기존 종사자</th><th>신규 종사자</th></tr>
<tr><td>시설장</td><td>사회복지사 3급 이상 자격을 가진 사람</td><td>• 사회복지사 2급 이상 자격 취득 후 아동과 관련된 사회복지사업에 3년 이상 또는 사회복지사업에 5년 이상 종사한 경력이 있는 사람</td><td>2018. 9. 1.</td><td>2012. 8. 5.</td></tr>
<tr><td>보육사</td><td>고등학교 또는 이와 동등 이상의 학력이 있다고 인정되는 사람</td><td>• 사회복지사 3급 이상 자격이 있는 사람</td><td>2018. 9. 1.</td><td>2012. 8. 5.</td></tr>
<tr><td>임상심리 상담원</td><td>고등교육법에 따른 대학 또는 이와 같은 수준 이상의 학력이 있다고 교육부장관이 인정하는 학교에서 심리학을 전공하여 졸업한 사람</td><td>• 고등교육법에 따른 대학 또는 이와 같은 수준 이상의 학력이 있다고 교육부장관이 인정하는 학교의 심리 관련 학과를 졸업한 사람
• 국가기술자격법 시행령 제12조의2 제1항 및 별표 1에 따른 임상심리사 2급 이상의 자격이 있는 사람</td><td>–</td><td>2016. 7. 1.</td></tr>
</table>

출처 : 보건복지부(2023). 아동분야 사업안내.

② 시설보호 입·퇴소 절차 및 귀가조치

아동복지시설의 입소절차에 관한 법적 근거는 아동복지법 시행령 제15조에 의하여, 시·도지사 또는 시·군·구청장이 입소대상아동의 아동카드와 입소의뢰서를 작성하여 아동복지 시설장에게 입소 의뢰하도록 되어있다. 또한 아동복지시설에서는 지방자치단체장이 의뢰하지 않은 아동을 직접 입소시키는 것을 금지하고 있다.

요보호아동 발생 시 일반적인 처리체계는 |그림 9-3| 아동보호 업무 흐름도를 참고하길 바라며, 서울특별시 아동복지센터에서 이루어지고 있는 입소처리의 구체적인 절차는 다음과 같다.

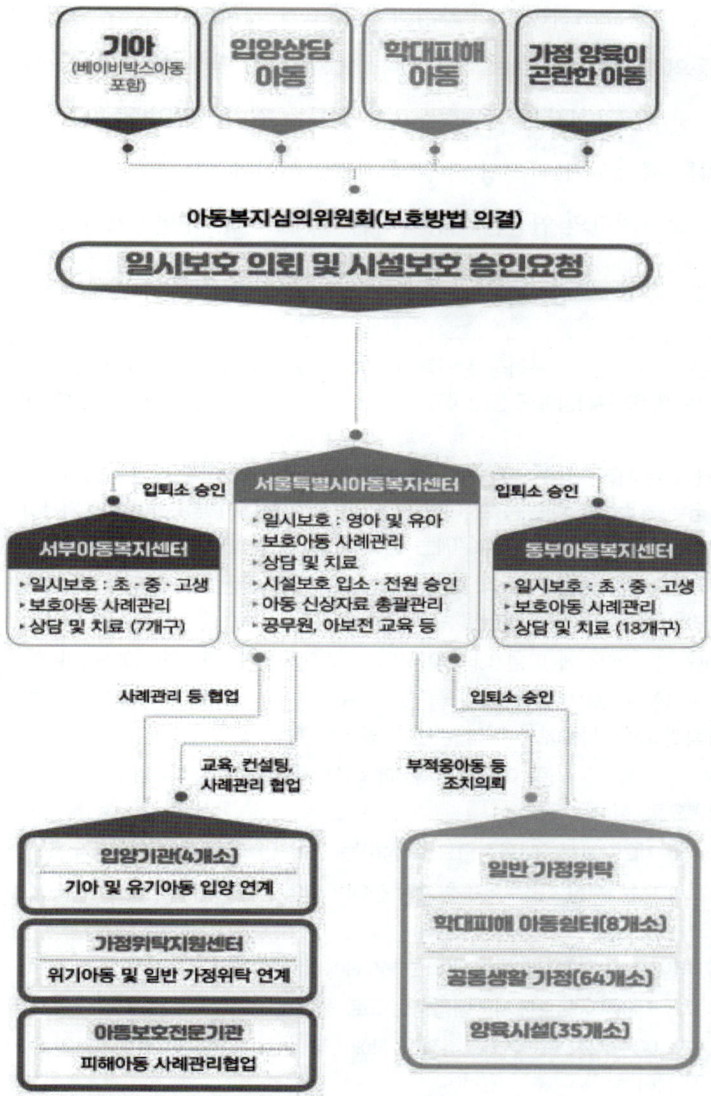

|그림 9-3| 아동복지시설 입소처리도

출처 : 서울특별시 아동복지센터(2023). 입소처리도.

보호대상아동의 종료조치는 아동복지법 제16조에 의하여 다음과 같이 같다.

보호대상아동의 연령이 18세에 달하였거나, 보호목적이 달성되었다고 인정되면 해당 시·도지사, 시장·군수·구청장은 대통령령으로 정하는 절차와 방법에 따라 그 보호 중인 아동의 보호조치를 종료하거나 해당 시설에서 종료시켜야 한다.

다만 〈신설〉 보호기간의 연장은 아동복지법 제16조의3(시행일 : 22. 6.22)에 의하여 다음과 같다.

> 시·도지사 또는 시장·군수·구청장은 연령이 18세에 달한 보호대상아동이 보호조치를 연장할 의사가 있는 경우에는 제16조 제1항에도 불구하고 그 보호기간을 해당 아동이 25세에 달할 때까지로 연장하여야 함
>
> - 시·도지사 또는 시장·군수·구청장은 제1항에 따라 보호기간이 연장된 사람이 보호조치의 종료를 요청하는 경우 그 보호조치를 종료하여야 함. 다만, 자립 능력이 부족하여 보호기간의 연장이 필요한 경우로서 대통령령으로 정하는 경우에는 심의위원회의 심의를 거쳐 종료하지 아니할 수 있음
> - 보호기간이 연장된 사람이 다음 각 호의 어느 하나에 해당하면 시·도지사 또는 시장·군수·구청장은 그 보호기간을 추가로 연장할 수 있음
>   1. 「고등교육법」 제2조에 따른 대학 이하의 학교(대학원은 제외한다)에 재학 중인 경우
>   2. 제52조 제1항 제1호의 아동양육시설 또는 「국민 평생 직업능력 개발법」 제2조 제3호에 따른 직업능력개발훈련시설에서 직업 관련 교육·훈련을 받고 있는 경우
>   3. 그 밖에 위탁가정 및 각종 아동복지시설에서 그 사람을 계속하여 보호·양육할 필요가 있다고 대통령령으로 정하는 경우
> - 법 제16조의3 제2항에서 "대통령령으로 정하는 경우"란 다음 각 호의 경우를 말한다.
>   1. 시·도지사 또는 시장·군수·구청장이 장애·질병 등을 이유로 보호기간 연장이 필요하다고 인정하는 경우
>   2. 지적 능력이 보건복지부장관이 정하는 범위에 해당하는 경우
> - 법 제16조의3 제3항 제3호에서 "대통령령으로 정하는 경우"란 다음 각 호의 경우를 말한다.
>   1. 시·도지사 또는 시장·군수·구청장이 장애·질병 등을 이유로 보호기간의 추가 연장이 필요하다고 인정하는 경우
>   2. 보호기간이 연장된 사람의 지적 능력이 보건복지부장관이 정하는 범위에 해당하는 등 자립 능력이 부족한 사람의 경우
>   3. 취업 준비 등을 이유로 보호기간이 연장된 사람이 보호기간의 추가 연장을 요청하여 1년 이내의 범위에서 보호기간을 추가 연장하는 경우

또한 아동복지시설 입소아동의 귀가조치는 입소된 아동의 보호자가 아동을 양육하고자 할 때에는 시・도지사 또는 시・군・구청장에게 귀가 신청을 하여야 하며, 아동복지시설에서 아동을 직접 귀가시키는 일이 없도록 하고 있다. 귀가 신청을 받은 시・도지사 또는 시장・군수・구청장은 시설장의 의견을 들어 아동을 귀가시키도록 하되, 다만 보호자의 성품・행실이 불량하거나 보호자의 아동학대 우려, 심신장애, 마약 또는 유독물질의 중독 또는 감염병 질환 등으로 인하여 아동을 귀가시키는 것이 적당하지 아니하다고 인정되는 경우에는 귀가시키지 않도록 하고 있다. 또한 아동보호전문기관으로부터 보호조치가 의뢰된 아동을 귀가시키고자 할 때에는 반드시 아동보호전문기관과 협의하여 학대의 재발우려가 없다고 인정되는 경우에만 귀가시키도록 규정하고 있다.

2) 시설보호아동의 현황

(1) 아동복지시설 보호아동 현황

아동복지시설 보호아동의 현황을 보면, 2021년 12월 31일 기준으로 전체 298개 시설에서 11,005명의 아동을 보호하고 있다. 이 중 아동양육시설 236개소에서 10,072명의 아동을 보호하고 있으며, 보호치료시설 12개소에서 404명의 아동이, 자립지원시설 15개소에서 233명의 아동이, 일시보호시설 11개소에서 247명의 아동이 보호받고 있는 것으로 나타났다.

〈표 9-6〉 아동복지시설 보호아동 현황

계 (현원)		양육시설	보호치료시설	자립지원시설	일시보호시설	아동상담소	전용시설	개인양육시설
시설	298	236	12	15	11	8	7	9
인원	11,005	10,072	404	233	247	–	–	49

출처 : 보건복지부(2022).

(2) 공동생활가정 현황

보건복지부가 발표한 2021년 12월 31일 기준 공동생활가정은 전국적으로 617개소가 있으며, 수용인원은 4,207명(미취학 아동 343명, 초등학생 1,139명, 중학생 729명, 고등학생 677명)이었다.

〈표 9-7〉 공동생활가정 아동현황(일반그룹홈+학대피해아동쉼터)

시설수	수용인원			아동현황							
	계	남	여	계	미취학		초등학교	중학교	고등학교	대학교	기타
					0~3세	3~6세					
617	3,105	1,676	1,429	3,105	41	302	1,139	729	677	176	41

출처 : 보건복지부(2022).

3) 시설보호 아동복지서비스의 구체적 내용

(1) 아동복지시설 운영비 지원

구 분	내 용
대 상	아동양육시설, 아동일시보호시설, 아동보호치료시설, 자립지원시설에 보호 중인 아동
지원내역 (참고)	• 직접경비 영아분유급식비, 육아특별간식비, 학용품비, 부교재와 교양도서비, 운동화, 이・미용비, 위생대, 생리대, 중・고생교통비, 교복비 등 • 공통경비 건물유지비, 화재보험료, 공공요금, 수용비, 의약품비, 난방연료비, 차량유지비, 도서구입비, 환경부담금, 운영위원회 회의 개최비 등 • 간접경비 치료보호시설 및 직업훈련시설의 직업훈련 실습비와 재료비, 훈련복 ※ 아동 개인별 지원액(2023년) 양육시설: 142,560원 / 보호치료시설: 225,500원 / 자립지원시설: 92,660원 / 일시보호시설: 225,500원

(2) 아동복지시설 아동 급식비 지원

아동복지시설 아동급식비(시설 생계비 1식당 단가) 이외의 부족분은 지방비를 확보하여 지역아동센터 급식비 수준까지 추가 지원하고 있으며, 시・군・구별로 지역 내 푸드 뱅크, 로컬 푸드 직매장 등과 연계하여 식자재, 부식 등을 우선 지원해 주고 있다.

(3) 시설보호 종결 아동을 위한 자립지원서비스

가정위탁 및 시설보호대상 아동의 자립준비 역량강화 및 보호 종료 후 안정적인 사회진출과 자립실현을 위한 자립지원서비스가 제공되고 있다. 자립지원서비스는 아동복지법 제40조에 따라 자립지원 관련 업무를 전담할 자립지원전담기관(2016년 기준 전국 9개 시・도에 설치・운영)과 아동자립지원단(보건복지부 위탁)을 통해 제공되고 있으며, 아동복지시설 및 가정위탁 보호아동의 자립지원 현황을 실시간으로 모니터링하고 one-stop 정보제공을 위하여 아동복지시설 및 가정위탁지원센터는 자립지원통합관리시스템(DB)을 통해 자립지원 현황을 입력하도록 하고 있다. 즉, 자립지원대상 아동의 자립기술 평가 및 자립계획 수립, 자립지원 표준화 프로그램의 운영결과, 연장아동 현황, 퇴소아동 자립수준 평가 등을 입력한다.

또한 시설보호아동을 위한 대표적인 정부의 지원정책으로는 디딤씨앗통장(CDA), 자립정착금 지원, 자립수당 지급 등이 있다. 18세 미만 아동으로서 아동복지시설 생활아동, 공동생활가정 및 기타 아동(가정위탁아동, 장애인시설 생활아동, 기초생활수급 중위소득 40% 이하 기준 아동)에게 정부가 월 5만원 한도 내에서 저축액의 2배에 해당하는 금액(1:2 매칭펀드)을 적립해 주는 디딤씨앗통장(CDA)에 저축된 자금은 만 18세 이후 사회진출 시 학자금, 전세금, 창업자금 등에 사용할 수 있다. 또한 자립정착금(1인당 최소 1,000만 원 이상 권고, 지방이양)과 자립수당(2023년 기준 매월 40만원의 현금)이 지급된다.

자립지원 표준화 프로그램(Ready? Action!)

미취학~보호 종료 전까지 아동의 단계 · 학년 · 수준별로 적정한 교육을 실행하여 보호 종료 후 안정적인 자립생활을 할 수 있도록 지원하는 프로그램

• Ready? 프로그램(미취학~보호 종료 전까지, 보호 종료 후 대비 자립준비)

구분 \ 단계별	Level 1	Level 2	Level 3	Level 4
대상자	미취학~초등 2	초등 3~6	중등 1~3	고등 1~보호 종료 전
해당 영역*	1, 2, 3, 5	1, 2, 4, 5, 6	1, 2, 3, 4, 5, 6	8개 전 영역
중점 프로그램	기초학습 · 독서 지도, 원가족유대 강화 집단 프로그램	심리 · 정서지지 체계, 학습지도, 경제교육	진로적성검사, 자립예비사정 및 계획, 체크리스트	자립사정, 취업 및 진학상담, 체크리스트

* 보호아동 자립준비 프로그램 매뉴얼의 8대 자립기술 영역을 말함

[자립기술의 8대 영역]

1. 일상생활기술	일상생활에 필요한 세탁, 청소, 예의범절, 요리하기 등 기술 습득
2. 자기보호기술	개인위생 관리, 응급처치 방법, 성교육, 스트레스 다스리기 등
3. 지역사회 자원활용 기술	지역 내 활용 가능한 서비스, 사회자원 방문조사 및 활용
4. 돈 관리 기술	교육을 통한 올바른 경제관념을 형성, 효율적인 용돈관리 기술 습득
5. 사회적 기술	긍정적인 대인관계 기술 습득, 효과적인 의사소통 기술 등
6. 진로탐색 및 취업기술	적성검사를 통한 상급학교 진학 및 직업 탐색
7. 직장생활기술	이력서 작성법, 면접방법, 대처방법 등 직장생활기술 습득
8. 다시 집 떠나기	집 구하기, 계약, 이사 등의 거주지 마련 방법 습득

• Action! 프로그램(보호 종료 후, 자립생활 정착까지 사례관리 · 필요 서비스 지원 프로그램)

대상자	보호 종료 후~자립생활 정착까지	
서비스 지원	• 취업형과 진학형으로 구분 • 상담 및 사후관리 • 긴급생활자금 지원 및 의료지원	• 사회초기 적응 및 자립기반 구축 • 진로지도 및 인턴십 프로그램 • 심리정서 지원

출처 : 보건복지부(2023). 아동분야 사업안내.

(4) 대학등록금, 전세자금 지원

일부 시 · 도에서는 시설퇴소 및 가정위탁의 보호 종료 아동에게 대학등록금 및 장학금, 전세자금 등을 지원해 주고 있다.

(5) 공동생활가정서비스 지원

공동생활가정에서 생활하는 퇴소아동은 각 지방자치단체에서 퇴소아동 자립정착금을 지급하고 있으며, 시설아동 자립정착금 지원기준과 같다. 또한 공동생활가정에서 생활하는 아동은 기초생활보장 수급지원을 받을 수 있으며, 일반 수급자로 선정 관리되어 수급비(생계비 등) 지원을 받을 수 있도록 하고 있다.

4) 시설보호 아동복지서비스의 개선방안

(1) 아동보호 체제 강화 및 지방자치단체 역할 강화

최근 아동보호에 대한 관심이 증가함에 따라 기존의 대규모 수용형태의 시설보호에서 벗어나 탈시설화를 지향하는 복지서비스로 변모하고 있으나, 이를 뒷받침하기 위한 지역사회 내 아동보호 체계는 여전히 취약한 설정이다. 민간중심의 아동보호 체계, 보호주체(지방자치단체, 시설 등) 간의 연계가 미흡하여 비체계적·단편적 형태의 서비스가 제공되고 있고, 지역 간 아동복지 수준이나 인프라의 편차가 심화되고 있으며, 아동에 대한 사후관리 위주로 이루어져 친가정 보호중심의 사전 예방적 접근은 잘 이루어지지 못하고 있는 실정이다. 더불어 현행 아동보호 체계를 전반적으로 재점검, 불합리한 제도를 개선하고 '아동의 이익'이 최우선적으로 보호될 수 있도록 아동보호 체계를 강화시킬 필요가 있다. 읍·면·동 복지허브화 및 아동복지법 개정(2018. 3. 23. 시행), 헤이그 협약 추진 등에 따라 아동보호에 대한 지방자치단체의 책임을 강화하는 등 변화하는 환경에 대응하는 노력이 이루어져야 할 것이다.

(2) 가족재결합 프로그램의 활성화

현재 시설에 입소하는 아동의 경우는 고아보다는 부모가 생존해 있는 아동들이 대다수를 차지하고 있으나 시설 입소 후 부모와의 단절로 인하여 친가정으로 복귀하지 못하는 현상이 나타나 장기입소의 결과로 나타내고 있다. 따라서 시설 입소 후에도 다양한 가족보존 프로그램을 법제화하여 진행할 필요가 있다. 아동의 부모 또는 연고자의 정보작성을 의무화하여 가족재결합 프로그램에 참여하도록 하고, 시설보호 시에도 부모의 책임과 역할이 유지되는 것을 법적으로 명백히 명시하여 부모의 책임을 강조하며, 가족재결합 계획 수립 및 실행할 수 있는 사례관리자를 두는 등 친가족 복귀 프로그램을 진행하는 것이 중요하다.

시설보호아동이 시설에서 생활할 때 심리사회적으로 잘 적응하도록, 궁극적으로 시설아동이 친가정으로 복귀하도록 하기 위해서는 시설아동과 친가정의 애착관계가 안정적이고 지속적으로 유지될 수 있는 가족재결합 프로그램을 개발하고 활성화하여야 한다.

(3) 시설종사자의 전문성 강화 및 처우개선

시설에 입소하는 아동은 심리・정서적인 문제를 가지고 오는 경우가 많다. 이러한 유형의 아동은 시설 입소와 동시에 전문상담과 치료를 통하여 지속적으로 관리될 필요가 있다. 따라서 단순한 보호 차원을 넘어 입소배경, 심리상태, 발달수준 등을 고려한 개별적이고 차별화된 전문서비스를 제공하여야 한다. 시설종사자들은 아동에게 부모, 치료자, 상담자, 친구의 역할을 하게 되는 중요한 위치에 있는 사람이므로 적절한 교육과 훈련을 받은 전문인력이어야 한다. 시설에 이처럼 유능한 전문인력을 확보하기 위해서는 무엇보다도 시설종사자에 대한 열악한 처우를 개선하여 우수한 인력을 확보하는 것이 중요하며, 전문지식과 기술 습득을 위하여 지속적인 교육과 슈퍼비전을 통한 전문성 강화가 의무적으로 이루어질 수 있도록 해야 한다.

개정된 아동복지의 기준에 맞도록 아동양육시설에 꼭 필요한 인력을 적정하게 배치하는 일도 중요하다. 보육사를 생활지도사로 명칭을 바꾸고 자격기준을 사회복지사 2급 이상으로 하며, 상담인력을 확충하는 등 전문능력을 갖춘 직원을 확보하는 것이 필요하다. 또한 정부 복지지원 예산이 지방으로 이양되면서 아동복지법의 보육사 배치기준에 미치지 못하는 지원을 하는 지방자치단체들이 생겨나므로 예산의 중앙환원과 같은 대책도 필요하다고 본다.

(4) 특수보호시설의 강화 및 시설의 소규모화

시설보호대상 아동의 발생원인과 상황이 다양화되고 있는 환경 변화에 맞추어 아동의 개별적인 욕구와 필요한 보호조치에 적합한 전문화된 특수보호시설의 강화 및 지역거점으로서의 역할 정립이 필요하다. 최근 출산율 감소로 인한 아동 수 감소와 더불어 전통적 의미의 요보호아동은 감소하고 있는 추세를 보이고 있는 반면에 부모의 이혼, 별거, 가출에 의한 아동 및 정서장애 등으로 인한 특수보호가 필요한 아동은 증가하고 있다. 하지만 이에 대한 정부의 대책은 미미한 실정이다. 신체적 발달지체, 정서행동적 장애, (성)학대, 방임과 유기 등 개별 아동이 당면한 문제유형에 적합한 특수시설이 요구되며, 지역 안에서 아동의 전문적인 보호와 상담을 위한 지역허브적 기능과 치료적 서비스가 필요한 아동에게 치유적 서비스를 전문적으로 실시할 수 있는 특화된 시설로의 변모가 필요하다.

아동복지시설의 소규모화는 정원 축소, 1인당 제공되는 면적 조정 등을 통하여 양적 개선을 위한 노력이 지속적으로 이루어지고 있으나, 보호의 질을 높이기 위한 노력이 추가적으로 이루어져야 한다. 아동양육시설이 소숙사제도 또는 그룹홈제도를 통해 시설이 아닌 형태로 소규모화시킬 수 있도록 예산을 지원하고, 공동생활가정을 매입, 임대, 개축할 수 있는 방안이 마련되어야 할 것이다.

또한 아동복지시설은 아동의 수에 비해 양육하는 성인의 수가 절대적으로 부족하고, 영아나 유아를 담당할 경우에는 더욱더 부족하기 때문에 성인 보호자 수를 증가시켜 보호와 양육의 질을 높임으로써 시설보호로 인해 흔히 발생되는 '시설병(hospitalism)'의 특수한 문제행동이나 습관을 사전에 예방하는 노력이 필요하다.

(5) 퇴소아동에 대한 자립정책 강화

퇴소아동을 위한 자립지원을 강화할 필요가 있다. 우리나라 시설보호아동은 퇴소 전 모든 지원과 사회적 기회가 주어지게 되며, 시설별, 지역별로 많은 한계를 가지게 되므로 시설퇴소 이전의 자원배분도 아동 입장에서는 공평하지 못한 것이 현실이다. 또한 퇴소

후 자립지원에 관한 정책은 제한적으로 이루어지고 있으며, 여전히 미흡한 수준이다.

현재의 퇴소연령을 조정하고 아동이 대학교 진학 등을 전문직으로 진출할 수 있도록 하는 등 실질적인 자립지도를 해야 한다. 아동보호의 기간을 18세 미만에서 성년의 기준인 19세 미만으로 올려 보다 안정적인 퇴소를 준비하도록 하고, 사회적 배려대상자 대학교 특례입학과 입학 후 국가장학금제도 등을 활용하여 전문직으로 진출할 수 있도록 하며, 퇴소 후에는 최소한 3년간 추수지도를 하고, 실직, 중대한 질병, 홈리스 등 위기상황에 빠질 때에는 아동복지시설의 지원을 받을 수 있도록 할 필요가 있다.

퇴소 이전 시설보호기간 동안 다양한 자립 프로그램을 제공하고, 퇴소 이후 활용될 수 있는 자립정책이 강화될 필요가 있으며, 퇴소 이후 경제적인 자립만이 아닌 건강한 가정을 이루어 안정될 수 있도록 지원할 수 있는 다각적인 방안이 마련되어야 할 것이다.

생각해 보기

- 가정위탁 아동복지서비스가 활성화되기 위한 다양한 방안을 생각해 봅시다.
- 국내 입양을 촉진할 수 있는 정책과 지원방안에 대해 생각해 봅시다.
- 입양할 의사가 있는 부모들이 실제 입양을 하는 데 가장 큰 걸림돌이 되는 요인을 조사해 보고, 이에 대한 해결책을 생각해 봅시다.
- 시설 내의 아동인권 침해를 방지하기 위한 구체적인 방안에 대해 생각해 봅시다.
- 시설아동의 퇴소 후 자립정착 지원방안에 대해 생각해 봅시다.

CHAPTER

10 다문화가족 아동복지서비스

1. 다문화가족의 이해
2. 다문화가족의 현황
3. 다문화가족 아동복지서비스의 구체적 내용
4. 다문화가족 아동복지서비스의 개선방향

CHAPTER 10

다문화가족 아동복지서비스

학습목표

- 다문화가족 아동의 개념을 설명할 수 있다.
- 다문화가족 아동의 현황과 지원정책을 설명할 수 있다.
- 다문화가족 아동복지서비스의 개선방안을 설명할 수 있다.

최근 들어 우리 사회가 국제화·세계화 시대로 진입함에 따라 다민족, 다인종 구성원이 증가하고 있다. 결혼이주여성과 이주노동자의 증가로 학령기 다문화가정 자녀의 수도 지속적으로 증가하고 있으며, 교육현장에서도 이들의 복지에 대한 관심이 커지고 있다. 이에 이 장에서는 다양한 문화적 배경을 가진 가족구성원들이 포함된 다문화가족과 다문화 아동에 대한 이해가 선행되어야 한다고 보고, 다문화가족의 개념과 다문화가족 아동의 현황 및 다문화가족 아동을 위한 복지서비스를 중심으로 살펴본 후, 개선방안에 대해 논의하고자 한다.

1. 다문화가족의 이해

1) 다문화가족의 개념

최근 들어 국제화로 인한 국제적 교류의 증가, 농촌총각의 결혼문제 해결을 위한 국제결혼의 증가, 외국인노동자의 대량유입으로 인한 국내체류 외국인과 내국인의 결혼 증가

등으로 국제결혼가족은 날로 늘어나고 있는 추세이다. 우리나라에서는 1980년대 후반부터 이전까지 국제결혼, 이중문화가족 등으로 불리던 국제결혼가족을 '다문화가족'이라는 용어로 부르기 시작하였다. 다문화가족은 우리와 다른 민족 또는 다른 문화적 배경을 가진 사람들이 포함된 가정을 통칭하는 용어로 한 가정 내의 차이는 물론 가치, 문화, 종교, 젠더, 생활양식 등 문화적 다양성의 중요성을 강조하는 개념이다(황해익 외, 2016).

다문화가족에 대한 정의는 협의의 개념과 광의의 개념으로 구분할 수 있다. 광의의 개념은 자국 내에 거주하는 모든 외국인가족을 포함하는 반면, 협의의 개념은 단순히 거주하는 것이 아니라 가족 중 한 명이 국적을 취득해 구성된 가족을 의미한다. 2008년 제정된 다문화가족 지원법에서는 협의의 개념을 사용하여 다문화가족의 용어를 다음과 같이 설명하고 있다.

다문화가족지원법

제2조(정의) 이 법에서 사용하는 용어의 뜻은 다음과 같다. 〈개정 2011. 4. 4., 2015. 12. 1.〉

1. "다문화가족"이란 다음 각 목의 어느 하나에 해당하는 가족을 말한다.
   가. 재한외국인 처우 기본법 제2조 제3호의 결혼이민자와 국적법 제2조부터 제4조의 규정에 따라 대한민국 국적을 취득한 자로 이루어진 가족
   나. 국적법 제3조 및 제4조에 따라 대한민국 국적을 취득한 자와 같은 법 제2조부터 제4조까지의 규정에 따라 대한민국 국적을 취득한 자로 이루어진 가족
2. "결혼이민자 등"이란 다문화가족의 구성원으로서 다음 각 목의 어느 하나에 해당하는 자를 말한다.
   가. 재한외국인 처우 기본법 제2조 제3호의 결혼이민자
   나. 국적법 제4조에 따라 귀화허가를 받은 자
3. "아동・청소년"이란 24세 이하인 사람을 말한다.

협의의 개념에서 다문화가족이란 결혼한 이민자, 귀화허가를 받은 자와 출생 시부터 대한민국 국적을 취득한 자로 이루어진 가족을 의미한다.

최근 들어 다문화가족의 유형에는 결혼이민자가족, 외국인근로자가족, 탈북자 출신의 새터민가정을 포함하여 그 범위를 확대하여 사용하고 있다. 결혼이민자가족은 한국인과 외국인 간의 결혼으로 이루어진 가정을 의미하고, 이주노동자가정의 경우에는 이주노동자 남성과 여성이 결혼하여 이루어진 가정, 외국인 남성과 여성이 자국에서 결혼 후 한국에

이주한 가정, 이주노동자로서 결혼하지 않고 단독 또는 동료와 함께 생활하는 가정을 포함한다. 마지막으로 새터민가정의 경우 북한을 떠나 남한 사회에 정착하고 공식적으로 남한 주민등록을 취득한 북한지역 출신 주민의 가정을 의미한다(홍정미, 2008).

2) 다문화가족 아동의 개념

다문화가족 아동의 아동은 우리와 다른 문화적 배경을 가진 외국인 배우자와 한국인 사이에서 출생한 아동이다. 그동안 우리나라에서는 국제결혼을 통해 태어난 자녀를 부르는 용어는 '혼혈아동' 또는 '이주노동자(외국인노동자) 자녀', '국제결혼가정 자녀' 등으로 다양하게 불러왔으며, 부모의 국적에 따라 '아메라시안(Amerasian)', '라이따이한(Lai Daihan)', '코시안(Kosian)' 등으로 불리기도 하였다(이지애, 2007). 다문화가족 아동의 유형을 정리하면 다음과 같다.

〈표 10-1〉 다문화가족 아동 유형

구 분	다문화가족 아동 유형
결혼이민자가족	• 한국인 부와 외국인 모 사이에서 출생한 아동 • 한국인 모와 외국인 부 사이에서 출생한 아동 • 외국인 부모가 양육하는 전 결혼에서 출생한 아동
외국인근로자가족	• 외국인근로자가 한국에서 결혼하여 출생한 아동 • 본국에서 결혼하여 형성된 가족이 국내에서 이주한 가정의 아동
북한이탈주민(새터민) 가족	• 북한에서 부모와 같이 입국한 아동 • 부모가 입국 후 출생한 아동 • 북한이주민과 한국인 사이에서 출생한 아동

다문화가족 아동은 특별한 욕구를 지닌 인구집단으로 부상하고 있지만, 빠른 다문화 사회로의 이행에 대한 준비가 부족했듯이 이들 다문화가족 아동에 대한 지원과 사회통합에 대한 준비 역시 부족한 실정이며, 이들이 겪는 어려움도 다양하게 나타나고 있다(임동호, 2009).

이 장에서 제시하는 다문화가족 아동의 개념은 협의의 다문화가족의 개념을 적용하여 결혼이민자가정의 아동으로 정의하고자 한다. 즉, 다문화가족의 아동은 우리와 다른 문화적 배경을 가진 외국 국적의 배우자와 한국인이 결혼하여 형성된 가정의 자녀로 정의한다.

2. 다문화가족의 현황

1) 다문화가족 현황

우리나라의 다문화가족은 2002년 이후 도시 저소득층 · 농촌지역 남성의 결혼문제와 결부되어 결혼이민자 중심으로 급속하게 증가한 이후, 최근까지 다문화가족의 가구 구성이 다양화되고 장기 거주자 비중이 증가하였다. 2021년 기준 다문화가족 일반 현황을 살펴보면, 다문화가구는 38.5만 가구로, 전체 가구 2,202만 가구 중 1.8%를 차지하였고, 다문화가구원 수는 112만 명으로, 전체 인구 5,174만 명 중 2.2%를 차지하는 것으로 나타났다. 2020~2021년에는 코로나 19 확산으로 다문화 혼인 건수는 감소하였으나, 누적 결혼이민자 · 귀화자 규모는 지속적으로 증가하는 추세이며, 15년 이상 장기 거주자와 고령층 비율 역시 꾸준히 증가하는 경향성을 보이고 있다.

다문화 혼인 추이

결혼이민자 · 귀화자 규모 추이(명)

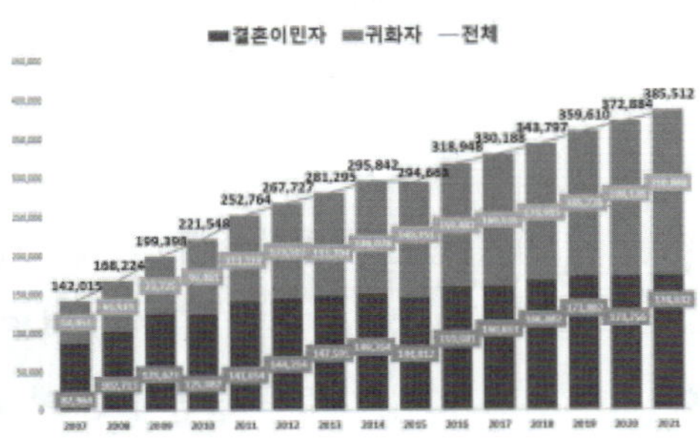

결혼이민자 · 귀화자의 한국거주기간

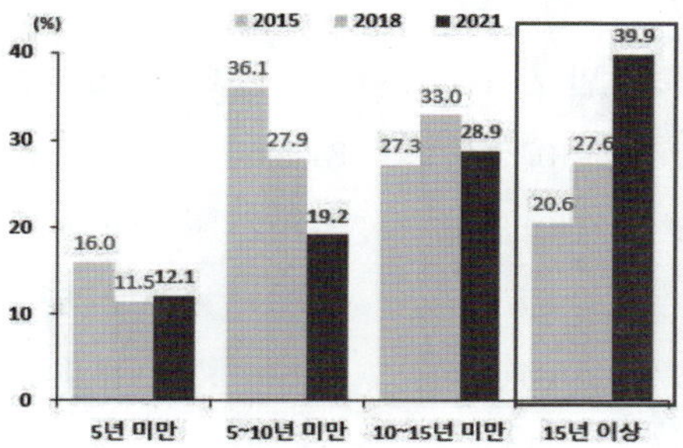

결혼이민자 · 귀화자의 연령대

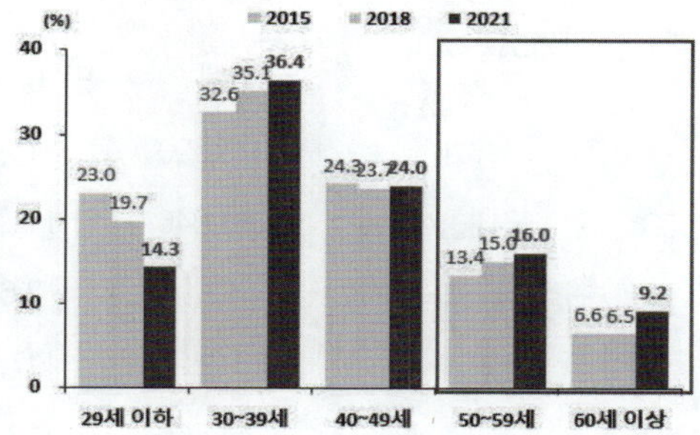

출처 : 관계기관 합동(2023). 제4차 다문화가족정책 기본계획(안).

한편, 국적별 결혼이민자 및 귀화자 현황은 다음과 같다.

〈표 10-2〉 국적별 현황

(단위 : 명)

합 계	중국(한국계)	베트남	중국	필리핀	일본	캄보디아	태국	몽골	기타
385,512	124,213	87,305	73,244	21,187	14,170	9,163	7,316	4,165	44,749

출처 : 관계기관 합동(2023). 제4차 다문화가족정책 기본계획(안).

2) 다문화가족 아동 현황

2020년 기준 다문화가족 아동은 275,990명으로 집계되었으며, 이 중에서 국내출생 아동은 261,646명, 귀화 및 외국 국적 아동은 12,344명인 것으로 나타났다. 만 6세 이하는 115,579명, 만 7~12세이하가 107,286명으로 영유아와 학령기아동이 다수를 차지하고 있으며, 다음으로 만 13~15세 아동이 34,445명, 그 다음으로 만 16~18세 아동이 18,680명으로 나타났다.

〈표 10-3〉 다문화가족 연령별 현황

연도		연령별 현황				
		계	만 6세 이하	만 7~12세	만 13~15세	만 16~18세
2020	총계	275,990	115,579	107,286	34,445	18,680
	국내출생	261,646	111,913	101,849	31,672	16,212
	귀화 및 외국국적	14,344	3,666	5,437	2,773	2,468
2019	총계	264,626	117,045	104,064	26,524	16,993
	국내출생	251,966	113,920	99,144	24,068	14,834
	귀화 및 외국국적	12,660	3,125	4,920	2,456	2,159
2018	총계	237,506	114,125	92,368	19,164	11,849
	국내출생	226,145	111,338	87,888	17,100	9,819
	귀화 및 외국국적	11,361	2,787	4,480	2,064	2,030

출처: 여성가족부(2022). 다문화가족 관련 연도별 통계.

한편 교육부 자료는 전국 초·중·고등학교에 재학 중인 학생만을 대상으로 조사가 이루어지기 때문에 취학 전 연령층에 대한 자료는 없는 실정이다. 다문화가정 학생 학교급별 현황을 살펴보면, 초등학생은 2021년 기준 111,371명으로 가장 많았고, 중학생이 33,950명, 고등학생이 14,307명으로 나타났다.

〈표 10-4〉 다문화가정 학생 학교급별 현황

연 도	계	초등학교	중학교	고등학교	각종 학교
2021	160,056	111,371	33,950	14,307	428
2020	147,378	107,694	26,773	12,478	433
2019	137,225	103,881	21,693	11,234	417
2018	122,212	93,027	18,068	10,688	429

출처 : 2018~2021년 교육통계 재구성.

2021년 기준 다문화학생 수는 160,056명으로 전체 학생 수 5,332,044명 중 3% 정도에 해당하며, 최근 5년간 전체 학생 수는 감소한 반면 다문화 학생 수는 크게 증가한 것으로 나타났다.

〈표 10-5〉 다문화학생 증가 추이

연도 / 인원수	2014	2015	2016	2017	2018	2019	2020	2021	2022
다문화 학생 수(A)	67,806	82,536	99,186	109,387	122,212	137,225	147,378	160,056	168,645
전체 학생 수(B)	6,294,148	6,097,297	5,890,949	5,733,132	5,592,792	5,461,614	5,355,832	5,332,044	5,275,000
다문화 학생 비율 (A/B*100)	1.1%	1.4%	1.7%	1.9%	2.2%	2.5%	2.8%	3.0%	3.2%

출처 : 2013~2022년 교육통계 재구성.

3) 다문화가족 아동의 어려움

결혼이민자의 경우 한국 생활이나 한국어에 익숙하지 않은 상태로 입국하거나, 결혼 후 임신과 출산으로 이어짐에 따라 새로운 생활에의 적응이 미흡한 상태에서 자녀양육을 시작하는 경우가 많다. 또한 결혼이민자가족 아동의 외모와 피부색이 놀림 대상이 되거나, 이들 아동 중에는 낯선 환경을 접하거나 사람을 만나는 것을 기피하고, 이로 인한 집단따돌림을 경험하는 사례도 발생하고 있다.

이러한 다문화가정의 특성으로 인해 다문화가정의 아동이 겪는 어려움에 대해 살펴보면 다음과 같다(임시아, 2017; 황해익 외, 2016).

첫째, 정체성의 혼란 및 낮은 자존감 문제를 들 수 있다. 한국어능력의 부족으로 인한 의사소통의 어려움과 생김새가 주변 친구들과 다르다는 이유로 주변 사람들과 자연스럽게 교류하지 못하고 또래관계에서 소외되거나 놀림을 받기 때문에 아동은 자기정체성 형성에 있어 부정적인 영향을 받을 수밖에 없다. 더욱이 어머니가 외국 여성이라는 점 이외에도 아버지가 사회・경제적으로 지위가 낮은 경우, 이러한 부분이 다문화가정 아동들의 낮은 자존감을 형성하는 데 영향을 주게 된다.

둘째, 언어적 소통의 문제를 들 수 있다. 언어소통의 문제는 생활 전반에서 오는 문화적 차이를 극복할 수 있는 통로를 가로막는 원인이 되어 부부문제로 이어질 수 있다. 언어소통의 문제가 부부관계 및 친인척 관계에서의 정서적 갈등으로 이어지기도 하며, 자녀양육 방법이나 교육방법 등에서 다른 문화적 배경이나 가치관의 차이로 인해 가족관계에 어려움을 초래하기도 한다.

셋째, 학습부진 및 교육서비스 기회 부족의 문제를 들 수 있다. 어머니의 한국어 습득이 늦어질 경우, 어머니의 모국어와 한국어 사이에서 영아의 언어발달이 지체가 될 수 있고, 영아의 사회적 상호작용을 방해할 수도 있다. 또한 다문화가족의 경우 저소득층인 경우가 많아 학습환경이 열악하여 낮은 기초학습 능력으로 인해 학교 수업을 이해하는 데 어려움을 겪게 되고, 이는 학습부진으로 이어지게 된다. 실제로 다문화가정의 아동은 고등교육 단계에서 취학률이 급격히 낮아지는 것으로 나타나 진학의 어려움을 겪고 있다. 이처럼 다문화가족 자녀들이 제대로 된 교육이나 양육을 받지 못해, 교육, 경제, 문화실조 및 불평등을 경험하고 있다.

넷째, 편견과 차별로 인한 정서적 문제를 들 수 있다. 다문화가정의 아동들은 심각한 학교폭력의 피해자가 되는 경우가 많다. 집단따돌림의 이유는 어머니가 외국인이어서(34.1%), 의사소통이 잘 안 되어서(20.7%)가 가장 많았고, 태도와 행동이 달라서(13.4%), 외모가 달라서(4.9%) 등으로 나타났다(설동훈 외, 2005). 이러한 집단따돌림으로 인해 적개심이나 자신 없음, 자살 충동 등 정서적인 충격을 경험하는 것으로 나타났다.

3. 다문화가정 아동복지서비스의 구체적 내용

최근 다문화가족의 급증으로 인하여 다문화가정 아동의 수도 덩달아 급증하고 있다. 다문화가족은 언어소통의 문제, 문화적 차이, 경제적 어려움, 가족관계 문제, 지원체계 부족 등을 경험하고 있으며, 이는 다문화가족 아동의 복지에도 영향을 미치게 된다(도미향 외, 2009). 따라서 다문화가족의 성공적 사회적응과 통합을 위해 시민들의 인식전환, 다문화가정을 지원하는 서비스 및 정책적 대책이 절실히 요구되는 시점이다.

1) 다문화가정 지원을 위한 법적 근거

2008년 3월 제정되어 9월부터 시행되고 있는 다문화가족지원법에서 국가와 지방자치단체는 다문화가족 구성원이 안정적인 가족생활을 영위할 수 있도록 필요한 제도와 여건을 조성하고 이를 위한 시책을 수립하고 시행하도록 하고 있고, 여성가족부장관은 다문화가족 지원을 위해 5년마다 다문화가족정책에 관한 기본계획을 수립해야 하며, 국가와 지방자치단체는 결혼이민자 등이 대한민국에서 생활하는 데 필요한 기본적 정보를 제공하고, 사회적응교육과 직업교육·훈련 및 언어소통 능력 향상을 위한 한국어교육 등을 받을 수 있도록 필요한 지원을 할 수 있도록 규정하고 있다.

이러한 다문화가정을 위한 지원정책은 다문화가족지원센터(다문화가족지원법 제12조)를 중심으로 이루어지고 있다. 다문화가족의 안정적인 정착과 가족생활을 지원하기 위해 가족 및 자녀 교육·상담, 통·번역 및 정보제공, 역량강화지원 등 종합적인 서비스를 제공하여 다문화가족의 한국사회 조기적응 및 사회·경제적 자립지원 도모 목적으로 설치·운영되고 있으며, 2023년 전국적으로 229개소가 있다.

다문화가족지원센터의 전국 설치 현황은 다음과 같다.

다문화가족지원센터		가족센터 (건강가정 · 다문화가족지원센터)					울릉군형	전체
가형	나형	가형	나형	다형	라형	마형		
9	11	31	75	4	38	60	1	229

출처 : 여성가족부(2023). 2023 가족사업안내.

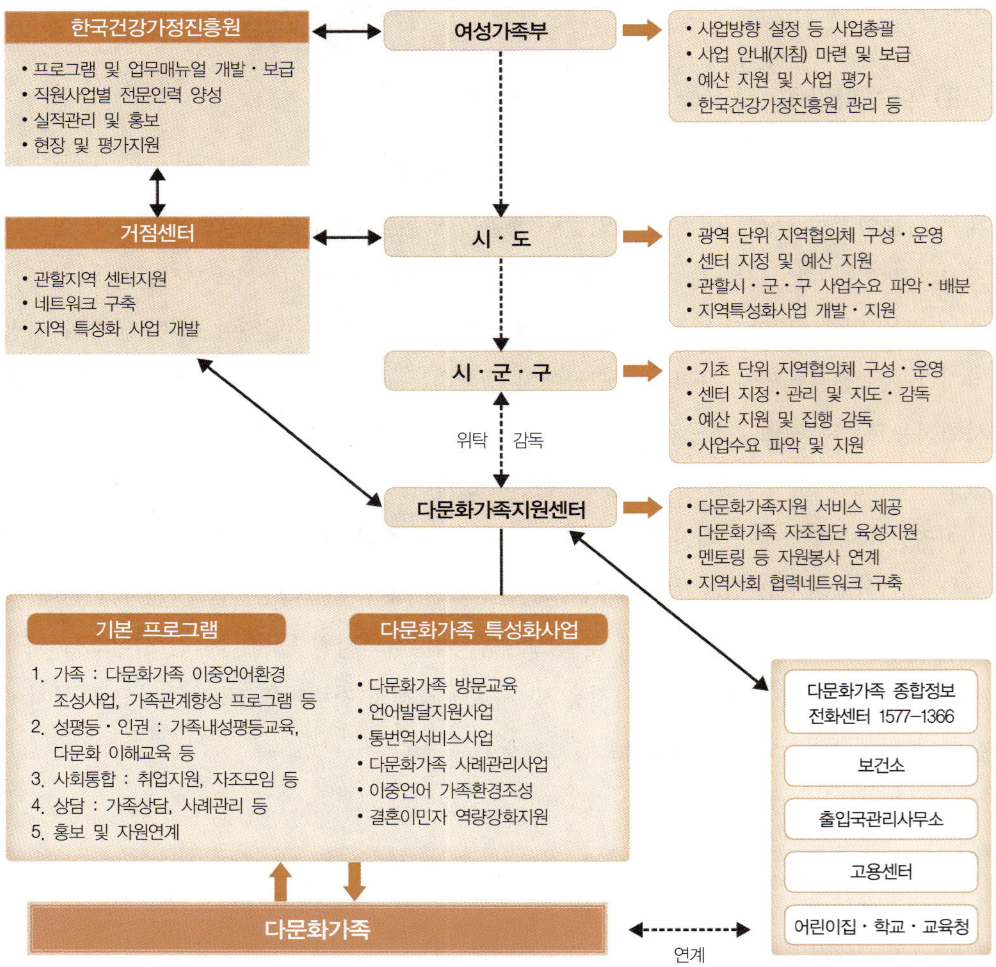

다문화가족지원센터에서 이루어지고 있는 특성화사업은 다음과 같다.

○ 다문화가족 방문교육서비스

- 지리적 여건 등으로 센터 이용이 어려운 결혼이민자 및 다문화가족 자녀 등을 대상으로 방문교육 서비스 제공
- 방문교육지도사 : 방문교육서비스(한국어 및 부모교육, 자녀생활서비스)를 직접 제공하는 인력으로 한국어교육지도사, 생활지도사로 구분

○ 다문화가족 자녀 언어발달지원사업

- 다문화가족 자녀의 성장단계별 언어발달 정도를 진단·평가하고 언어향상을 위해 교육 프로그램을 제공하는 서비스
- 언어발달교실 : 다문화가족 자녀의 언어발달평가 및 언어교육, 부모상담 및 교육 등 언어발달지원서비스를 제공하기 위한 공간
- 언어발달지도사 : 다문화가족 자녀에 대한 언어발달 정도를 평가하고 언어교육을 실시하는 전문인력

○ 결혼이민자 통번역서비스

- 결혼이민자 및 그 가족의 초기 생활적응에 필요한 의사소통을 지원하기 위해 제공하는 통역 및 번역서비스
- 통번역지원사 : 의사소통이 어려운 결혼이민자 및 그 가족에게 통번역 서비스를 제공하는 인력으로 결혼이민자 중에서 선발

○ 다문화가족 사례관리사업

- 다문화가족의 복잡하고 다양한 문제해결 및 심리·정서 안정 등을 위한 양질의 사례관리서비스 제공
- 사례관리사 : 결혼이민자 등의 한국어능력, 가족관계, 경제적여건 등을 고려한 대상자별 특성에 따른 맞춤형 사례관리를 위한 전문인력

○ 다문화가족 이중언어 가족환경조성사업
  - 다문화가족 자녀가 가정 내에서 영유아기부터 자연스럽게 이중언어로 소통할 수 있도록 부모코칭 등 가족환경 조성
  - 이중언어코치 : 다문화가족 이중언어환경조성사업 수행을 위해 이중언어 및 아동발달에 대한 지식과 부모코칭 기술을 겸비한 전문인

2) 다문화가족정책 기본 계획

현재 정부에서 추진 중인 다문화가족정책 기본 계획(2023~2027)을 중심으로 다문화가정 아동을 위한 아동복지서비스의 구체적 내용을 제시하면 다음과 같다(관계부처합동, 2023).

제4차 다문화가족정책 기본계획 추진방향(2023~2027)은 다음과 같다.

국정과제 48 : 누구 하나 소외되지 않는 가족, 모두가 함께하는 사회 구현
실천과제 3 : 다문화가족 자녀 맞춤형 지원체계 강화

■ 추진방향

○ 결혼이민자의 정착과 자녀 양육 지원을 넘어 현 정부 국정과제를 반영하여 다문화가족 자녀의 성장 단계별 맞춤형 지원 강화에 중점
  - 다문화 아동·청소년이 동등한 출발선 위에서 우리 사회의 미래 인재로 성장할 수 있도록 취학 전후·청소년기 등 성장단계별 지원서비스 체계화

○ 결혼이민자의 다변화된 수요를 반영하여 정착주기별, 가구유형별 촘촘한 지원서비스 강화

○ 다문화가족이 우리 사회의 구성원으로 자리매김하여 조화롭게 살아갈 수 있도록 우리 사회의 다문화 이해 증진 및 차별적 인식 해소

○ 범부처, 지자체 협력 강화를 통해 효율적인 다문화가족 정책 추진

■ 향후 달라지는 모습

추진방향	핵심 성과지표	2021년		2027년
1. 자녀 학업 · 진로 지원	• 다문화가족 자녀의 학업적응도	4.23점	➡	학업적응도 향상(4.38점)
	• 다문화가족 자녀의 학력격차 비율	31%p		학력격차 완화(26%p)
2. 다문화가족 정착 지원	• 결혼이민자의 한국생활 적응 비율	37.9%	➡	적용 비율 증가(47.9%)
3. 다문화수용성 제고	• 차별 경험 비율	16.3%	➡	차별 경험 감소(13.8%)
	• 다문화 수용성 척도	71.39점	➡	수용성 제고(74.39점)

* 전국 다문화가족 실태조사 및 국민 다문화 수용성 조사 기준.

제4차 다문화가족정책 기본계획2023~2027)의 추진과제는 다음과 같다.

제4차 다문화가족정책 기본계획(2023~2027) 개요

• 비전 : 다문화가족과 함께 성장하는 조화로운 사회
• 목표 : 다문화아동·청소년의 동등한 출발선 보장, 다문화가족의 안정적 생활환경 조성
• 정책과제 : 6대(대과제) 14개(중과제)

대과제	중과제
다문화아동·청소년 성장단계별 맞춤형 지원 다문화아동·청소년이 우리 사회의 미래인재로 성장할 수 있도록 영유아부터 후기 청소년기까지 성장단계별 맞춤형 지원 체계 구축 운영	① 영유아 자녀양육 지원 ② 학령기 다문화 아동 학습역량 제고 ③ 다문화 청소년 진로개발 지원 ④ 다문화아동·청소년의 정서안정 기반 조성
결혼이민자 정착주기별 지원 결혼이민자의 정착주기와 가구구성에 따라 다양해진 지원수요에 대응하여 전 생애를 포괄하는 사각지대 없는 지원서비스 구축 추진	① 건전한 국제결혼 환경 조성 ② 다문화가족 가구상황별 맞춤형 지원 ③ 결혼이민자 경제활동 참여 확대 ④ 가정폭력 예방 및 피해자 보호
상호존중에 기반한 다문화 수용성 제고 다문화가족이 우리 사회의 구성원으로 자리매김하여 조화롭게 살아갈 수 있도록 우리 사회의 다문화 이해 증진 및 다양성 존중 인식 확산	① 다문화 이해교육 확대 ② 다양성 존중 인식 확산 ③ 다문화가족 사회참여 활성화
다문화가족정책 추진기반 강화 다문화가족정책 환경에 대한 분석과 환류를 통해 다문화가족 지원체계를 내실화하고, 효율적 정책 추진을 위한 다양한 정책 추진체계 간 연계·협력 강화	① 다문화가족정책 환류 시스템 구축운영 ② 다문화가족 지원 서비스 접근성 제고 ③ 다문화가족정책 협력체계 강화

다문화 아동・청소년 지원체계는 다음과 같다.

동등한 출발선 보장을 위한 다문화 아동・청소년 맞춤형 지원체계 강화

전달체계 성장단계	다문화가족 지원체계 양육 및 성장	각 급 학교 및 교육부 지원체계 교육 및 학교적응	청소년 등 기타 지원체계 각종 자원 연계
영유아 미취학	• 양육단계별 부모교육 및 지역 돌봄공동체 강화 • 언어발달 및 생활지도 강화 • 이중언어 친화적 가족환경조성	• 학교 준비 격차 해소를 위한 유치원 단계 지원체계 강화	• 누리과정에 다문화교육 반영
초등 취학전후 기초학습기	• 정보제공, 학부모 교육품앗이 • 가족센터 내 기초학습 지원 강화 • 이중언어 기초교육 • 정체성 확립 및 부모-자녀 관계 증진(자녀성장지원)	• 학교교육 진입 안내 및 지원 • 한국어학급 등 한국어교육 강화 • 학교적응 지원(징검다리과정) • 학습결손 보완(두드림학교)	–
중・고등학생 진로탐색기	• 이중언어 교육・인재 DB 연계 • 청소년 진로컨설팅・상담 강화 • 대학생 멘토링 연계	• 진로체험 정보제공(꿈길) 및 진로교육(진로탄탄) • 청소년기 심리상담 강화(학교, 교육지원청 등) • 교원 등 다문화 교육 역량 강화 및 다문화 교육 근거 마련 • 학교폭력 예방 및 피해자 지원	• 청소년수련시설 등 활용한 체험 프로그램 강화 • 청소년국제교류 참여 확대 • 다문화 청소년 중심 진로체험처 발굴・확대 • 폴리텍 다솜고등학교 운영 • 지역사회 청소년 통합 지원 체계를 통한 위기 청소년 지원
후기 청소년기	• 지원 수요 등 조사 • 맞춤형 서비스 연계체계 구축	–	• 폴리텍 전문기술과정 참여 확대 • KOICA・KOTRA 등 기관과 연계한 글로벌 전문인력 양성 • 청소년상담복지센터 등을 통해 후기청소년 심리상담 지원・연계

이주배경 유형별 맞춤형 지원 추진

중도입국 자녀	• 법무부 정보연계를 통한 공교육 진입 지원 • 가족센터-학교 간 한국어교육 연계 • 레인보우스쿨을 통한 한국어사회적응 지원 • 이주배경청소년 통계 구축 추진	**귀한 다문화가족 자녀**	• 귀환가족・자녀 규모 파악 • 자녀 대상 돌봄, 한국어교육, 한국문화 이해 프로그램 제공

3) 다누리정보서비스

다누리란 여성가족부의 지원을 받아 한국건강가정진흥원에서 운영하는 다문화가정 지원 포털사이트(www.liveinkorea.kr)이다. 슬로건은 '아름다운 소통, 함께하는 문화'이며 이름은 다양한 문화를 상징하는 '다(多)'와 홈페이지의 우리말 누리집의 '누리'의 조합어로 '다양한 가족 모두가 누리다'는 뜻이며, 결혼이민자 및 다문화가족을 위해 한국생활 적응에 꼭 필요한 기본 정보와 다문화 관련 최신정보를 13개 언어로 제공하고 있다. 또한 이주여성의 정착단계 및 다문화가족의 생애주기에 따른 맞춤형 종합서비스를 제공하고, 폭력피해 이주여성에 대한 상담 · 긴급지원 등의 인권보호를 지원하는 다문화가족 종합정보 다누리 콜센터(1577-1366)를 운영하고 있다.

다문화교육은 다문화가정을 대상으로 하는 교육뿐만 아니라 전체 국민을 대상으로 진행되어야 하므로 2016년 3월 다문화이해교육 온라인 지원시스템(www.danurischool.kr)을 개통하여 다문화 이해교육의 확산을 추진하고 있다.

다문화가족지원포털
다누리

출처 : 다누리(www.liveinkorea.kr).

4. 다문화가족 아동복지서비스의 개선방향

다문화가족 아동복지실천을 위해 우리 사회에서 더욱 개선되어야 할 과제들은 다음과 같다.

1) 한국어 능력 향상 및 기초학력 향상

다문화가정의 자녀들이 학교에서 겪는 가장 큰 어려움은 미숙한 한국어 능력이다. 이들은 말을 배우는 가장 중요한 시기인 유아기에 한국말이 서툰 외국인 부모의 양육하에 성장・발달하기 때문에 언어발달이 늦어지고 의사소통에도 제한을 받는다. 이 시기에 적절한 언어교육을 받지 못하면 초・중・고등학교에 진학하여 학습부진을 초래하므로 한국어 교육이 필요한 대상에게 체계적인 한국어 습득을 위한 다양한 교육기회를 제공해야 한다. 한국어 방문 교육 대상의 범위 확대, 다양한 매체를 통한 교육 지원, 아동 개개인의 언어발달 평가를 통한 교육목표를 설정하여 교육을 실시하는 등의 실질적인 지원이 이루어져야 한다.

또한 다문화가정의 특성인 의사소통의 차이와 다문화 아동의 학습 부진을 해결하기 위해서는 먼저 가족과의 유대관계를 돈독히 할 필요가 있다. 무엇보다 자녀양육과 교육에서의 부부 모두의 협력 증진이 중요하므로 결혼 초기부터 자녀양육 방식의 문제 등에 대해 합의하고, 남편과 아내가 적절한 역할분담을 함으로써 자녀양육에 협력하는 과정을 거쳐야 한다. 이를 위해 적절한 가족상담 및 지원을 통해 다문화가족 내 원활한 의사소통 증진으로 가족 내 갈등 및 어려움을 예방할 필요가 있다.

2) 정체성 혼란, 집단따돌림 등 심리정서적 지원 서비스

다문화가정의 특성인 정서적 갈등과 문화의 적응 및 다문화 아동의 어려움인 정서적 문제, 정체성 혼란을 해결하기 위한 심리정서적 지원이 이루어져야 한다. 이를 위해 다문화족의 상호문화 이해 증진을 위한 교육제공이 필요하며 한국과 이주여성 국가의 가족, 문화적 특성에 대한 교육과정을 통해 상호이해와 존중하는 태도를 양자 모두가 갖출 수 있도록 해야 한다. 학령기 자녀 대상 다문화가족 자녀 성장지원 프로그램을 통해 정체성 확립 및 사회성, 리더십 발달을 위한 지원을 확대할 필요가 있다.

또한 다문화가정 자녀가 본인의 의사와 무관하게 결정된 요인 또는 본인의 노력에 의하여 해결될 수 없는 이유로 집단따돌림을 경험하면 정서적 충격을 받게 된다. 따라서 다문화가정 아동의 권리를 보장하기 위한 정책을 마련하고, 단일민족주의 사고의 극복, 사회통합을 위한 진정성 있는 접근이 요구된다. 한국 사회 및 학교생활 적응, 자신의 고민에 대해 심리 상담을 할 수 있는 멘토를 통한 도움을 제공하거나, 일반학교 아동들이 다양한 문화를 이해하도록 다문화교육을 학교교육 과정에서 다룸으로써 편견 없는 학교생활을 영위해 나갈 수 있도록 해야 할 것이다.

3) 한부모 · 다문화가족 등 소외계층의 지원 강화

통계청이 발표한 '2014년 다문화 인구동태 통계'에 따르면, 다문화부부가 실제 결혼생활을 시작해 이혼하기까지를 일컫는 평균 결혼생활은 6.4년으로 나타났다. 따라서 한부모 · 다문화가족에 대한 정책적 지원책이 마련될 필요가 있다. 한부모 · 다문화가족의 가장이 여성인 경우 이혼 및 사별 과정에서 배우자 및 가족들과 관계가 단절될 가능성이 높기 때문에 위자료, 생활비, 양육비를 보조받는 경우가 매우 드물다. 특히 취약한 언어발달, 취업 및 교육에 대한 정보 부족, 어린 자녀에 대한 양육문제, 경제적 어려움 등으로 인해 생계활동에 신속하고 적극적으로 참여하지 못하는 경우가 많고, 자녀와의 심리정서적 관계 형성에도 어려움을 겪기도 한다. 따라서 다문화가정지원센터나 지방자치단체에서는 혼자서 자녀를 양육해야 하는 여성 결혼이민자나 남성 배우자, 가족들에게 절실한 양육정보를 제공하고 서비스를 지원하여야 하며, 그들이 받을 수 있는 정부의 서비스에 대한 정보제공 기능을 강화해 나가야 한다.

4) 다문화가족에 대한 국민적 인식 개선

정부의 체계적인 지원정책도 중요하겠으나 무엇보다도 다문화가족에 대한 국민들의 인식 개선이 시급하다. 이들을 동등한 사회적 주체로 인정하고 그들과 상호 소통하고자 하는 마음가짐이 중요하다. 즉, 우리 주변에 있는 다문화가족과 아동을 위해 개인적으로 그들에게 관심과 따뜻한 웃음을 나누며 친구로서 열린 마음으로 같이 살아가는 일은 평범하면서도 중요한 일이다.

결혼이민자와 지역사회 구성원이 상호 다양한 문화체험을 통해 다른 문화에 대한 수용성 및 다문화 감수성을 높일 수 있도록 지역사회 내 다문화가족에 대한 홍보 및 이들과 함께 하는 프로그램을 제공하여 인식개선을 도모하는 서비스가 제공될 필요가 있다.

생각해 보기

- 다문화가족들이 겪는 다양한 문제들에 대해 생각해 봅시다.
- 다문화가족 아동 사회적응력 향상을 도울 수 있는 구체적인 방법에 대해 생각해 봅시다.

CHAPTER

11 빈곤아동 아동복지서비스

1. 빈곤아동의 이해
2. 빈곤아동의 현황
3. 빈곤아동 아동복지서비스의 구체적 내용
4. 빈곤아동 아동복지서비스의 개선방안

CHAPTER 11

빈곤아동 아동복지서비스

학습목표

- 빈곤아동에 대한 개념을 설명할 수 있다.
- 빈곤아동의 현황에 대해 유형별로 설명할 수 있다.
- 빈곤아동 아동복지서비스의 내용을 설명할 수 있다.
- 빈곤아동 아동복지서비스의 개선방안을 설명할 수 있다.

이 장에서는 빈곤아동의 개념과 종류, 현황, 빈곤아동의 문제, 빈곤아동을 위한 아동복지서비스에 대해 살펴보고자 한다.

1. 빈곤아동의 이해

1) 빈곤의 개념

빈곤은 인간이 생물학적 생존을 유지하는 데 필요한 최소한의 물적 자원의 부족뿐만 아니라 교육 및 문화적 측면에 대한 기본적 욕구가 부족하거나 결핍되어 있는 상태를 말한다. 기본적 욕구의 의미는 의식주뿐만 아니라 사회적, 경제적, 문화적 요소를 포함하는 포괄적 의미이다. 즉, 교육의 기회, 의료의 기회, 사회적 이동의 기회 등과 같이 사회전반에서 발생하는 불평등을 포함하는 동시에 개인의 성취동기, 욕구수준, 자아실현 등의 심리적 차원과 관련된 결핍과 문화적 생활을 유지하는 것에 대한 소외 등을 포괄하는 개념이다.

「아동의 빈곤예방 및 지원 등에 관한 법률」 제3조의 정의에 의하면, '아동빈곤'이란 아동이 일상적인 생활여건과 자원이 결핍하여 사회적・경제적・문화적 불이익을 받는 빈곤한 상태를 말하며, '빈곤아동'이란 생활여건과 자원의 결핍으로 인한 복지・교육・문화 등의 격차를 해소하기 위하여 지원이 필요한 아동을 말한다.

빈곤은 특정한 국가나 지역에 국한된 것이 아니라 전 세계적으로 끝없이 해결해야 하는 과제이다. 세계빈곤퇴치의 날(International Day for the Eradication of Poverty)과 세계 난민의 날(World Refugee Day)이 1992년과 2000년에 제정되었고, 2023년 국회부의장 직속 '빈곤아동 정책 자문위원회'가 출범하여 빈곤아동에 대한 지원을 국가차원에서 활발하게 진행해 나가려고 노력하고 있는 등, 여전히 아동복지의 핵심 주제로 빈곤아동복지가 다루어지고 있다.

빈곤의 개념은 어떤 기준으로 구분하는가에 따라 달라질 수 있다. 일반적으로 절대적 빈곤, 상대적 빈곤, 주관적 빈곤 세 유형으로 구분한다.

2) 빈곤의 종류

(1) 절대적 빈곤

절대적 빈곤(absolute poverty)은 일상생활을 영위, 유지하는 데 필요한 최소한의 생활여건과 물질적 자원이 결핍된 상태를 말한다. 이는 오랫동안 사용되고 있는 '가난'이라는 개념으로 살림살이가 넉넉하지 않은 상태를 뜻하기도 한다(김현자 외, 2016). 또 다른 관점에서 절대적 빈곤은 빈곤에 대한 가장 오래된 정의방법이며 그동안 대부분의 국가에서 적용해 온 개념으로 빈곤을 인간의 최저한도의 생활수준을 정하고 그 수준을 달성하는 데 소요되는 금액을 산출한 후 그 수준에 미달하는 수준으로 규정한다(정혜윤, 2007).

절대적 빈곤은 객관적으로 결정한 절대적 최저한도보다 미달되는 상태를 말하는데, 흔히 의식주 등 기본적 욕구를 해결하지 못하는 상태로 보고, 절대빈곤선 개념을 토대로 생존의 의미를 강조한다. 따라서 절대적 빈곤은 실질경제성장이 계속되어 그 사회의 전반적인 생활수준이 향상되면 빈곤선 이하의 생활을 하는 사람의 숫자도 감소하게 된다.

〈표 11-1〉 2023년 최저생계비

구 분	1인 가구	2인 가구	3인 가구	4인 가구	5인 가구
금액 (원/ 월)	1,246,735	2,073,693	2,660,890	3,240,578	3,798,413

출처 : 보건복지부(2023).

소득이 최저생계비 이하일 때 절대빈곤층이라고 하고, 최저생계비의 120% 이하인 경우 차상위 계층, 최저생계비의 150% 이하인 경우 차차상위 계층이라고 한다.

(2) 상대적 빈곤

상대적 빈곤(relative poverty)은 동일 사회 내의 다른 사람과 비교하여 적게 가지는 것을 말하는데, 이는 특정 사회의 전반적인 생활수준과 밀접하게 관련된 개념이어서 사회 · 경제발전에 따라 정책적으로 중시되며 상대적 박탈과 불평등의 개념을 중시한다. 따라서 상대빈곤선은 특정 사회의 구성원 대다수가 누리는 생활수준에 못 미치는 수준을 말하는데, 이것은 특정 사회의 사회적 관습과 생활수준에 따라 크게 달라진다.

통계청에서는 상대빈곤을 소득수준이 중위소득 미만인 경우로 구분하며, 상대적 빈곤율은 소득수준으로 정렬한 상태에서 한가운데 소득(중위소득)의 50% 미만의 인구비중으로 구분하고 있다. 상대적 빈곤은 대부분의 사회구성원이 누리고 있는 생활수준에 비교해서 박탈(deprivation)의 상태, 또는 사회적 배재상태(social exclusion)에 처해 있는 경우를 말한다(Daniel & Ivatts, 1998). 상대적 빈곤선은 세계은행(World Bank)의 경우 개발도상국은 평균 가구소득의 1/3, 선진국은 1/2을 적용하며, 경제협력개발기구(OECD)는 중위소득의 40%, 50%, 60% 등을 사용한다. 우리나라의 경우 중위소득의 50%에 해당하는 소득을 상대적 빈곤선으로 설정하고 있으며, 그에 미달하는 인구를 상대적 빈곤층이라고 정의하고 전체 인구 중에서 상대적 빈곤층의 비율을 상대적 빈곤율로 계산한다. 가구당 중위소득을 보면 2022년 기준 1인 가구는 194만 원, 3인 가구는 419만 원, 4인 가구는 512만 원, 5인 가구는 602만 원, 6인 가구는 690만 원이다. 통계청 발표(2020년 기준) 자료를 보면, 한국의 상대적 빈곤율(15.3%)은 미국(16.6%)에 비해 낮지만 영국(11.2%), 스웨덴(8.8%), 핀란드(5.7%) 등에 비해서는 높다.

〈표 11-2〉 상대적 빈곤율

(단위 : %)

	2015	2016	2017	2018	2019	2020	2021
상대적 빈곤율	17.5	17.6	17.3	16.7	16.3	15.3	15.1

출처 : 통계청(2022).

우리나라는 급속한 경제성장과 공공부조제도로 인해서 절대빈곤은 상당히 완화되었지만, 사회의 양극화로 인한 불평등의 심화는 많은 사람들에게 상대적 박탈감을 느끼게 하고 있다. 따라서 절대빈곤보다는 상대빈곤에 주목하여 빈곤현상을 파악하고 해결하려는 노력이 현재 우리나라가 처한 상황에서 아동빈곤 문제를 이해하고 해결하는 데 더욱 적합한 관점이라고 볼 수 있다.

(3) 주관적 빈곤

주관적 빈곤(subjective poverty)은 자신이 주관적으로 생각하기에 충분히 갖고 있지 않다고 느끼는 것을 말하는데, 이는 제3자의 판단에 의해 어떤 객관적인 수준이 정해지는 것이 아니라 개인의 주관적인 판단수준에서 결정된다. 빈곤에 대한 대책으로는 사회보장정책·기회평등대책·노동시장정책·조세정책 등이 있다.

주관적 빈곤은 자신의 관점에서 살아가는 데 어려운 상태를 말한다. 절대적 빈곤이나 상대적 빈곤처럼 객관적인 기준에 따라 구분되지 않는다. 많은 사람이 자신의 생활여건과 물질적 자원이 다른 사람에 비해 부족한 상태라고 인식하는 것, 즉, 자신이 가지고 있는 것을 남의 것과 비교하면서 상대적 박탈감을 느끼며 스스로가 가난하다고 표현하는 경우이며 이는 개인의 욕구에 따른 기준으로서 객관적인 근거에 의한 결과가 아니므로 상대적 빈곤과는 차이가 있다. 주관적인 빈곤을 측정하는 방법으로 가장 많이 쓰이는 방법은 여론조사에 의한 방법으로 4인 가족(부모와 두 자녀)이 한 지역사회에서 살아가는 데 최소비용이 얼마나 필요한지를 설문조사하여 얻은 금액을 평균 산출하여 계산한다. 빈곤의 개념들은 다양한 접근방식에서 정의하나, 실제로 빈곤에 대한 측정은 화폐단위를 기본으로 하여 빈곤선을 정하고 결과에 따라 구분하여 활용한다.

이상과 같이 빈곤의 유형을 세 가지 형태로 구분하여 살펴보았다. 경제적인 특성만으로 빈곤을 정의하기에는 한계가 있다. 빈곤은 물질적 자원뿐만 아니라 가정환경의 다양성, 자원의 보유 형태, 교육 및 직업과 관련된 영역에서의 조건이 다르고 차이가 발생하기 때문이다. 따라서 빈곤에 대한 새로운 관점, 즉 빈민들의 생활과 관련되어 소득뿐만 아니라 주거조건, 직업의 안정성 그리고 교육기회 등을 포괄한 사회적 불평등이나 문화 개념의 도입이 필요하다는 주장이 제기되고 있다. 빈곤층 사람들은 주로 도시지역의 저소득층 밀집지역에 모여 살면서 사회의 주류문화와는 동떨어진 태도와 가치, 행동을 포함하는 빈곤문화를 형성하고 그 안에서 자신들 특유의 생활양식을 이루며 살아가고 있다. 빈곤문화론의 핵심은 사회의 주류문화와 달리 빈곤문화가 존재하고 이러한 문화는 다음 세대로 전승되는 특징을 가지고 있다는 것이다. 빈곤문화론은 루이스(Lewis)에 의해 1959년 처음 주장되었다.

루이스는 빈곤문화의 특징을 70가지의 상호 관련된 사회적·경제적·심리적 특성으로 설명하고 있는데, 이를 세 가지로 종합하여 살펴보면 다음과 같다.

첫째, 지역사회 내에 기존 사회·경제·정치제도에 효과적인 통합과 참여가 결여되어 있다는 점이다. 즉, 노동조합이나 자원봉사활동에 참여하지 않거나 또는 정당에 가입하지 않으며, 병원이나 백화점 등을 거의 이용하지 않는다.

둘째, 빈곤문화의 특징은 핵가족이나 확대가족의 범위를 약간 뛰어넘는 최소한의 조직을 특성으로 한다는 점이다. 비록 빈곤지역의 사람들이 사회의 공식적 조직에 참여하지는 않지만, 지역사회 공동체 의식을 형성할 수 있는 응집력을 가지고 있다.

셋째, 심리적으로 무기력, 의타심 및 열등감을 가지고 있다는 점이다. 빈민들은 체념주의와 숙명주의를 가지고 있어 근로동기를 거의 가지지 못한다. 또한 강한 현실중심적인 생활을 하게 하는 빈곤의 특성은 미래에 대한 계획을 수립하거나 생활에 대한 만족감을 느끼지 못하게 한다.

3) 빈곤아동의 개념

빈곤은 상대적 박탈감으로 대표되는 기본적 욕구에 대한 만족을 어느 정도 느끼는 것인가에 대해 기초하고 있으며 이러한 측면에서 개인이 빈곤에 대해 가지는 느낌은 다양할 수 있다. 빈곤아동의 출현배경은 다양한 빈곤의 원인에 대해서 분류할 때 크게 다음의 세 가지 관점에서 살펴볼 수 있다(나경희, 2008). 첫째, 기능주의적 관점은 빈곤의 원인을 개인의 결함으로 본다. 가구주의 사망, 질병, 노령, 장애, 낮은 교육수준, 부적응 등으로 인해 개인이 빈곤해진다는 것이다. 둘째, 갈등주의적 관점에서는 빈곤의 원인이 개인의 결함이 아닌 사회경제적인 구조의 결함이라고 본다. 즉, 집단별로 소유하게 되는 경제적 차원의 차등재산, 지식, 자원, 기회 등의 사회적 불평등으로 인해 빈곤이 발생한다고 본다. 셋째, 사회심리학적인 관점에서는 낙인과 빈곤문화의 학습에 의해 빈곤이 형성된다고 본다.

김주아 · 류현수 · 최용득(2013)은 빈곤이 부적절한 부모, 부적절한 아동양육, 정서적 · 사회적 · 인지적으로 부적절한 아동, 학교에서의 적응 실패, 노동시장에서의 실패, 불안정하고 불만족스러운 결혼과 결혼생활 간에 계속해서 악순환이 된다고 보고 있으며, 빈곤가정의 아동이 발생하는 원인을 크게 개인적인 원인과 사회적인 원인으로 나누어 설명하였다.

빈곤아동의 기준은 아동복지법에 의거 '보호대상아동', '지원대상아동'이 되며, 국민기초생활보장법에 따라 수급자인 아동이 될 수 있다. 「아동의 빈곤예방 및 지원 등에 관한 법률」(2017)에서는 빈곤아동을 다음과 같이 정의하고 있다.

- **아동빈곤** : 아동이 일상적인 생활여건과 자원이 결핍하여 사회적 · 경제적 · 문화적 불이익을 받는 빈곤한 상태
- **빈곤아동** : 생활여건과 자원의 결핍으로 인한 복지 · 교육 · 문화 등의 격차를 해소하기 위하여 지원이 필요한 아동

빈곤아동은 부모의 이혼, 실직, 가출 등으로 갑자기 한부모가정이나 조손가정에 살게 되면서 빈곤아동이 되기도 하고, 때로는 소년 · 소녀가장 가정에 처하는 경우도 해당된다. 사회경제적 어려움이 심화되면서 가정의 해체가 일어나기도 하는데, 이런 경우 아동유기, 자녀양육 포기, 학대, 부모의 이혼, 부모의 가출 등의 상황이 발생하기도 한다. 이런 상황에 처하는 아동이 빈곤아동에 포함될 가능성이 매우 크다.

2. 빈곤아동의 현황

빈곤가정의 영유아는 발달에 있어 다양한 부정적 영향에 노출될 가능성이 크다. 영유아의 신체적 발달에 부정적 영향을 주는 영양결핍, 인지적 · 정서적 발달에 부정적 영향을 주는 부모의 우울증, 부적절한 양육행동과 관련되어 더 큰 문제를 야기할 수 있다(오정윤, 2016).

빈곤아동이 얼마나 되는가에 대해서는 추계방법에 따라 차이가 있겠지만, 소득보장 부문에서 보면 국민기초생활보장제도 수급대상아동 수를 기초로 하는 것이 일반적이다. 복지패널데이터에 따르면, 아동이 있는 기초보장제도 수급가구는 대개 전체 아동이 있는 가구의 5% 정도를 차지한다. 그런데 우리 사회에는 빈곤하지만 수급자로 선정되지 못한 아동을 둔 비수급 빈곤층이 매우 많다. 우리나라의 빈곤아동은 최소 67만 명에서 최대 96만 명에 이른다. 이는 18세 미만 전체 아동 수의 약 10%에 달한다. 즉, 10명 중 1명의 아동은 넓은 의미에서 빈곤아동이라는 추산이 가능하다.

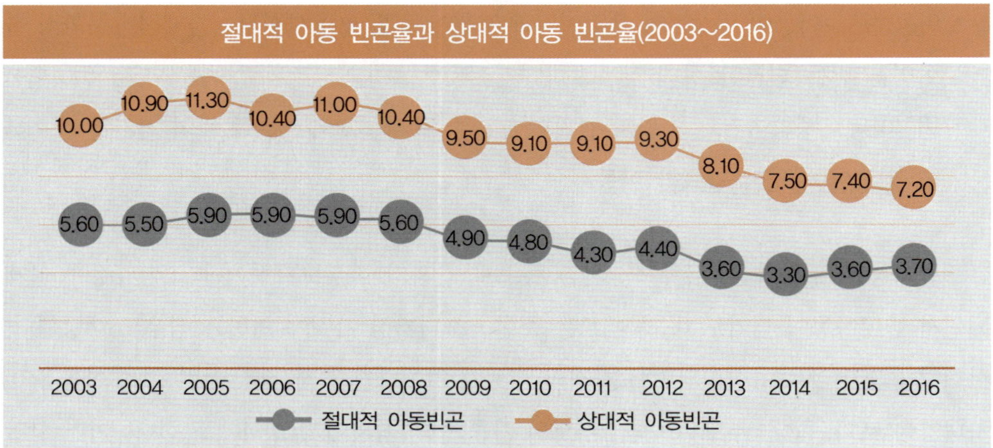

주) 1) 농어촌가구 제외, 1인 가구 제외

2) 절대적 아동 빈곤율은 경상소득 기준이며, 상대적 아동 빈곤율은 가처분소득 기준임

자료 : 한국보건사회연구원, 빈곤통계연보, 각 연도.

|그림 11-1| 아동 빈곤율

출처 : 한국보건사회연구원(2017). 2017년 빈곤통계연보.

아동은 태어나면서부터 각기 다른 환경에서 살게 된다. 아동발달에 적합하지 않은 환경에서 부모가 근로해야 하는 상황이거나 조부모나 아동들만 있는 환경일 경우 경제적인 어려움은 물론이고 위생이 좋지 않을 수 있으며, 시설에 보내지거나 친인척 집에서 살아가는 경우도 있다. 반면에 아동이 갖고 싶은 것, 먹고 싶은 것 등을 크게 고민하지 않아도 편안하게 얻을 수 있는 경우도 있다. 각 아동이 언제 어떤 상황에 처할지 모르나 빈곤의 상태에서는 그 시기와 정도에 상관없이 아동이 겪는 어려움이 매우 크다. 빈곤이 아동의 신체·사회·정서·언어·인지발달에 영향을 미친다는 연구보고가 많으며, 아동기에 빈곤과 관계없이 가정이나 주변 세계의 정서적·물리적인 지원을 받아 꿈을 찾고 삶의 목표를 정하며, 발달과정에 행복감을 느낄 수 있도록 모든 노력을 기울여야 하겠다. 빈곤아동의 당면 문제는 여러 측면에서 살펴볼 수 있다.

1) 발달상의 어려움

빈곤아동은 물리적・환경적・심리적으로 취약한 상태에 처해있으며 이로 인해 발달에 부정적인 영향을 끼치고, 아동의 심리적 부적응은 신체적・사회적・개인적 상황 등의 여러 측면에서 적응상의 문제를 나타내기 때문에 아동이 성장・발달하는 시기에 적절한 조력을 지원하는 것이 발달과업을 원만히 성취하는 데 매우 중요하다.

빈곤이 아동에게 미치는 영향은 발육부진, 발달지체 등과 같은 신체발달의 문제에서부터 학업부진, 학교중퇴 등과 같은 인지발달의 문제, 우울과 불안 등과 같은 내면화된 문제와 공격성, 주의력결핍 과잉행동장애, 반사회적 행동 등과 같은 외현화된 문제 등을 포함한 심리・사회적 발달문제에 이르기까지 광범위하다. 또한 빈곤은 아동기의 발달과정과 결과에 심각한 영향을 미치며, 빈곤의 기간이 길수록, 극심한 빈곤일수록, 그리고 어린 시기에 경험한 빈곤일수록 그 영향이 큰 것으로 나타나고 있다(구인회, 2003; 김미선, 2005).

빈곤가정에서 자란 아동의 경우, 그렇지 않은 아동보다 신체발달, 정서발달, 인지발달 측면에서 낮은 수준의 성취를 보이는 것으로 보고되고 있다. 또한 빈곤가구의 아동은 사회의 구성원으로서 건강하게 성장하기 위한 사회적・경제적 기회의 박탈가능성이 높아 빈곤의 부정적인 영향이 성인기에도 누적되어 빈곤의 대물림 가능성이 높다고 보는 입장(정은희・최새은・이상균・하태정, 2013)도 있다.

2) 불충분한 영양

빈곤이 아동에게 미치는 영향 중 불충분한 영양도 매우 심각한 문제이다. 아동의 영양상태가 불충분하거나 부적절할 경우 아동의 두뇌 형성에 부정적 영향을 미치게 되고 언어능력, 독해력, 산술능력, 기타 학습능력이 뒤떨어지게 되는 경향이 발생한다. 또한 아동의 영양실조는 사회적 행동을 위축시키고 운동능력을 지체할 뿐만 아니라 신체발달의 장애를 초래할 수 있다.

3) 성장의 불공평

생애 초기 인생의 시작점은 누구나 결핍되거나 부족한 환경이 아닌 곳에서 첫 출발을 해야 한다. 그러나 실제 상황은 다양한 가정환경에서 아동들이 인생의 출발점에 서게 되고 빈곤은 아동 간의 불평등의 격차를 생성하게 된다. 물론 가난하다는 것이 잘못된 것도 아니고 그러한 가정에서 출생한 것이 불행하다는 것은 아니다. 부모의 양육과 지역사회 및 국가의 복지서비스에 따라 살아가는 데 좀 덜 불편하게, 건강하게 살아갈 수 있도록 배려하자는 것이다.

경제위기는 성인뿐 아니라 그 사회의 아동들에게도 부정적으로 작용할 수 있다(Conger & Conger, 2008). 즉, 경제위기는 아동에게 가장 큰 의미로 작용할 수 있는 경제적 박탈뿐 아니라 사회적, 문화적, 심리적 문제를 유발하는 등 복합적인 영향을 미치고 있다(곽금주, 2009). OECD 회원국 대상 아동 삶의 만족도 조사(2018년 기준)에서 10점 만점에 6.7점으로 30국 중 27위를 차지하였다. 2020년 기준으로는 6.8점으로 매우 낮게 나타났다.

4) 양육환경

어느 부모도 빈곤의 대물림을 원하지 않을 것이다. 아동종합실태조사(김미숙 외, 2013)의 결과에서 아동에 대한 교육기대를 보면, 대부분은 4년제 대학교 이상의 교육을 희망하였으나, 기초수급가구와 차상위가구는 일반가구에 비해 전문대학을 희망하는 비중이 높고, 대학원 이상을 희망하는 비중은 낮은 것으로 나타났다. 이는 자녀가 가족의 경제원으로서 역할을 조금이라도 일찍 하는 것이 빈곤을 해결하는 방법으로 여기며, 삶의 가치를 경제적인 것에 우선을 두는 경우도 많을 수 있다는 것으로 설명될 수 있다. 그러한 경우 빈곤아동의 또래놀이나 문화적인 경험 등에 대한 요구는 오히려 부모로 하여금 양육의 스트레스를 높이는 상황이 될 수 있는 것이다.

실제로 김미숙 등(2013)의 연구에서 보면, 일반부모보다 한부모가족 및 조손가족의 양육스트레스가 약간 더 높았으며 소득수준이 높을수록, 농어촌에 거주할수록 더 많이 놀아주는 것으로 나타났다.

빈곤아동의 부모들은 상대적으로 양육기술이 부족하고 부모와 자녀관계가 좋지 않은 것으로 나타났다. 빈곤아동은 상대적으로 가정에서 아동학대와 방임을 6.8배 이상 더 경험하고 폭력 피해도 2.2배 이상 더 높은 것으로 나타났다(김성경 외, 2013). 이는 보건복지부와 여성가족부(2008)의 조사에서 아동·청소년의 문제행동 비율이 연령이 높아질수록, 소득수준이 낮아질수록 높게 나타난다는 점과도 관련지어 생각해 볼 수 있다. 여기서 문제행동은 어린 시기에는 뚜렷한 차이가 없지만, 연령이 높아질수록 그 격차가 더 벌어지는 것으로 나타났다고 한다. 양육기술이 부족할수록, 교육을 덜 받은 부모일수록 청소년기의 자녀를 양육하고 원만한 부모-자녀관계를 유지하는 것이 어려운 점이라는 것을 추론할 수 있다.

1990년대에 발표된 연구의 결과(김광웅, 2009)에서는 빈곤과 관련하여 보편적인 적용으로 제시한 내용 두 가지가 있다. 첫째, 청소년의 비행과 약물복용 등은 가정경제 파탄의 직접적인 영향을 받는 것이 아니라, 간접적으로 영향을 받는다는 것이다. 가정경제의 파탄은 자녀에 대한 부모의 긍정적 행동을 줄이는 반면 일관성 없는 훈육을 증가시키게 되고, 이러한 부모 양육행동의 변화가 결과적으로 청소년의 비행과 약물복용을 초래했다는 것이다. 둘째, 가계수입 감소나 고용불안과 같은 객관적 경제 지표는 생활비 조달의 부족이라는 구체적인 경제행위에 대한 주관적 지각을 통해서 부모의 정서적 불안정과 부모행동의 변화를 초래하게 되었다는 것이다.

5) 충격 및 학대

아동기에 충격이나 학대를 경험하면 극도의 불안, 우울 등을 느끼게 되고, 다른 사람과의 관계 형성에도 어려움을 겪는다. 학대 유형 중 과거에는 신체적 학대가 많았으나 지금은 정서적 학대가 가장 높은 것으로 보고 되고 있다. 아동기의 충격이나 학대가 미치는 또 다른 영향은 아동이 성장과정에서 충동, 공격적 성향을 지닐 가능성이 크다는 것이다. 이러한 가능성은 빈곤가정 아동에게서 더 두드러지게 나타나는 경향이 있다.

3. 빈곤아동 아동복지서비스의 구체적 내용

빈곤아동의 복지서비스는 대리보호 측면에서 이루어지는 서비스와 통합적으로 지원하는 서비스로 나누어 살펴볼 수 있다.

1) 대리적 서비스

경제적 능력이 없는 아동은 부모가 보호자로서 그 역할을 수행할 수 없을 경우 부모의 역할을 대신하여 제공해 줄 곳이 필요하다.

(1) 가정위탁보호

보호와 양육이 필요한 18세 미만의 아동을 친조부모, 외조부모에 의해서 양육하는 대리양육 가정위탁과 민법에 의한 8촌 이내의 혈족에 의한 친인척 가정위탁, 일반인에 의한 가정위탁으로 대리보호하는 경우를 말한다.

(2) 공동생활가정(그룹홈)

아동이 가정과 같은 주거환경에서 보호를 받을 수 있도록 단독주택 또는 공동주택을 제공하여 가정적인 분위기에서 정서적 안정을 갖도록 한다.

(3) 시설보호

아동이 기아나 학대, 가정해체 등으로 가정에서 보호가 어려운 경우 아동양육시설의 보호를 받게 된다. 아동양육시설은 가장 오랜 역사를 가지고 있는 아동복지서비스의 형태로서 현대사회에서는 지양되고 있으나 여전히 가정위탁보호에 비해 많은 아동이 보호되고 있다.

2) 통합적 아동복지서비스

빈곤가정의 아동을 위한 통합적 아동복지서비스의 시작은 미국의 헤드스타트(Head Start) 프로그램이다. 이 프로그램은 1965년 존슨(Johnson) 대통령의 '가난과의 전쟁(The War on Poverty)'을 위해 설계된 연방정부의 최초 프로그램으로 빈곤가정의 취학 전 아동과 그 부모를 대상으로 실시하였는데, 가정의 경제적 어려움으로 인해 영유아 시기에 적절한 교육환경을 제공받지 못하고, 그 결과 가난이 대물림되어 어려움에 처하는 상황을 해결하기 위하여 국가 차원에서 실시한 사업이다.

헤드스타트 프로그램은 저소득층 가정의 자녀와 가족구성원들을 대상으로 삶에 부정적 영향을 미치는 요소를 최소화하고 저소득층 가정의 3~5세 유아에게 교육과 보건서비스 등을 제공하기 위해 경제기회법(Economic Opportunity)을 제정하고, 다양한 프로그램을 실행하였다. 우리나라에서는 지역아동센터가 대표적인 저소득층 자녀 지원 프로그램인데, 생활지원 및 학습지원, 놀이와 문화지원, 지역사회연계 프로그램 등으로 교육・문화・복지를 지원하여 운영되며 이외에도 드림스타트와 위스타트, 디딤씨앗통장 사업 등이 다양하게 이루어지고 있다.

(1) 드림스타트(Dream Start)

드림스타트는 아동복지법 제37조(취약계층 아동에 대한 통합서비스지원)에 근거하여 취약계층 아동에게 맞춤형 통합서비스를 제공하여 건강한 성장과 발달을 도모하고 공평한 출발 기회를 보장함으로써 건강하고 행복한 사회구성원으로 성장할 수 있도록 지원하는 아동통합서비스지원사업이다. 만 12세 이하(초등학생 이하, 또는 만 13세 이상 초등학교 재학 아동)의 취약계층 아동 및 가족에게 지원하는 사업으로 국민기초수급 및 차상위계층 가정, 보호대상 한부모가정(조손가정 포함), 학대 및 성폭력피해아동 등에 대해서 우선 지원하는 사업이다(www.dreamstart.go.kr).

드림스타트 사업은 우리 사회에서 빈곤아동의 증가추세에 따라 정부에서 기존의 사후적 개별서비스의 확대로는 효과적 대응이 곤란하다는 인식을 갖게 되어, 취약계층 아동에게 맞춤형 통합서비스를 통해 공평한 출발기회를 갖도록 함으로써 궁극적으로 빈곤의 대물림에서 벗어날 수 있도록 지원하는 아동보호 보건복지통합서비스이다(김성경 외, 2013). 최근 가족해체와 사회 양극화 등으로 인해 가정의 아동돌봄 기능이 이전보다 취약해질 수밖에 없는 상황에서, 드림스타트는 사업지역 확대를 통해 대상 아동에 대한 서비스 범위를 넓혀가고 있으며, 공공전달체계가 취약한 국내 아동복지서비스의 구심점 역할을 수행하고 있다(남기철 외, 2015).

〈표 11-3〉 드림스타트 영역별 서비스

서비스 구분	서비스 내용	프로그램(예시)
신체 · 건강	• 아동의 건강한 성장과 신체발달 증진 • 건강한 생활을 위한 건강검진 및 예방, 치료 • 아동 발달에 필요한 신체/건강 정보 제공	• 건강검진, 예방접종, 건강교육, 영양교육 등
인지 · 언어	• 아동의 의사소통 및 기초학습 능력 강화 • 맞춤형 인지/언어 서비스를 통한 아동의 강점 개발	• 기초학력검사, 기초학력배양, 경제교육, 독서지도 등
정서 · 행동	• 자아존중감 및 긍정적 성격 형성을 위한 정서발달 서비스 제공 • 사회성 발달 및 아동권리 신장을 위한 교육	• 사회성발달프로그램, 아동학대 예방, 심리상담 및 치료, 돌봄기관 연계 등
부모 · 가족	• 부모자녀 상호작용 및 적합한 교육환경을 위한 부모 역량 강화 • 부모의 유능감 및 자존감 강화 • 부모의 양육기술 지원 • 임산부의 건강한 출산 및 양육 지원	• 부모교육, 가족상담 및 치료, 부모취업지원, 산전산후관리 등

출처 : 드림스타트(2023).

드림스타트의 지원내용

- 가정방문을 통한 인적조사, 욕구조사, 양육환경 및 아동발달 사정 실시
- 사례관리 대상 아동과 그 가족에게 지역자원과 연계한 맞춤형 서비스 지원, 주기적 재사정 및 지속적인 모니터링 등 통합 사례관리 실시
- 인력구성 : 전담공무원 및 아동통합서비스전문요원으로 구성

(2) 위스타트(We Start)

위스타트는 아동・청소년들에게 빈곤의 대물림을 끊어주고자 2004년도에 한국복지재단(현,어린이재단), 사회복지공동모금회 등 50여개의 민간단체들에 의해 위스타트운동본부가 결성되어 현재까지 사업이 진행되고 있다. 위스타트 사업은 빈곤 및 소외된 어린이들이 뒤처지지 않고 공동의 출발선에서 미래의 희망으로 자라날 수 있도록 아동・가족・지역사회의 역량을 강화하고 지원해 주는 역할을 한다. 또한 "건강지킴이", "교육출발선"만들기, "휴견인 맺기", "희망의 집 꾸미기" 등 다양한 사업을 펼치고 있으며, 양질의 서비스를 제공하여 이용자의 낙인감을 줄이고 효과성・효율성을 증대하고자 '논리모델(logic model)'을 토대로 발달단계에 맞는 복지, 교육, 건강 프로그램을 진행하고 있다(www.westart.or.kr).

〈표 11-4〉 위스타트 특성화 영역

복지	교육	건강
• 학교사회복지 • 방과후 프로그램(공부방) • 가족기능강화 프로그램 • 주거환경개선 • 경제적 자립을 위한 교육/자활 연계 • 문화체험 활동 • 결연 후원 연계 • 지역주민 참여 프로그램	• 영유아 가정/기관방문 교육중재 프로그램 • 기초학력 증진(멘토링 사업) • 예비 초등학생 프로그램 • 부모 교육 및 양육지원 • 특기적성 교육 지원	• 가정방문 보건사업(발달 스크리닝, 건강관리) • 임신, 출산 및 양육지원 • 정신건강 증진사업 • 영양지도 교육 및 지원 • 의료비 지원

〈표 11-5〉 연령별 특성화 운영

연 령	방향성
모든 아동	• 건강, 애착, 영양, 안전의 증진 • 아동 학대, 방임의 감소
0~6세(영유아기)	• 인지능력의 향상 • 정서적 건강 증진 • 또래관계, 자존감 증진
7~12세(취학아동)	• 학습태도, 학교적응력, 학업성취도, 친사회적 행동의 증진

(3) 디딤씨앗통장(아동자산형성)

취약계층 아동의 사회 진출 시 필요한 초기비용 마련에 도움을 주기 위하여 정부에서 운영하는 아동자산형성지원사업이다. 미래성장 동력인 아동에 대한 사회투자로 빈곤의 대물림을 방지하고 건전한 사회인 육성을 위해 아동발달지원계좌(CDA : Child Development Account)지원 사업으로 2007년도에 도입되었다. 만 18세 미만의 아동복지시설(아동양육시설, 공동생활가정)보호아동, 가정위탁 보호아동, 장애인거주시설 아동, 소년소녀가정 아동을 대상으로 시행되며 아동이 보호자, 후원자의 후원으로 월 5만원 이내의 금액을 저축하면 국가(지자체)에서 만 18세 미만까지 월 10만 원 내 금액(1:2 , 2022년부터)을 지원하여 만 18세 이후 사회진출 시 학자금, 기술자격 및 취업훈련 비용, 창업지원금, 주거마련, 의료비, 결혼 지원금 등으로 사용할 수 있도록 한 제도로서 아동형편에 따라 최대 월 50만원 내에서 자율 저축이 가능하다. 지원대상은 만 24세까지이다.

이 사업은 아동복지시설 생활아동, 가정위탁 아동, 소년소녀가정 아동, 공동생활가정 및 장애인시설 생활아동, 기초생활수급가정의 아동에게 지원되며, 가정회복 및 정부의 가정보호 확대정책으로 중도에 가정으로 복귀하는 아동이 희망 시 만 18세 미만까지 계속 지원된다. 디딤씨앗통장은 아동발달지원계좌로 그 가입 범위는 2015년까지는 만 12세 기초수급가구 아동을 대상으로 하였다.

〈표 11-6〉 디딤씨앗통장 지원 현황(2022.12. 기준)

(단위 : 명)

구 분	총합계	기초생활 수급자 가정아동	시설 보호 아동	가정위탁 보호아동	공동생활 가정아동	가정 복귀 아동	장애인 시설 아동	일시보호 아동	소년소녀 가정아동
지원 아동	64,791 (100%)	40,904 (63.1%)	11,192 (17.3%)	6,502 (10%)	2,881 (4.5%)	2,000 (3.1%)	932 (1.4%)	374 (0.6%)	6 (0.0%)

출처 : 아동권리보장원(www.ncrc.or.kr).

〈표 11-7〉 디딤씨앗통장 총 저축금액(2022년 기준)

(단위 : 억)

구 분	2015년	2016년	2017년	2018년	2019년	2020년	2021년	2022년
아동저축액	1,246	1,563	1,861	2,228	2,649	3,178	3,668	4,204
정부매칭지원금	970	1,150	1,369	1,624	1,916	2,218	2,526	3,154

출처 : 아동권리보장원(www.ncrc.or.kr).

(4) 청소년방과후 아카데미

공적서비스를 담당하는 청소년 수련시설(청소년수련관, 청소년문화의 집 등)을 기반으로 방과후 돌봄이 필요한 청소년(초등 4학년 ~ 중등 3학년)의 자립역량을 개발하고 건강한 성장을 지원하고자 방과후 학습지원, 전문체험 활동, 학습 프로그램, 생활지원 등 종합서비스를 제공하는 국가정책지원 사업이다. 2005년 9월 46개소 시범운영에서 시작하여 2022년 현재 342개소에서 청소년방과후 아카데미가 운영되고 있다.

① 청소년방과후 아카데미의 목적

기초생활수급대상 · 한부모 · 장애 등 방과 후 돌봄이 필요한 취약계층 청소년에게 체험활동, 학습지원, 상담 등 종합서비스를 제공하고 취약계층 청소년에게 활동 · 복지 · 보호 · 지도 등 다양한 지원을 통해 건강한 성장과 스스로 자립할 수 있는 역량 배양, 취약계층 청소년의 사교육비 절감 및 방과 후 비행노출 등을 예방하고자 한다.

② 지원대상

- **우선순위 지원대상** : 저소득층(기준중위소득 60% 이하), 한부모 · 조손 · 다문화 · 장애가정, 3자녀 이상 가정 등 방과 후 돌봄이 필요한 청소년
- **기타 지원대상** : 학교장 및 지역사회 추천서와 추천내용 증빙자료를 기준으로 청소년 방과 후 아카데미지원협의회에서 승인받은 청소년

③ 지원내역

- 체험 · 역량 강화활동(주중 체험활동, 진로개발 역량 프로그램, 창의 · 융합 프로그램, 주말 체험활동, 지역사회 참여활동 등)
- 학습지원활동(보충학습 지원, 교과학습)
- 생활지원(급식, 상담, 건강관리, 생활일정 관리 등)

④ 추진방향

- 방과 후 청소년의 보호 · 복지 · 활동의 중심 역할 수행
- 방과 후 돌봄 사각지대 청소년을 가족처럼 편하고 안전하게 보호하고 성장 · 발달에 부합하는 프로그램 지원
- 학교교육 과정 및 청소년 · 학부모의 눈높이를 고려한 과정 운영
- 학교와 지역사회의 신뢰 및 연계 강화
- 방과 후 안전하게 보호하고 학습 및 생활지도를 통해 건강하고 전인적인 성장을 도와주는 사업으로의 인식 확산
- 지역사회 다양한 인적 · 물적 자원을 연계하여 종합서비스 제공
- 방과 후 아카데미 지원협의회 구성 · 운영을 통한 지역사회의 참여 확대 및 연계체계 구축
- 지역사회 공공기관, 사회단체, 기업, 개인 등의 후원 · 자원봉사 · 재능기부 등 다양한 자원 연계 활용

(5) 굿네이버스 빈곤아동지원사업

① 희망나눔학교

희망나눔학교는 방학 중 초등학생 대상으로 아동기 발달과업 네 가지 영역인 신체, 정서, 인지, 사회성을 대상연령에 맞게 구성하여 통합적인 서비스를 제공한다. 아동의 균형적 발달을 지원하여 건강한 성장을 도모하고, 아동의 잠재력을 개발할 수 있

는 최소한의 기회를 보장함으로써 빈곤가정 아동과 가정의 실질적인 변화와 발전을 도모하고 있다.

② 중학교 희망 프로젝트

청소년기는 신체적·정신적으로 급격한 변화와 성장을 겪는 시기로 이 시기의 건강한 발달은 이후 성인기의 삶에도 중요한 영향을 미친다. 또한 자신의 미래를 설계하고 구체적으로 준비하는 시기로 올바른 진로선택과 자아개념의 확립 등이 중요한 발달과업이다. 청소년의 잠재력을 이끌어 내고 그들의 핵심역량을 계발하여 개개인의 행복을 실현할 수 있도록 중학교 희망 프로젝트를 실시하고 있다.

(6) 아동권리보장원

2019년 공적 아동보호체계 개편에 따라 아동의 건강한 성장과 발달을 지원하며 아동중심의 복지정책 수립 및 운영에 중심역할을 수행하는 기관이다. 2020년 중앙아동보호전문기관, 지역아동센터중앙지원단, 중앙가정위탁지원센터, 디딤씨앗지원사업단을 아동권리보장원으로 통합하였다. 이에 따라 아동정책수립 및 평가, 아동성장·돌봄(지역아동센터 지원), 아동통합서비스 지원(드림스타트), 아동보호(아동학대 예방 및 보호, 실종아동 등 보호 지원), 입양(입양정책, 입양인 및 가족 지원), 가정형보호(가정위탁사업), 아동자립(아동자립지원), 아동자산형성(디딤씨앗통장), 아동권리 증진(유엔아동권리협약 이행 지원, 아동위원회, 지역사회 중심의 놀이혁신 확산 등) 관련 내용을 담당하고 있다.

4. 빈곤아동 아동복지서비스의 개선방안

빈곤은 태아기부터 성인기에 이르기까지 아동의 일생에 지속적으로 악영향을 미친다. 아동의 나이가 어릴수록 생존권과 보호권에 대한 위협 비중이 크고, 학령기에는 발달권의 제약이 관찰되고 있으며, 다양한 사회·경제·문화적 활동에서 배제되어 참여권 역시 제약을 받는다. 이 과정에서 빈곤아동은 생계유지에 분주한 부모의 무관심과 열악한 사회문화적 결핍으로 인해 학업수행에서 뒤떨어지고, 결과적으로 직업경쟁에서도 뒤처지는 경험을 하게 된다. 또 발달과정에서의 위기, 어려움 극복에 필요한 지원의 결여, 경제적 조건과 그 결과에 따른 차별을 경험하면서 고립감, 우울과 불안이 깊어지고, 문제행동으로 이어지기도 한다.

빈곤이 아동에게 미치는 종합적이고 장기적인 부정적 영향에 비해 현행 대응제도는 상당히 빈약한 편이다. 빈곤가정 아동에 대한 우리나라의 복지적 접근은 가구단위로 이루어지는 기본적인 사회보장제도, 특히 국민기초생활보장제도 수급에 따른 최저생계 관련 지원이 가장 대표적이다. 그런데 사회보장제도 내의 빈곤아동 지원은 가구주의 근로능력이나 취업과 관련되어 있을 뿐 미성년 아동의 권리나 복지가 주요 기준으로 다루어지지 않는다. 빈곤한 가정에 아동이 있었을 뿐이지, 아동이 있는 빈곤한 가정이기 때문에 사회적 지원이 이루어지는 구조로 보기는 어렵다. 빈곤가정의 아동이 의식주와 의무교육에서 소외되지 않도록 최저기준의 서비스를 단기적으로 지원하는 것으로 아동의 성장과정과 성장 이후에 미치는 막중한 영향을 해결하기는 힘들다. 한부모가정 아동이나 조손가정 아동에 대해서는 이들이 경험하는 박탈의 정도에 비해 지원내용은 매우 부족한 것이 사실이다. 2000년대 중반 이후에 와서야 아동기 빈곤경험이 가져올 장기적인 부정적 영향에 주의를 가울여 아동을 미래의 중요한 인적자원으로 보고 예방적 차원의 조기개입서비스를 도입하고, 자산형성을 돕기 위한 아동발달계좌와 자녀장려금제도를 도입하였지만, 서비스의 양과 질의 측면에서 개선방안을 다각도로 모색하여 복지사각지대를 없애기 위한 노력을 하여야 한다.

1) 아동수당 도입과 아동 관련 조세지원제도 개선

아동수당은 아동 양육의 경제적 부담 경감 및 건강한 성장 환경을 조성하여 아동의 기본적 권리와 복지 증진을 목적으로 지급되는 수당을 말한다. 아동수당은 가정생활의 안정에 기여하고, 다음 세대 사회를 이끌어나갈 아동의 건전한 육성 및 자질 향상에 이바지함을 목적으로 지급되는 수당을 말한다.

2022년부터 만 8세미만(0~95개월) 아동에게 월 10만원을 지급한다. 저출생 등 국가위기 상황에 따라 보편적 복지 차원에서 전체 아동에 대한 확대, 연령 확대 등의 성과로 이루어진 결과이며, 수당 지급금액은 점차 향상될 것으로 전망된다.

2) 신체적 · 정신적 건강관리 지원 강화

빈곤아동은 일반아동에 비해 건강상태가 좋지 않고 발달 정도가 부진하며 정서 및 행동 문제를 더 많이 경험하는 것으로 나타나 건강관리를 위한 다양한 지원이 보다 더 필요하다. 아동의 건강한 성장은 아동복지의 전제이므로 우선 급식지원사업을 개선해야 한다. 아동급식지원사업의 지방자치단체 이양으로 지역별로 재정 불균형이 있는 상황에서 각 지방자체단체의 급식예산 확보가 매우 절실한 과제이다(한미현 외, 2016). 급식전달 체계와 관련하여 급식지원 방안을 결정하는 아동급식위원회의 운영이 공정하고 효과적으로 운영되도록 아동급식위원회는 아동급식에 관심을 가지는 민간단체와 아동복지 및 영양전문가를 중심으로 구성되도록 해야 한다.

빈곤가정의 경우 부모와 자녀 간 대화 부족과 갈등으로 아동이 비행청소년으로 발전할 가능성이 더 크고, 가족구성원 간의 정서적 지지도 거의 이루어지지 않아서 사회적 편견으로 인한 마음의 상처와 스트레스를 경험하는 경향이 크다. 빈곤가정 및 빈곤아동에 대한 지원사업은 경제적 지원과 더불어 아동이 학교에 잘 적응하고 학업과정을 충실하게 수행할 수 있는 여건을 만들어 나가며 사춘기의 심리적 어려움을 극복하는 문제 등 아동이 처한 상황에 따른 다양한 문제와 심리적 어려움을 극복할 수 있도록 도와주어야 한다. 필요한 경우 상담 및 치료 서비스를 제공하여 조기에 문제를 해결할 수 있도록 지원하는 것이 바람직하다.

3) 한부모가정과 조손가정 아동지원 강화

빈곤아동의 구성비율에서 한부모가정, 특히 모자가정의 빈곤율이 높다는 점에 주목해야 한다. 모자가정이 저소득층에 머물 가능성이 높은 것은 여성가구주가 전문적인 일자리를 가지지 못하는 경우가 많다는 이유도 있다. 따라서 최근 급증한 한부모 가족에 대한 지원 체계를 마련하여 이들이 빈곤계층으로 추락하지 않도록 배려하여야 한다. 모자가구의 단독 취업은 노동시장의 성 편향성으로 인해 고용안정성과 소득수준이 떨어져 빈곤수준을 더욱 악화시키는 원인이 되므로 여성의 경제활동 질 제고 정책이 뒤따라야 할 것이다. OECD에서는 아동빈곤 탈피를 위한 방안으로 여성가구주에 대한 적극적인 노동시장정책을 권고하고 있다(Forster & d'Eocole, 2005).

경제문제와 가족문제의 중첩으로 그 숫자가 늘어나고 있는 빈곤조손가정은 통계상 조부모가 아동을 돌보는 기간이 장기화되는 현상을 보여주고 있어 조손가정아동에 대한 특별한 관심이 요구된다. 조손가정은 고령화의 문제와 아동양육의 문제가 중첩되어 있어서 가족구성원이 자활능력을 갖지 못하므로 국민기초생활보장법이나 한부모가족지원법과 같이 자활능력을 유도하고 수급자의 신청에 따라 보호를 하는 정책이 아니라, 손자녀가 자립할 수 있을 때까지 지원하고 정부의 자발적인 조사와 선정에 의하여 적극적인 보호가 이루어져야 한다. 더욱이 수급자격이 소득과 재산을 포함한 자산조사(means test) 방식은 고령의 조부모가 소득은 없으나 주택 소유로 기준을 초과할 경우 지원자격을 얻지 못하는 불합리한 결과를 가져오고 있다. 또 『한부모가족지원법』에 해당되는 조손가정의 경우 수급자격 지정에서 조부모를 부모세대와 동일한 조건에서 판단하는 등 조부모의 고령에 대한 배려가 부족하다.

따라서 다양한 보호자의 연령과 건강 상황을 고려하여 수급지원 범위를 넓히고 최저생계비에 미치지 못하는 소득을 가진 조손가정에 대한 최저생활보장 지원 및 지원범위 확장에도 더 많은 관심과 정책적 지원이 요구된다.

4) 사회투자적 · 예방적 아동복지사업의 활성화

21세기에 들어서면서 한국 사회 아동복지의 패러다임 변화는 어느 정도 분명하게 눈에 띄는데, 아동에 대한 사회투자적 시각을 도입함으로써 빈곤의 대물림을 방지하기 위한 보편적이고 예방적인 성격의 서비스들을 창출해 내고 있다. 그러나 빈곤아동에 대한 교육 · 보건 · 복지의 통합적 서비스를 문제발생 예방 차원에서 제공하는 드림스타트 사업이나 지역아동센터 등 방과 후 보호서비스는 분명 과거의 보호대상 아동에 대한 사후개입적 성격의 사업들과는 차별화되지만, 성과관리가 취약하고 보호대상 아동에 대한 각종 서비스도 여전히 열악하여 서비스 성과를 기대할 수 있는 수준에 미치지 못하고 있다.

가정위탁보호제도에서 다양한 위탁가정의 개발이 부족한 점, 위탁가정에 대한 보상적 지원이 비현실적으로 낮은 점, 자립연령에 이른 시설이나 가정위탁보호 또는 공동생활가정 아동에 대한 자립지원금이나 시책이 미비한 점, 자녀를 양육하고자 하는 미혼부모에 대한 지원이 형식적인 점, 학대나 방임 피해아동에 대한 지원이 응급적이고 일시적인 점 등 개선의 여지가 산재해 있다(한국복지연구원, 2011).

빈곤아동의 건강한 성장을 보장하기 위해서는 저소득가정 아동에 대한 의료서비스 접근 기회를 확대하고, 모자보건사업을 강화하여 저소득가정의 조기 건강관리 체계를 구축하며, 어린이집이나 유치원, 학교의 건강관리를 내실화하여 신체적 질병뿐만 아니라 정신건강 문제를 조기 발견할 수 있도록 시스템을 구축해야 한다. 또 방과 후 보호 및 학습지원의 문제는 지역아동센터의 기능 강화와 다양화를 통해 접근하면서 저소득층 아동의 문화활동 참여 기회와 정보격차를 해소하도록 노력할 필요가 있다.

빈곤아동에 대한 지원은 현재 가족이 당면하고 있는 빈곤문제를 해결하기 위한 방안이기도 하지만, 장기적으로는 빈곤의 대물림을 방지하는 빈곤에 대한 예방책이기도 한다. 따라서 빈곤아동을 지원하는 사회투자국가로서의 대책 강화가 요구된다.

5) 가족기능 강화 및 빈곤아동 발생 예방 대책 실천

빈곤아동에 대한 복지대책을 마련하는 것과 동시에 빈곤아동의 발생을 예방하는 정책을 실시하는 것도 중요하다. 빈곤아동은 부모의 부적절한 양육행동, 지도감독 및 가족문제로 인하여 부정적인 영향을 받는 경향이 있다. 따라서 보호자를 비롯한 빈곤가족 아동에 대한 다양한 지원서비스가 필요하며, 학교나 지역사회복지기관을 통하여 빈곤아동에 대한 사회적 지지세력과 자원을 개발하여야 할 것이다. 또한 가족해체를 발생시키는 가족기능의 부족문제를 보완해 줄 수 있도록 사회적 차원에서 건강한 가족을 만들기 위한 노력을 해야 한다. 여러 가지 가족문제를 해결해 줄 수 있는 지원정책들, 예컨대 빈곤가족에 대한 경제적 지원, 해체가족에 대한 다양한 가족상담이나 가정봉사 서비스 등 사회복지서비스의 제공, 직장 제공 등의 프로그램을 통해서 빈곤아동의 발생을 예방하고 최소화하려는 노력이 필요하다.

생각해 보기

- 빈곤아동 아동복지서비스 중에서 가장 실효성이 큰 것은 어느 것이라고 생각하는지, 그 이유는 무엇인지 생각해 봅시다.
- 빈곤아동을 위해 학생으로서 실천할 수 있는 내용은 무엇인지 생각해 봅시다.

CHAPTER 12 장애아동 아동복지서비스

1. 장애아동의 이해
2. 장애아동의 현황
3. 장애아동 아동복지서비스의 구체적 내용
4. 장애아동 아동복지서비스의 개선방안

CHAPTER 12

장애아동 아동복지서비스

학습목표

- 장애아동에 대한 개념을 설명할 수 있다.
- 장애아동의 현황에 대해 유형별로 설명할 수 있다.
- 장애아동 아동복지서비스의 내용을 설명할 수 있다.
- 장애아동 아동복지서비스의 개선방안을 설명할 수 있다.

이 장에서는 장애아동 복지서비스의 이해와 실천 및 장애아동 복지서비스의 개선방안에 대해 살펴보고자 한다.

1. 장애아동의 이해

1) 장애와 장애아동의 개념

장애아동이란 영아기, 유아기, 아동기에 장애가 있는 경우를 말하며, 신체적 장애 또는 정신적 장애가 있는 대상을 말한다. 「장애아동 복지지원법」 제2조에서는 "장애아동이란 만 18세 미만의 사람 중 장애인복지법 제32조에 따라 등록한 장애인을 말한다. 다만, 6세 미만의 아동으로서 장애가 있다고 보건복지부장관이 별도로 인정하는 사람을 포함한다"라고 명시하고 있다. 또한 이 법에서 '장애아동 복지지원'에 대하여 국가와 지방자치단체가

장애아동의 특별한 복지적 욕구에 따라 의료비 지원, 보육지원, 가족지원 및 장애아동의 발달에 필요한 지원 등 다양한 인적·물적 자원을 제공하는 것으로 설명하고 있다.

특수아동, 장애아동은 비슷한 의미로서 지적 특성, 감각능력, 신경근육, 신체적 특성, 사회 혹은 정서적 행동, 의사소통 능력에 있어서 평균적인 능력을 지닌 아동으로부터 벗어난 정도가 심하기 때문에 잠재력을 개발하기 위해서 특수교육 및 그와 관련된 서비스를 필요로 하는 아동이다(Kirk & Gallagher, 1986).

장애아동을 이해하기 위해서는 장애에 대한 개념을 이해해야 한다. 장애에 대한 개념은 장애가 나타나는 양상이나, 장애가 지닌 결함의 수준에 따라 문제의 양상이 다양하고 사회·문화적인 차이에 따라 장애를 규정하는 기준이 달라 보편적인 개념으로 정의하기가 쉽지 않다. 여기서는 장애에 대한 세계보건기구(WHO)의 국제장애분류(ICIDH : International Classification of Impairments, Disabilities, and Handicaps), 「장애아동 복지지원법」, 「장애인복지법」, 「장애인 등에 대한 특수교육법」 등에 명시된 정의를 통해 개념을 살펴보고자 한다.

(1) 세계보건기구의 국제장애분류에 의한 정의

장애는 신체 기관이 본래의 제 기능을 하지 못하거나 정신 능력에 결함이 있는 상태 등을 지칭하며 이러한 장애를 가진 경우 개인의 비극적인 문제로 간주하게 된다. 이러한 개념은 개별적·의학적인 관점으로 가장 전통적인 관점인 협의의 개념 정의이다. 그러나 시대적 흐름과 함께 장애는 더 이상 한 개인의 문제가 아니라 신체적인 불편함과 서비스에 대한 욕구가 있는 집단이라는 시각이 생겼다. 20세기 후반에 국제연합(UN)과 세계보건기구(WHO)는 의학적인 측면뿐만 아니라 사회적 측면까지 포함하는 광의의 개념을 제안하였다. 1980년 세계보건기구(WHO)는 국제질병 기준을 근간으로 하여 장애를 기능장애, 능력장애, 사회적 불리의 개념으로 정의하고 있다(아산사회복지재단, 1997).

① 기능장애(impairments)

기능장애는 '심리적, 생리적 또는 해부학적 구조나 기능의 상실 혹은 비정상'을 뜻한다. 일시적 또는 영구적인 손상이나 비정상이 특징이며, 사지, 기관, 피부 또는 정신적 기능체계를 포함한 신체의 다른 구조의 비정상, 결손 또는 손실의 발생이나 존재를 포함한다. 이는 손실을 포함한다는 의미에서 질병보다 더 포괄적인 개념이며, 원칙적으로 기관수준에서의 장애를 반영하는 것이다. 기능장애에는 지적장애, 언어장애, 청각장애, 시각장애, 내과적 장애, 골격계 장애, 신체기형, 전신적 장애 등이 포함된다.

② 능력장애(disabilities)

능력장애는 '기능장애로부터 야기된 것으로서 인간에게 정상적인 것으로 간주되는 범위 내에서 또는 그러한 방식으로서 활동을 수행하는 능력의 제약 또는 결여'를 뜻한다. 능력장애는 기능장애의 직접적 결과로서 일상적으로 기대되는 활동수행 및 행동의 과다 또는 결핍이 특징이다. 이는 개인의 활동상의 능력제한이 발생하여 여러 가지 생활능력, 예를 들면 신변처리 능력이나 운동활동 능력이 떨어지게 됨을 말한다. 능력장애에는 태도장애, 의사소통장애, 개인 일상생활 동작장애, 운동장애, 가사활동장애, 상황적 장애 등이 포함된다.

③ 사회적 장애(handicaps)

사회적 장애는 사회적 차원의 장애 개념으로 '기능장애나 능력장애로 인해 정상적인 역할수행을 제약하거나 방해하는 개인에 대한 불이익'을 의미한다. 이는 기능장애나 능력장애가 사회화된 것으로서 개인의 손상이나 기능제약으로 인해 사회생활에 대한 참여에서 제한을 받거나 지장을 초래하는 것을 말한다. 사회적 장애에는 신체적 자립 장애, 이동성 장애, 직업상 장애, 사회통합 장애 등이 포함된다.

〈표 12-1〉 장애인복지법에 따른 장애 유형 분류

대분류	중분류	소분류(15유형)	세분류
신체적 장애	외부 기관의 장애	① 지체장애	절단장애/ 관절장애/ 지체기능장애/ 변형 등의 장애
		② 뇌병변장애	뇌의 손상으로 인한 복합적인 장애
		③ 시각장애	시력장애/ 시야결손장애
		④ 청각장애	청력장애/ 평형기능장애
		⑤ 언어장애	언어장애/ 음성장애/ 구어장애
		⑥ 안면장애	안면부의 변형으로 인한 장애
	내부 기관의 장애	⑦ 신장장애	투석치료 중이거나 신장을 이식받은 경우
		⑧ 심장장애	일상생활이 현저히 제한되는 심장기능 이상이거나 심장을 이식받은 경우
		⑨ 간장애	일상생활이 현저히 제한되는 만성・중증의 간기능 이상이거나 간을 이식받은 경우
		⑩ 호흡기장애	일상생활이 현저히 제한되는 만성・중증의 호흡기기능 이상이거나 폐를 이식받은 경우
		⑪ 장루・요루장애	일상생활이 현저히 제한되는 장루・요루의 경우
		⑫ 뇌전증장애	일상생활이 현저히 제한되는 만성・중증의 뇌전증(성인 뇌전증/ 소아청소년 뇌전증)
정신적 장애	발달장애	⑬ 지적장애	지능지수가 70 이하인 경우
		⑭ 자폐성장애	전반성발달장애(자폐증)
	정신장애	⑮ 정신장애	정신분열병, 분열형 정동장애, 양극성 정동장애, 반복성 우울장애

- 장애인이란 '신체 또는 정신상의 장애로 장기간에 걸쳐 직업생활에 상당한 제약을 받는 사람'을 말하고, 중증장애인은 '장애인 중 근로능력이 현저하게 상실된 사람'을 의미한다(장애인고용촉진 및 직업재활법 제2조).
- 장애인의 범위는 「장애인복지법 시행령」 제2조에 따른 장애인 기준에 해당하는 사람, 「국가유공자 등 예우 및 지원에 관한 법률 시행령」 제14조 제3항에 따른 상이등급기준(지원공상 군경 및 공무원 포함)에 해당하는 사람으로 제한하고 있다(장애인고용촉진 및 직업재활법 시행령 제3조).

- 우리나라의 장애유형은 크게 신체적 장애(12개 유형)와 정신적 장애(3개 유형)로 나눌 수 있으며, 신체적 장애는 다시 외부기관의 장애(6개 유형)와 내부기관의 장애(6개 유형)로 나누어진다.

2017년 장애인복지법의 개정에 따라 1988년 장애인에 대한 각종 복지제도와 지원을 차등적으로 제공하기 위해 장애유형별로 의학적 심사에 따라 1~6등급으로 나누어졌던 장애등급제가 2019년 7월부터 폐지되고, 기존의 장애등급이 장애 정도가 심한 장애인(1~3급), 심하지 않은 장애인(4~6급)으로 변경되었다. 기존의 장애등급에서 장애 정도로 표현되며 장애 정도에 따라 '장애 정도가 심한 장애인(중증장애)'과 '심하지 않은 장애인(경증장애)' 두 단계로 구분하기로 된 것이다. 2020년에서 장애등급제 개편 2단계를 적용하여 장애인의 욕구·환경에 따라 필요한 서비스를 이용할 수 있는 지원을 확대하였다. 2023년 기준 장애인 복지혜택 대표 7가지는 전기요금 및 도시가스 요금 할인, 고속도로 통행료 50% 할인, 장애인 차량 구입혜택, 장애인 연말정산 공제, 장애인 연금 및 수당 지급, 장애인 의료비 지원, 장애인자동차표지 발급 등이다.

장애의 종류와 기준은 시대적 변화와 사회적 요구에 따라 법률도 개정되어 적용되고 있다. 2022년 12월 29일 기준 장애인복지법 시행령에 따른 장애의 종류 및 기준에 따른 장애인 구분은 다음과 같다.

〈표 12-2〉 장애인의 종류 및 기준(장애인복지법 시행령 별표 1)

장애인의 종류		기 준
1	지체장애인 (肢體障碍人)	가. 한 팔, 한 다리 또는 몸통의 기능에 영속적인 장애가 있는 사람 나. 한 손의 엄지손가락을 지골(指骨 : 손가락 뼈) 관절 이상의 부위에서 잃은 사람 또는 한 손의 둘째 손가락을 포함한 두 개 이상의 손가락을 모두 제1지골 관절 이상의 부위에서 잃은 사람 다. 한 다리를 가로발목뼈관절(lisfranc joint) 이상의 부위에서 잃은 사람 라. 두 발의 발가락을 모두 잃은 사람 마. 한 손의 엄지손가락 기능을 잃은 사람 또는 한 손의 둘째 손가락을 포함한 손가락 두 개 이상의 기능을 잃은 사람 바. 왜소증으로 키가 심하게 작거나 척추에 현저한 변형 또는 기형이있는 사람 사. 지체(肢體)에 위 각 목의 어느 하나에 해당하는 장애 정도 이상의 장애가 있다고 인정되는 사람

2	뇌병변장애인 (腦病變障碍人)	뇌성마비, 외상성 뇌손상, 뇌졸중(腦卒中) 등 뇌의 기질적 병변으로 인하여 발생한 신체적 장애로 보행이나 일상생활의 동작 등에 상당한 제약을 받는 사람
3	시각장애인 (視覺障碍人)	가. 나쁜 눈의 시력(만국식시력표에 따라 측정된 교정시력을 말함. 이하 같음)이 0.02 이하인 사람 나. 좋은 눈의 시력이 0.2 이하인 사람 다. 두 눈의 시야가 각각 주시점에서 10도 이하로 남은 사람 라. 두 눈의 시야 2분의 1 이상을 잃은 사람 마. 두 눈의 중심 시야에서 20도 이내에 겹보임 [복시(複視)] 이 있는 사람
4	청각장애인 (聽覺障碍人)	가. 두 귀의 청력 손실이 각각 60데시벨(dB) 이상인 사람 나. 한 귀의 청력 손실이 80데시벨 이상, 다른 귀의 청력 손실이 40데시벨 이상인 사람 다. 두 귀에 들리는 보통 말소리의 명료도가 50퍼센트 이하인 사람 라. 평형 기능에 상당한 장애가 있는 사람
5	언어장애인 (言語障碍人)	음성기능이나 언어기능에 영속적으로 상당한 장애가 있는 사람
6	지적장애인 (知的障碍人)	정신발육이 항구적으로 지체되어 지적 능력의 발달이 불충분하거나 불완전하고 자신의 일을 처리하는 것과 사회생활에 적응하는 것이 상당히 곤란한 사람
7	자폐성장애인 (自閉性障碍人)	소아기 자폐증, 비전형적 자폐증에 따른 언어·신체표현·자기조절·사회적응 기능 및 능력의 장애로 인하여 일상생활이나 사회생활에 상당한 제약을 받아 다른 사람의 도움이 필요한 사람
8	정신장애인 (精神障碍人)	다음 각 목의 장애·질환에 따른 감정조절·행동·사고 기능 및 능력의 장애로 일상생활이나 사회생활에 상당한 제약을 받아 다른 사람의 도움이 필요한 사람 가. 지속적인 양극성 정동장애(情動障碍 : 여러 현실 상황에서 부적절한 정서반응을 보이는 장애), 조현병, 조현정동장애(調絃精動障碍) 및 재발성 우울장애 나. 지속적인 치료에도 호전되지 않는 강박장애, 뇌의 신경학적 손상으로 인한 기질성 정신장애, 투렛장애(Tourette's disorder) 및 기면증
9	신장장애인 (腎臟障碍人)	신장의 기능장애로 인하여 혈액투석이나 복막투석을 지속적으로 받아야 하거나 신장기능의 영속적인 장애로 인하여 일상생활에 상당한 제약을 받는 사람
10	심장장애인 (心臟障碍人)	심장의 기능부전으로 인한 호흡곤란 등의 장애로 일상생활에 상당한 제약을 받는 사람
11	호흡기장애인 (呼吸器障碍人)	폐나 기관지 등 호흡기관의 만성적 기능 부전으로 인한 호흡기능의 장애로 일상생활에 상당한 제약을 받는 사람
12	간장애인 (肝障碍人)	간의 만성적 기능 부전과 그에 따른 합병증 등으로 인한 간기능의 장애로 일상생활에 상당한 제약을 받는 사람
13	안면장애인 (顔面障碍人)	안면 부위의 변형이나 기형으로 사회생활에 상당한 제약을 받는 사람
14	장루·요루장애인 (腸瘻·尿瘻障碍人)	배변기능이나 배뇨기능의 장애로 인하여 장루(腸瘻) 또는 요루(尿瘻)를 시술하여 일상생활에 상당한 제약을 받는 사람
15	뇌전증장애인 (腦電症障碍人)	뇌전증에 의한 뇌신경세포의 장애로 인하여 일상생활이나 사회생활에 상당한 제약을 받아 다른 사람의 도움이 필요한 사람

〈표 12-3〉 특수교육대상자 선별검사 및 진단 · 평가 영역(제2조 제1항 관련)

구 분		영 역
장애 조기 발견을 위한 선별검사		1. 사회성숙도 검사 2. 적응행동 검사 3. 영유아발달 검사
진단 평가 영역	시각장애 · 청각장애 및 지체장애	1. 기초학습기능 검사 2. 시력 검사 3. 시기능 검사 및 촉기능 검사(시각장애의 경우에 한함) 4. 청력검사(청각장애의 경우에 한함)
	지적장애	1. 지능검사 2. 사회성숙도 검사 3. 적응행동 검사 4. 기초학습 검사 5. 운동능력 검사
	정서 · 행동장애 자폐성장애	1. 적응행동 검사 2. 성격진단 검사 3. 행동발달 평가 4. 학습준비도 검사
	의사소통장애	1. 구문검사 2. 음운검사 3. 언어발달 검사
	학습장애	1. 지능검사 2. 기초학습기능 검사 3. 학습준비도 검사 4. 시지각발달 검사 5. 지각운동발달 검사 6. 시각운동통합발달 검사

※ 비고 : 특수교육대상자 선정을 위한 장애유형별 진단 · 평가 시 장애인증명서 · 장애인수첩 또는 진단서 등을 참고 자료로 활용할 수 있다.

출처 : 장애인 등에 대한 특수교육법 시행규칙 별표(제2조 제1항 관련, 2016.6.23. 개정).

2. 장애아동의 현황

2022 장애통계연보에 따른 장애영유아 현황을 보면 다음과 같다.

〈표 12-4〉 장애영유아 현황

(단위 : 명, %)

구 분	전체 영유아 인구	장애영유아 인구	0세	1세	2세	3세	4세	5세	비율
2016	2,680,088	8,598	46	521	1,047	1,583	2,293	3,108	0.32
2017	2,568,516	8,983	46	517	1,157	1,640	2,313	3,310	0.35
2018	2,415,349	9,175	41	482	1,066	1,804	2,482	3,300	0.38
2019	2,285,605	9,679	43	483	1,014	1,721	2,898	3,520	0.42
2020	2,121,390	9,729	36	381	916	1,614	2,825	3,957	0.46
2021	1,943,208	9,692	28	409	801	1,599	2,734	4,121	0.50

출처 : 한국장애인개발원(2022 장애통계연보).

2021년 말 기준으로 전체 영유아 인구 대비 장애영유아 인구는 0.5%로 나타났고, 연도별 장애영유아 인구 수 추이를 살펴보면 2014년 이후 꾸준히 증가하고 있는 양상을 보이고 있다.

〈표 12-5〉 장애아 어린이집 현황

구 분	2014	2015	2016	2017	2018	2019	2020	2021	2022
계	1,046	1,074	1,088	1,124	1,177	1,276	1,388	1,495	1,570
장애아전문시설	174	175	177	178	177	176	177	178	177
장애아통합시설	872	899	911	946	1,000	1,100	1,211	1,317	1,393

※ 장애아전문어린이집 : 장애아 12명 이상 보육하기 위하여 장애아동복지지원법의 요건 갖춘 시설로 지자체장이 장애아전문 어린이집으로 지정한 시설

※ 장애아통합어린이집 : 장애아반을 정원의 20%이내 편성운영하거나 장애아반을 비장애아반과 장애아 3명 이상 통합보육하고 있는 시설

출처 : 보건복지부(2022). 보육통계.

2022년 보육통계에 따른 보육기관별 장애영유아 어린이집 이용현황을 살펴보면 총 1,570개소의 어린이집을 이용하고 있으며 장애아전문시설은 177개소, 장애아통합시설은 1,393개소를 이용하는 것으로 나타났다.

〈표 12-6〉 장애인 추정 수 및 장애등록율 변화추이

(단위 : 명, %)

구 분		2017년		2020년	
		등록 장애인 수[1]	추정 수	등록 장애인 수[2]	추정 수
계		2,511,051	2,668,411	2,623,201	2,622,950
주된 장애 유형별 장애인 수	지체장애	1,267,174	1,278,368	1,215,916	1,215,914
	뇌병변장애	250,456	306,855	250,963	250,961
	시각장애	252,794	266,823	252,703	252,702
	청각장애	271,843	288,251	384,672	384,668
	언어장애	19,409	21,087	21,954	21,954
	지적장애	195,283	223,228	214,850	214,792
	자폐성장애	22,853	23,961	29,467	29,466
	정신장애	100,069	116,079	103,212	103,031
	신장장애	78,750	83,906	94,249	94,249
	심장장애	5,507	6,217	5,253	5,253
	호흡기장애	11,831	14,111	11,427	11,427
	간장애	11,042	11,045	13,419	13,419
	안면장애	2,680	3,180	2,676	2,676
	장루・요루장애	14,404	15,707	15,376	15,376
	뇌전증장애	6,956	9,592	7,064	7,062

자료 : 1) 2016년 12월 기준 등록장애인 수(보건복지부)

2) 2020년 5월 기준 등록장애인 수(한국사회보장정보원)

출처 : 한국보건사회연구원(2020). 장애인실태조사.

장애인 추정 수를 살펴본 결과에서 가장 많은 장애유형은 지체장애로서 2020년 기준 1,215,914명으로 나타났다.

〈표 12-7〉 장애인 연령 분포

(단위 : %, 명)

구 분	지체 장애	뇌병변 장애	시각 장애	청각 장애	언어 장애	지적 장애	자폐성 장애	정신 장애	신장 장애	심장 장애	호흡기 장애	간 장애	안면 장애	장루 요루 장애	뇌전증 장애	전체
만 0~17세	0.1	4.2	0.7	1.0	18.5	17.9	54.5	0.0	0.5	11.2	0.0	6.9	4.1	0.5	3.2	3.0
만 18~29세	0.8	3.8	3.9	1.7	3.4	27.5	34.8	1.6	1.3	8.0	0.0	3.8	1.2	0.0	4.7	4.2
만 30~39세	3.1	3.1	3.3	2.1	3.8	19.8	10.3	9.7	6.1	1.6	0.9	1.6	10.0	1.6	18.4	4.8
만 40~49세	8.7	7.6	11.7	2.9	9.3	15.6	0.4	26.3	16.1	3.3	6.8	4.8	21.2	4.5	33.2	9.5
만 50~64세	34.1	29.8	25.4	15.4	27.8	15.2	0.0	47.2	36.5	30.9	23.9	55.9	30.7	22.3	29.0	28.7
만 65세 이상	53.3	51.5	55.0	76.9	37.2	4.1	0.0	15.1	39.5	45.0	68.5	26.9	32.8	71.2	11.5	49.9
계	100.0	100.0	100.0	100.0	100.0	100.0	100.0	100.0	100.0	100.0	100.0	100.0	100.0	100.0	100.0	100.0
전국 추정 수	1,215,914	250,961	252,702	384,668	21,954	214,792	29,466	103,031	94,249	5,253	11,427	13,419	2,676	15,376	7,062	2,622,950

출처 : 한국보건사회연구원(2020). 장애인실태조사.

또한 장애인 연령분포를 보면 0~17세까지의 아동이 전체 장애인 분포의 3.0%로 나타났다.

〈표 12-8〉 장애 정도

(단위 : %, 명)

구 분	지체 장애	뇌병변 장애	시각 장애	청각 장애	언어 장애	지적 장애	자폐성 장애	정신 장애	신장 장애	심장 장애	호흡기 장애	간 장애	안면 장애	장루 요루 장애	뇌전증 장애	전체
심한 장애	19.7	61.0	19.1	24.5	50.7	100.0	100.0	100.0	74.9	80.3	97.5	6.0	52.8	9.6	25.9	37.5
심하지 않은 장애	80.3	39.0	80.9	75.5	49.3	–	–	–	25.1	19.7	2.5	94.0	47.2	90.4	74.1	62.5
계	100.0	100.0	100.0	100.0	100.0	100.0	100.0	100.0	100.0	100.0	100.0	100.0	100.0	100.0	100.0	100.0
전국 추정수	1,215,914	250,961	252,702	384,668	21,954	214,792	29,466	103,031	94,249	5,253	11,427	13,419	2,676	15,376	7,062	2,622,950

출처 : 한국보건사회연구원(2020). 장애인실태조사.

3. 장애아동 아동복지서비스의 구체적 내용

우리나라 장애인복지정책은 2008년 8월 제3차 장애인정책발전 5개년 계획에서 표명하였듯이 장애인복지서비스의 선진화 구현, 장애인 생애주기별 교육지원 체계 구축 및 문화활동 확대, 장애인이 일할 수 있는 사회 실현, 장애통합적 접근으로의 사회참여 확대와 장애인 권익 증진을 목표로 한 '장애인의 권리에 기반을 둔 참여 확대와 통합사회 구현'을 기본 방향으로 하고 있다. 그동안 우리 사회는 정상화, 탈시설화, 자립생활 등 장애인복지 패러다임의 변화, 장애인활동보조서비스의 실시, 장애인차별금지법의 제정 및 시행, 그리고 여성장애인의 사회참여 확대 등 장애인복지 분야 내에서 많은 변화를 경험하고 있다.

장애아동과 아동복지서비스는 불가분의 관계에 있으며, 장애아동 자신은 아동복지의 대상이면서 그 주체가 되므로 조성된 기반과 조건 위에서 자립을 향한 최대한의 노력이 필요하다. 우선 사회의 주도권을 쥐고 있는 비장애인이 장애인에게 장애를 더욱 심화시키지 않도록 예방, 치료, 교육, 사회복귀 등의 문제를 국가와 사회가 시급히 해결하도록 노력해야 할 것이다.

장애아동이 가지고 있는 문제와 그 배경, 장애아동에 대한 인식, 복지의 방향 등의 관점에서 볼 때 장애는 장애라는 사실로부터 파생되는 여러 가지 문제가 발생되고, 장애아동복지의 문제 해결을 위한 관점으로 변화해야 한다. 발달보장권 차원에서 장애 유무에 관계없이 모든 인간의 발달은 기본적으로 공통의 권리를 갖는다. 장애아동에 있어서도 똑같이 보장되어야 하므로 유엔아동권리협약 제23조에서 장애아동의 참여권, 보호권과 더불어 교육・훈련・건강관리・재활・취업 및 오락 기회를 효과적으로 이용・제공받을 수 있도록 계획되어야 함을 규정하고 있다.

장애인복지법 제1조(목적)에서 '이 법은 장애인의 인간다운 삶과 권리 보장을 위한 국가와 지방자치단체 등의 책임을 명백히 하며, 장애발생의 예방과 장애인의 의료, 교육, 직업재활, 생활환경 개선 등에 관한 사업을 정하여 장애인복지대책의 종합적 추진을 도모하며, 장애인의 자립, 보호 및 수당의 지급 등에 관하여 필요한 사항을 정함으로써 장애인의 생활안정에 기여하는 등 장애인의 복지증진 및 사회활동 참여증진에 기여함을 목적으로 한다'라고 명시하였다.

동법 제3조에서는 장애인복지의 기본 이념을, 동법 제4조에서는 장애인의 권리를 규정해 놓았다. 또한 장애인복지를 달성하기 위해, 장애인 및 보호자 등에 대한 의견수렴과 참여(동법 제5조), 중증장애인의 보호, 여성장애인의 권익보호, 차별금지(동법 제6, 7, 8조), 국가와 지방자치단체의 책임(동법 제9조)을 각각 명시하였다. 동법 제10조에서는 '모든 국민은 장애 발생의 예방과 장애의 조기 발견을 위하여 노력하여야 하며, 장애인의 인격을 존중하고 사회통합의 이념에 기초하여 장애인의 복지향상에 협력하여야 한다'고 명시하였다.

2019년부터 영유아 사전예방적 건강관리 지원 강화 사업으로 청각장애등급으로 인정받지 못하는 사각지대에 놓인 만 2세 이하의 선청성 난청 환아에게 보청기 지원, 선청성대사이상 및 희귀난치성질환 환아의 특수조제분유 지원 질환 확대, 1kg미만 초미숙아 신생아집중치료실 의료비를 최고 1,000만원까지 지원 등 정부지원의 확대도 활발하게 진행되고 있다.

위의 내용을 종합해 볼 때, 장애아동복지서비스는 장애의 예방, 조기발견 및 진단, 특수교육 및 재활, 상담 및 치료 등을 포함하여, 장애아 및 장애아가족을 위한 교육 및 상담과 사회적 지원체계의 연계 등의 서비스를 제공하는 것을 의미한다. 또한 장애아동과 그 가족을 지원하기 위한 각종 법적 조치와 제반 시설의 설치 및 전문인력의 양성 등이 포함된다.

4. 장애아동 아동복지서비스의 개선방안

우리나라는 장애인복지에 있어서 제도나 정책적으로 많은 발전을 이루어 왔지만, 사회변화에 따라 장애아동과 가족을 적극 수용 반영하는 실천적 노력이 중요하다. 장애의 종류와 범위가 점차 다양화되고 국가수준의 지원과 혜택이 점차 증가되고 있지만, 더욱 세심한 맞춤형 지원을 서비스로 제공하여야 할 것이다.

1) 예방사업의 강화

예방이란 장애가 발생하기 이전에 대처하는 것으로 가장 기본적이고 효과적인 방안이다. 현재의 장애인 복지정책은 장애가 발생한 후 치료하는 사후처리 중심으로 정책이 시행되고 있다. 그러므로 장애예방전담기구를 설립하고 부처 간 협력방안을 강구하여 장애발생 예방 종합대책을 마련하는 것이 필요하다.

다양한 장애아동복지사업의 일환으로 모자보건사업을 통해 선천적인 장애나 출생 시 장애를 예방하여야 한다. 또한 출산 후의 장애예방사업으로서 신생아에 대한 선천성 대사이상 검사를 무상으로 실시하여 조기에 이상 여부를 발견하고 치료하도록 한다. 이와 더불어 유전상담 및 검사, 모든 임산부와 영유아의 정기검진 의무화, 예방접종, 장애아동 예방을 위한 교육과 홍보 등 예방서비스에 대한 국가의 역할을 강화하여야 한다.

2) 제도의 정비

교육기본법 제8조와 장애인 등에 대한 특수교육법 제3조에 의하면 장애아동의 교육권은 국가에서 책임지는 것이다. 즉, 특수교육을 필요로 하는 아동을 위하여 국가 및 지방자치단체는 유치원・초등학교・중학교 및 고등학교 과정을 의무교육으로 보장하고 장애영유아교육은 무상으로 지원하고 있다. 따라서 장애아동의 교육과 보육은 출생에서 17세까지 의무교육으로 보장되고 있다. 그러나 지원에 대한 법적 토대는 여전히 부족한 경향을 보이므로 보완이 시급하다.

또한 장애아동복지에서 우선적으로 개선되어야 할 점은 선천적 장애를 예방할 수 있는 예방정책인 모자보건사업의 강화와 임산부를 대상으로 하는 유전상담, 영유아에 대한 건강진단의 내실화를 통한 질병의 조기발견 등의 예방정책 및 예방사업의 강화가 필요하다.

3) 경제적 지원 강화

장애인을 위한 생계보조수당제도는 기초생활보호대상자 중 중증 및 중복 장애인을 대상으로 기본적인 생계비 및 의료서비스를 제공하고 있다. 가족에 장애아동이 있는 경우 부모의 사회, 직업활동의 제약과 지속적인 치료비 지출 등으로 가계소득이 감소되거나 상실되므로 가족의 경제적 상태가 악화되기 쉽다. 따라서 18세 미만의 장애아동을 대상으로 가구의 소득과 재산수준에 관계없이 일정액 지급되는 장애아동 수당, 중・고등학생 장애인 자녀교육비 지원, 만 0~12세 장애아무상보육료 지원 등을 상향조정하여 이들이 가족 내에서 양육될 수 있는 경제적 기반을 조성해 주어야 한다. 또 장애아동이 있는 가족에게는 각종 세금과 이용요금의 감면을 제공하는 등 간접적으로 소득을 보장하는 제도를 더욱 확대 실시하여야 한다.

또한 현금급여와 현물급여, 바우처의 서비스 양을 확대 지급해야 한다. 이영광(2015)의 연구에 의하면, 신청절차, 경제적 부담, 지원 및 선정기준, 전반적 만족에 비하여 서비스 양에 대한 이용자 만족도가 가장 높은 것으로 나타났다. 현금급여는 지원금액 확대, 현물급여는 지원시간 확대, 바우처는 치료시간과 활동지원시간을 확대 제공하여 이용자 만족도를 높이는 노력을 병행하여야 한다. 2017년에는 바우처카드를 국민행복카드로 변경하고 발달재활서비스에 대한 지원을 확대 시행하였다. 2023년 현재 영유아(만6세 미만)의 경우 시각・청각・언어・지적・자폐성・뇌병변 장애가 예견되어 발달재활서비스가 필요하다고 인정한 발달재활서비스 의뢰서 및 검사자료로 대체 가능하도록 서비스가 제공되고 있으나, 향후에는 장애아동 부양수당 및 지급대상을 단계적으로 더욱 확대하고, 중증장애인 보호수당을 현실화하며 자녀교육비 지원대상 계층을 확대하는 등 다양한 교육비 지원의 강화도 필요하다.

4) 조기 통합교육 및 보육

조기 통합교육 및 보육서비스는 유치원, 어린이집에서 비장애아동과 장애아동이 동일한 장소에서 함께 교육받음으로써 장애아동들의 지체된 기능의 발달을 촉진시키고 잠재능력을 최대한 개발하여 비장애아동들과 자연스럽게 어울리고 생활하도록 하는 것이다. 성공적인 통합을 위해서는 첫째, 통합배치가 이루어진 장애아동들은 대부분의 시간을 비장애아동들과 함께 보내게 하고, 둘째, 집단 구성 시 장애아동들을 비장애아동들과 동일한 집단에 포함되도록 한다. 셋째, 장애아동이 포함된 반을 원활하게 운영할 수 있는 특수교사와 특별 프로그램을 준비해야 한다. 유보통합 논의에서도 장애아동에 대한 배려에 소홀함이 없도록 전개되어 실행되어야 할 것이다.

5) 치료 · 재활서비스 확대

치료 · 재활서비스의 문제점은 장애아동을 위한 전문적인 치료재활기관이 거의 없다는 것과 극소수의 기관들도 서울 등 대도시에 집중되어 있다는 점이다. 이에 따라 치료 · 재활서비스를 필요로 하는 장애아동이 재활로 호전될 수 있는 기회를 얻지 못하여 개선될 수 있는 기회를 지연시키고 있다. 지역사회 내에서 치료 및 재활시스템이 갖추어져 장애아동이 지속적으로 치료를 받음으로써 사후에 발생할 수 있는 문제들을 효과적으로 대처할 수 있도록 해야 한다. 또한 의료재활서비스를 제공하는 병원 및 기관도 질적인 수준을 높여 이에 상응하는 인센티브를 국가적인 차원에서 제공해야 할 것이며, 재활치료기관의 확충과 의료재활전문요원을 확보하는 것도 필요하다.

6) 가족지원서비스

장애아동 출생에 따른 가족의 부담과 압박은 부모의 스트레스와 어려움을 높인다. 장애아동의 양육에서부터 치료, 교육 등 장기간 부과되는 압박은 장애아동 부모에게 정신적 · 신체적 · 경제적으로 큰 부담으로 다가온다. 이로 인해 장애아동가족은 부부갈등, 부모-자녀갈등, 형제-자매갈등 등으로 어려움을 겪게 되므로 장애아동이 있는 가정을 위한 복지서비스를 강화하고 가족기능을 바람직한 방향으로 전환할 수 있는 지원서비스가 함께 제공되어야 한다. 장애아동이 성장한 후 부모를 벗어나 독립적인 삶을 영위할 수 있도록 후견인제도, 장애연금제도 등이 선진국과 같은 형태와 수준으로 도입되어야 할 것이다.

7) 장애아동에 대한 인식 개선

장애를 바라보는 편견과 시선은 아직도 우리 사회 곳곳에 존재하고 있다. 이를 개선하기 위해 장애아동에 대한 인식 개선 프로그램이 다양하게 개발되어야 한다. 인식 개선 프로그램은 지속적으로 개발되고 시행되어 왔지만 실효성이 떨어지는 경우가 많고 지속적 적용이 이루어지지 않아 문제점을 가지는 경우가 많다. 인식 개선은 편견을 가지기 이전 유아기에 실시하는 것이 매우 효과가 크므로 유아를 대상으로 활동이 이루어지는 모든 기관에 인식 개선과 관련된 교육을 의무화해야 한다. 그리고 장애에 대한 사회적 인식 개선을 추진하기 위해서 사회복지현장의 전문가들과 지방자치단체의 상호협력을 통하여 지역 주민들에게도 교육 및 홍보사업 등을 적극적으로 추진해 나가는 것이 필요하다.

생각해 보기

- 장애를 가진 영유아를 둔 부모 및 가족이 가지는 가장 큰 어려움은 무엇이라고 생각하는지 사례를 찾아 생각해 봅시다.
- 어린이집에서 담당하고 있는 학급에 장애아동이 있다면 교사로서 어떤 교육을 중점적으로 실시할 것인지 생각해 봅시다.

참고문헌

고인숙 · 류현숙(2017). **아동권리와 복지**. 동문사.

공계순 외(2013). **아동복지론**. 학지사.

공계순 · 이현주 외(2005). **아동복지론**. 학지사.

구자헌(1984). **한국사회복지사**. 홍익재.

국무조정실 자료(2008). 합계출산율 비교.

국회뉴스(2017. 11. 25).

권지성(2003). 공개입양가족의 적응과정에 관한 연구 : 한국입양홍보회 참여가족사례를 중심으로. 서울대학교 대학원 박사학위논문.

김만두(2001). **현대사회복지개론**. 홍익재.

김성경(2005). **아동복지론**. 양서원.

김성경 · 김혜경 · 최현미(2009). **아동복지론**. 양서원.

________________(2015). **아동복지론**. 양서원

김세곤(2001). 일본의 보육제도에 있어서 최근의 주요 현안과 과제. **한국일본교육학연구**, 5(1), 51-67.

김승권(2000). 아동복지정책의 발전방향. **보건복지포럼**, 44, 5-19.

김정열 · 김산용(2014). **청소년복지론**. 공동체.

김진숙(2017). 유아교육기관 CCTV 설치 운영에 대한 인식 연구. 우석대학교 대학원 박사학위논문.

김호년 · 김성재 · 김현정 · 박 윤 · 우수경 · 이시진 · 장정애 · 이인원(2016). **아동권리와 복지**. 양성원.

김현자 · 이명숙 · 노성향 · 박선영 · 이지영(2016). **아동권리와 복지**. 어가.

도미향 · 남연희 · 박건실 · 정미현 · 정은미(2015). **인간행동과 사회환경**. 신정.

도미향 · 남연희 · 이무영 · 변미희(2014). **아동복지론**(제3판). 공동체.

문선화 · 구차순 · 박미정 · 김현옥(2009). **한국사회와 아동청소년복지**. 양서원.

박상기 · 손동권 · 이순래(2008). **형사정책**(刑事政策). 한국형사정책연구원.

박수선(2007). 가족건강성과 건강가정정책. 서강대학교 공공정책대학원 석사학위논문.

박승희 · 채구묵 · 김철주 · 홍세영 · 김금자 · 서종희 · 김문정(2007). **스웨덴 사회복지의 실제**. 양서원.

박인전 · 권성민 · 전혜경 · 김보민(2015). **아동복지론**. 교문사.

배종대(2006). **형사정책(刑事政策)**. 홍문사.

보건복지부(2011). 유엔아동권리협약 제3, 4차 국가보고서 및 권고사항 자료집.

______(2014). 2014년도 아동분야 사업안내.

______(2016). 보육통계. 보건복지부.

______(2016). 2016 보육사업안내. 보건복지부.

______(2016). 어린이집 영상정보처리기기 설치운영 가이드라인.

______(2017). 2017 보육사업안내. 보건복지부.

______(2017). 2017 어린이집 평가인증안내 통합지표. 보건복지부.

______(2017). 제3차 어린이집 표준보육과정에 기초한 연령별 보육 프로그램의 활용. 보건복지부.

______(2017). 제3차 중장기 보육 기본계획(2018~2022). 보건복지부.

______(2018). 2018 보육사업안내. 보건복지부.

______(2020). 2020 가정위탁아동 패널연구.

보건복지부・한국보육진흥원(2018). 2018 제3차 어린이집 평가인증 안내. 한국보육진흥원.

한국보육교사교육연합회(2016). **원장사전직무교육**. 양성원.

한국보육교사교육연합회 편, 한성심・하승민・윤혜미(2017). **보육교사교육원교재총서 02 아동권리와 복지**. 양서원.

서울특별시・서울특별시 육아종합지원센터(2017). 2017 서울시 어린이집 인권상담전화 안내서.

서울특별시 육아종합지원센터(2015). **선생님 아이 엄마아빠 함께 배워요 1권**(pp. 88-89).

서강훈(2013). **사회복지 용어사전**. 이담북스본.

서 혁(2007). 다문화 가정 현황 및 한국어 교육 지원 방안. **인간연구**, 12, 57-92.

설동훈・이혜경・조성남(2005). 결혼이민자 가족 실태조사 및 중장기 지원정책방안 연구. 여성가족부.

성영혜・김연진(2001). Encyclopedia of Social Work(1965).

______(2002). **아동복지의 이론과 실제**. 동문사.

송병건(1988). 영국 산업혁명기 구빈법의 변천과정에 관한 연구. **경제사학**, 12(1), 297-361.

시사상식연구소(2014). **(똑 소리 나는) 일반상식 : 시사편・교양편 체크북**. 시대고시기획.

신혜경・김성경(2003). 시설퇴소아동의 자립생활의 영향요인에 관한 연구. **한국아동복지학**, 16, 167-193.

아산사회복지사업재단(1997). **아동복지편람**. 아산사회복지사업재단.

아영아・이명희・이화명・김진영・고영희・최미숙(2017). **아동복지론**. 양서원.

양재진 외(2008). **사회정책의 제3의길 : 한국형 사회투자정책의 모색**. 백산서당.

오정윤(2016). 빈곤이 유아의 문제행동에 미치는 영향 : 보육서비스 질 만족도와 양육 스트레스의 매개효과를 중심으로. 숙명여자대학교 대학원 박사학위논문.

유민희(2006). 실과교과의 건강가정 및 가족생활교육에 관한 학부모들의 인식. 공주교육대학교 교육

대학원 석사학위논문.

유엔아동권리위원회(2003). 유엔아동권리위원회의 권고의견.

의회신문(2017. 11. 23). 천경은 기자.

________(2017. 12. 7). 천경은 기자.

이상희·하승수·이혜원(2008). 한·일 아동학대 관련 법률에 대한 비교연구. **아동과 권리, 12**(3), 225-248.

이성한·하현희·이귀숙(2017). **아동권리와 복지**. 창지사.

이소희(1995). **유아복지**. 형설출판사.

이영광(2015). 장애아동정책의 급여형태가 대상자 부모의 만족도에 미치는 영향. 계명대학교 대학원 석사학위논문.

이용주·조숙영·김정희(2016). **아동권리와 복지**. 공동체.

이재연·박은미·황옥경·김형모·이은주·강현아(2017). **아동복지론**. 학지사.

이재연·안동현·황옥경(2007). **아동과 권리**. 창지사.

이지애(2007). 다문화가정 아동과 일반가정 아동의 학교적응에 관한 연구(자아존중감을 중심으로). 고려대학교 대학원 석사학위논문.

이효정·강현경·김갑순·김민정·김성숙·이선자·이영희·최경희(2017). **아동권리와 복지**. 공동체.

이희승(1982). **국어대사전**. 민중서림.

임동호(2009). **아동복지론**. 신광문화사.

임시아(2017). **아동권리와 복지**. 공동체

장영인·최영신·백선희·임유경(2006). **아동복지론**. 나눔의집.

장인협·오정수(1991). **유아복지론**. 양서원.

____________(2001). **아동·청소년복지론**. 서울대학교출판부.

전주일보(2017. 11. 26). 고주영 기자.

전진아·오혜인(2014). 한국의 아동정책 지표. **보건복지포럼, 통권 제207호**, 83-97.

정신교(2010). **현대사회(現代社會)와 범죄(犯罪)**. 형설출판사.

정옥분·정순화·손화희·김경은(2016). **아동권리와 복지**. 학지사.

정익중(2004). 미국의 복지개혁이 아동발달에 미친 영향에 대한 연구. **한국아동복지학, 18**, 181-215.

정익중·민성혜·박은미·신혜원·전혜정(2013). **빈곤영유아의 발달과 적응**(p. 21). 집문당.

정찬미(2017). 아동수당과 아동 관련 조세지원 제도의 빈곤 및 소득 불평등 완화 효과. 숭실대학교 대학원 박사학위논문.

정혜윤(2007). 장애아동 가족의 빈곤실태와 복지정책 방안. 대구대학교 대학원 석사학위논문.

조용남(2014). 아동복지정책의 효과성에 관한 연구 -드림스타트 사업을 중심으로-. 이화여자대학교 대학원 박사학위논문.

조영훈(2012). 한국복지국가의 변혁? 새누리당과 민주통합당의 복지구상 검토. **경제와 사회, 2012년 가을호 통권 95호**, pp. 67-93.

조흥식 · 김인숙 · 김혜란 · 김혜련 · 신은주(2012). **가족복지론**. 학지사.

주수길 · 주명국(2012). **아동복지강론**. 양서원.

주정일 · 이소희(1998). **아동복지학**. 교문사.

중앙가정위탁지원센터. www.fostercare.or.kr

__________________(2016). 가정위탁 업무안내서(공무원용). 중앙가정위탁지원센터.

중앙아동보호전문기관. www.korea1391.go.kr

천정웅 · 김세광 · 박선희 · 오정아 · 전경숙(2017). **청소년문제와 보호 : 적극적 관점**. 양서원.

초록우산어린이재단. www.childfund.or.kr

최미현 외(2000). **영유아보육의 이해**. 창지사.

최미희 · 이명순 · 구원옥 · 원정아 · 김 영(2017). **어린이집 운영관리**. 공동체.

최영진(2009). 일본 아동수당제도의 이념과 변청. **법학연구, 25**(4), 117-144.

최현미 · 이수연(2008). 다문화가족 지원기관 현황분석과 전문 프로그램 개발. **다문화가족연구, 2**, 1-22.

최현미 · 이혜경 · 신은주 · 최승희 · 김연희 · 송설실(2008). **다문화 가족복지론**. 양서원.

통계청(2010). 장래인구특별추계자료.

______(2012). 경제활동인구조사.

______(2016). 출생아 수 및 합계출산율 현황, 국가승인통계 제10103호 출생통계.

표갑수(2002). **사회복지개론**. 나남출판.

허남순(2004). 친인척 가정위탁과 일반가정 위탁 아동의 심리 사회적 특성 및 위탁가정의 서비스 욕구에 대한 비교연구. **한국아동복지학, 18**, 243-270.

한국민족문화대백과사전. encykorea.aks.ac.kr

한국보건사회연구원(2014). 장애인실태조사.

한국보육진흥원. www.kcpi.or.kr

한미현 · 문혁준 · 강희경 · 공인숙 · 김상희 · 안선희 · 안효진 · 양성은 · 이경열 · 이경옥 · 이진숙 · 천희영(2016). **아동복지(제5판)**. 창지사.

한성심 · 송주미(2003). **아동복지론**. 창지사.

한성심 · 하승민 · 윤혜미(2017). **아동권리와 복지**. 양서원.

황해익 · 남미경 · 서보순 · 김병만(2016). **아동권리와 복지**. 정민사.

____________________________(2022). **아동권리와 복지**. 정민사.

허남순(2000). 가정위탁보호제도의 활성화 방안에 관한 연구. **한국아동복지학, 9**, 263-286.

______(2005). 한국 가정위탁의 역사와 현황. 수양부모협회 6차 가정위탁국제교육세미나 자료.

현정환(2003). 일본보육소의 역사에 대한 연구. **한국일본교육학연구**, 7(1), 142-158.

홍정미(2008). 다문화가정 자녀의 학교생활 적응에 영향을 미치는 생태체계 변인. 숙명여자대학교 대학원 박사학위논문.

Barker, R. L.(1995). *The Social Work Dictionary*(3rd ed.). Washington, DC : SW Press

Conger, R. C., & Conger, K. J.(2008). Understanding the processes through which economic hardship influences families and children. In D. R. Crane & T. B. Heaton(Eds.), *Handbook of Families & Poverty*(pp. 64-81). LA : Sage Publications.

Daniel, P., & Ivatts, J. C.(1998). *Children and Social Policy*. London : Macmillan.

Gil, D. G.(1985). The ideological context of child welfare. In J. Laird & A. Hartman(Eds.), *A Handbook of Child Welfare*(pp. 100-116). NY : The Free Press.

Gilbert, N., & Specht, H.(1986). *Dimensions of Social Welfare Policy*(2nd ed.). Englewood Cliffs, New Jersey : Prentice-Hall.

Kadushin, A.(1984). *Child Welfare Services*. NY : MacMillan Publishing Company. Inc.

__________(1988). *Child Welfare Services*(4th ed.) NY : MacMillan Publishing Company. Inc.

Kadushin A., & Martin, J. A.(1988). *Child Welfare Services*(4th ed.). NY : Macmillan Publishing Co.

Key, E.(1900). *Barnets århundrade*, Key, E., & Franzos, M.(1909). *The Century of the Child*. New York : G. P. Put-nam's Sons.

Kirk, S., & Gallagher, J. J.(1986). *Educating Exceptional Children*(5th ed.). Boston : Houghton Mifflin.

Mallon, G. P., & Hess, P. M.(2005). *Child Welfare for the 21st Century*. New York : Columbia University Press.

Meyer, C. H.(1985). The institutional context of child welfare. In J. Laird & A. Hartman(Eds.), *A Handbook of Child Welfare*(pp. 100-116). NY : The Free Press.

Petr, C. G.(2003). *Social Work with Children and Their Families : Pragrmatic Foundations*(2nd ed.). NY : Oxford University Press.

Spenser, S. H., & Mazillier, J. S.(1981). Social Skill Training with Adolescent Male Offender : Short-Term Long Term and Generalization Effects. *Behavior Research and Therapy, 19*, 349-368.

Zeckerman, E.(1983). *Child Welfare*. New York : The Free Press.

찾아보기

ㄱ

가정 ··· 109
가정어린이집 ··· 178
가정위탁 ··· 232, 237
가정위탁보호 ··· 304
가정위탁아동 ··· 238
가정위탁의 절차 ··· 238
가정위탁제도 ··· 90
가정적 · 사회적 요인 ··· 205
가족과 친권 보호의 관점 ··· 126
가족구조의 변화 ··· 173
가족적 관점 ··· 50
가족중심실천모델 ··· 47
가족지원 ··· 156
가족지원 기능 ··· 175
가치관의 변화 ··· 173
간장애인 ··· 324
간질장애인 ··· 324
개발성 ··· 101
개별성 ··· 102
개인적 관점 ··· 49
건강 ··· 113
건강가정기본법 ··· 143
결혼이민자가족 ··· 275
경제 ··· 109
고대사회 ··· 86
고려시대 ··· 73
공개입양 ··· 245
공공부조 ··· 128, 131
공공형어린이집 ··· 179
공동생활가정 ··· 256, 264
공동생활가정(그룹홈) ··· 304
공동생활가정사업 ··· 257
교육 ··· 111
교육적 기능 ··· 174
교육적 방임 ··· 202
국가개입주의 관점 ··· 125
국공립어린이집 ··· 176
국내입양 ··· 245
국외입양 ··· 245
국제장애분류 ··· 320
권리 ··· 97
근대사회 ··· 87
기관입양 ··· 245
기능장애 ··· 321

ㄴ

노동의 보호 ··· 117
놀이 ··· 115
뇌병변장애인 ··· 324
능력장애 ··· 321

ㄷ

다누리정보서비스 ··· 287
다문화가족 ··· 273
다문화가족정책 기본계획 ··· 285
대리적 서비스 ··· 67, 304
대한제국기 ··· 75
독립입양 ··· 245
드림스타트 ··· 305
디딤씨앗통장 ··· 308

ㅁ

문화 · 예술 등 복지지원 ··· 156
물리적 방임 ··· 203
미국 사회복지대백과사전 ··· 107
민간어린이집 ··· 178

ㅂ

발달권 ··· 18
발달재활서비스 지원 ··· 156
발생장소 ··· 210
방과 후 아동지도사업 ··· 257
방과 후 어린이집 ··· 179
방임 ··· 201
방정환 ··· 18
법인 · 단체 등 어린이집 ··· 177

보육 ······ 167
보육과정의 목표 ······ 188
보육교사 ······ 190
보육대상 ······ 175
보육사 ······ 260
보육사업 ······ 170
보육서비스 ······ 174
보육아동 ······ 167
보육지원 ······ 156
보조기구 지원 ······ 155
보충적 서비스 ······ 66
보편성 ······ 101
보편주의적 복지사업 ······ 81
보호권 ······ 18
보호적 기능 ······ 174
부모모니터링단 ······ 189
부모의 권리와 책임 ······ 99
부모의 요인 ······ 203
북한이탈주민(새터민)가족 ······ 275
비밀입양 ······ 245
비친족입양 ······ 245
빈곤 ······ 293
빈곤과의 전쟁 ······ 91
빈곤아동 ······ 293

ㅅ

사회보험 ······ 128, 129
사회복지법인어린이집 ······ 177
사회복지서비스 ······ 128
사회와 국가의 권리와 책임 ······ 99
사회적 관점 ······ 50
사회적 장애 ······ 321
삼국시대 ······ 72
상대적 빈곤 ······ 295
생존권 ······ 18
선별성 ······ 101
선별주의적 아동복지사업 ······ 80
성폭력범죄의 처벌 등에 관한 특례법 ······ 162
성학대 ······ 200
소년운동 ······ 76
시각장애인 ······ 324
시간 연장 어린이집 ······ 179
시설보호 ······ 254, 304
시설보호서비스 ······ 254
시설보호아동 ······ 263
시설장 ······ 260
신장장애인 ······ 324
신체학대 ······ 199
심장장애인 ······ 324

ㅇ

아동 빈곤율 ······ 300
아동·청소년 성보호에 관한 법률 ······ 160
아동가정지원사업 ······ 257
아동권리 ······ 11
아동권리 및 아동예방 관점 ······ 126
아동권리공약 ······ 20
아동권리모니터링센터 ······ 34
아동권리선언 ······ 12, 89
아동노동법 ······ 91
아동보호 치료시설 ······ 256
아동복지 ······ 41
아동복지법 ······ 106, 139
아동복지사업기 ······ 78
아동복지서비스 ······ 60
아동복지정책 ······ 123
아동복지정책의 관점 ······ 127
아동복지정책의 유형 ······ 128
아동상담소 ······ 256
아동양육시설 ······ 256
아동양육시설 및 일시보호시설 ······ 259
아동요인 ······ 204
아동의 권리와 책임 ······ 99
아동일시 보호시설 ······ 256
아동전문상담사업 ······ 257
아동전용시설 ······ 256
아동주간보호사업 ······ 257
아동학대 ······ 197
아동학대신고의무자 ······ 216
안면장애인 ······ 324
어린이집 ······ 176
어린이집 보육교사 ······ 191
어린이집운영위원회 ······ 188
어린이헌장 ······ 21, 106
언어장애인 ······ 324
여성의 경제활동 증가 ······ 172
영아전담어린이집 ······ 179
영유아 건강검진 ······ 114
영유아보육법 ······ 140
예방적 기능 ······ 174
외국인근로자가족 ······ 275
요보호아동 ······ 60
원가정(부모) ······ 234
위스타트 ······ 307
위탁가정(부모) ······ 234
위탁아동 ······ 234
유엔아동권리국제협약 ······ 107
유엔아동권리협약 ······ 21, 25
유치원 교사 ······ 191
의료비 지원 ······ 155

의료적 방임 202
일반가정위탁 233
일반아동 61
일시가정위탁 234
일제 강점기 76
임상심리 상담원 260
입양 243
입양부모 246
입양아동 246
입양의 절차 247
입양촉진 및 절차에 관한 특례법 147

ㅈ

자립기술 266
자립지원 표준화 프로그램 266
자립지원시설 256, 259
자유방임주의 관점 124
자폐성장애인 324
장루・요루장애인 324
장애 319
장애아동 319
장애아동복지지원법 154
장애아전문 어린이집 179
장애아통합 어린이집 179
장애인복지법 153
저출산 171
전문가정위탁 234
전문성 103
절대적 빈곤 294
정서적 방임 202
정서학대 199
정신장애인 324
조선시대 74
주관적 빈곤 296
중세사회 86
중앙가정위탁지원센터 237
지역가정위탁지원센터 237
지역아동센터 256
지적장애인 324
지지적 서비스 65
지체장애인 323
직장어린이집 177

ㅊ

참여권 18
책임 97
청각장애인 324
청소년 기본법 156
청소년 보호법 158
청소년방과후 아카데미 309
친부모 246
친족입양 245

ㅌ

통합적 아동복지서비스 305
특수아동의 보호 119

ㅍ

평가인증 183
포괄성 102
표준보육과정 187

ㅎ

학대아동보호사업 257
한부모가족지원법 149
현대사회 87
협동어린이집 178
호흡기장애인 324
휴일 어린이집 179

C

CCTV(영상정보처리기기) 212

2

24시간 어린이집 179

저/자/약/력

■ **이은주**

숙명여자대학교 대학원 아동복지학과 석사
Ohio State Univ. Dept. Human Development M.S
University of Texas at Austin School of Social Work Ph.D
현 동국대학교 사회복지학 교수

■ **김혜순**

경희대학교 대학원 이학석사
경희대학교 대학원 아동학전공 박사
동국대학교 유아교육과 명예교수
전 동국대학교 부속유치원장

■ **박세정**

영남대학교 대학원 아동이상 및 복지 전공 문학석사
영남대학교 대학원 사회학박사
현 영남이공대학교 사회복지·보육과 교수

■ **최미희**

계명대학교 교육대학원 유아교육전공 교육학석사
계명대학교 대학원 교육심리 및 공학전공 교육학박사
현 영진전문대학교 유아교육과 부교수

■ **권수정**

경북대학교 대학원 아동가족학과 박사과정 수료
현 영진사이버대학교 아동복지학과 교수

■ **이명순**

동국대학교 사회과학대학원 사회복지학석사
영남대학교 대학원 유아교육과 박사과정 수료
현 천사어린이집 원장
　한국보육교사교육원 운영교수

【제3판】

아동권리와 복지

|공저자| 이은주 · 김혜순 · 박세정 · 최미희 · 권수정 · 이명순

|1판 1쇄| 발행 2018년 8월 31일
|2판 1쇄| 발행 2020년 8월 31일
|2판 2쇄| 발행 2022년 2월 25일
|3판 1쇄| 발행 2023년 7월 31일
|3판 2쇄| 발행 2025년 1월 15일

|발행인| 김동훈
|발행처| 공 동 체

|주소| 경기도 고양시 일산동구 호수로 358-39, 동문타워 I 905호(백석동)
|전화| 031) 814-3000(대표)
|팩스| 031) 814-3100
|홈페이지| www.compub.co.kr
|전자우편| compub@naver.com
|출판등록| 2005년 10월 6일
|등록번호| 제396-2005-36호

|ISBN| 979-11-6725-425-2
정가 22,000원